Handbuch

für

den Landmann,

oder

über Mergelfahren, Bewässerung der Wiesen, Raps-, Tobaks- und Hanfbau, Kartoffel-Branntweinbrennerei, Wechselwirthschaft und Uebergang in selbige.

Mit besonderer Rücksicht auf Mecklenburg ganz nach eignen Erfahrungen

dargestellt

von

Heinrich Kähler,
praktischem Oekonomen in Mecklenburg.

Mit einer Vorrede begleitet

von

Albrecht Thaer.

Mit zwei Kupfertafeln.

Berlin, 1811.
In der Realschulbuchhandlung.

Sr. Excellenz

dem Herzogl. Mecklenburg = Schwerinschen Geheimen Raths = Präsident

Herrn Grafen von Bassewiz,

Ritter des Russischkaiserlichen St. Alexander = Newsky = und St. Annen = Ordens,

Erb =, Lehn = und Gerichtsherrn

der Güter

Prebberede, Dalwitz, Wardow, Perlin ꝛc.

Sr. Hochgeboren

dem

Herrn Grafen von Plessen, Freiherrn von Maltzahn,

Erb-, Lehn- und Gerichtsherrn

der Güter

Ivenack, Basepohl c. p. Fahrenholz, Goddin, Krummensee 2c.

Cummerow, Achselhof, Sommersdorf, Leuschentin, Duckow u. s. w.

Sr. Hochwohlgeboren

dem Herzogl. Mecklenburg-Strelitzischen Oberjägermeister

Herrn Freiherrn von Moltke,

Erb-, Lehn- und Gerichtsherrn

der Güter

Schorßow, Zibdorf, Bülow, Karlshof c. p. Striedtfeld, Teßnow, Cummin c. p. Grabau u. s. w.

Meinen

Hochzuverehrenden gnädigen Herren

und Gönnern

in tiefer Verehrung gewidmet

von

dem Verfasser.

Vorrede.

Dieß ist das Buch, welches ich im Auguststück der Annalen des Ackerbaues 1810 oder im 12. Bande derselben S. 201. angekündigt habe.

Ueberzeugt, daß kein praktischer Landwirth solches ohne Nutzen lesen werde, habe ich den würdigen Herrn Verfasser vermocht, es abdrucken zu lassen. Zur Empfehlung desselben darf ich nichts weiter sagen.

Berlin, den 3. März 1811.

A. Thaer.

Vorerinnerung.

Bei den mißlichen Konjunkturen der Zeit und den vermehrten Bedürfnissen, bei der großen Theurung aller ausländischrn Produkte und Fabrikate, und den niedrigen Preisen inländischer Erzeugnisse, ist es fernerhin für den Landmann nicht möglich, mit dem Ertrage seiner Felder, der ihm aus der gewöhnlichen Wirthschaftsart zufließen kann, zufrieden zu seyn. Bei aller angewandten Thätigkeit, und bei der möglichsten Sparsamkeit, wird ihm dennoch bei jedem Jahresschlusse die Bemerkung nicht entgehen, daß seine Einnahme zur Ausgabe in einem drückenden Mißverhältniß sich befinde.

Wenn sonst ein vermehrter Getreidebau das wirksamste Mittel war, wodurch man seine Umstände zu verbessern und seinen Wohlstand zu begründen vermochte, so pflichtet man doch jetzt gern der Meinung bei, daß solches bei jetzigen Zeitumständen nicht hinreichend sey, um alle Bedürfnisse zu befriedigen. Was kann uns, sagt man, ein größerer Getreidebau für Vortheil gewähren, wenn wir in dem nämlichen Grade, wie unsere Produktion sich vergrößert, die Verkaufspreise zu verringern uns genöthigt sehen. Unsere Einnahmen erhöhen sich dadurch nicht nur nicht, sondern dieselben entspringen größtentheils aus dem Ankaufskapital des Landes, welchem für ausländische Produkte jährlich große Summen entzogen werden, die nicht wieder zurückkehren.

Sehr richtig ist diese Bemerkung, und die Erfahrung lehrt durch eine Reihe von Jahren, daß es auch für den Landwirth eine Regel bleibt, sich mit den anzubauenden Produkten nach den politischen Konjunkturen zu richten, und selbige den jedesmaligen Zeitbedürfnissen anzupassen.

So lange hohe Getreidepreise durch ausländisches Geld erzeugt wurden, war gewiß eine erhöhte Getreideproduktion das sicherste Mittel zum Wohlstande zu gelangen, und aus dem Grunde mußte das System der Koppelwirthschaft, das in seinen Grundlinien den Bedürfnissen der Zeit möglichst entsprach, so ausgezeichneten Beifall finden. Dagegen wurden die bedeutenden Summen, die das Ausland oft für solche Produkte von uns erhielt, die wir selbst durch Anbau uns verschaffen konnten, weniger bemerkt, weniger empfindlich.

Erwägen wir nur die großen Geldsummen recht, die jährlich für Tobak, Oehl und Oehlsaamen, Hanf und dgl. ins Ausland verschickt wurden, rechnen wir dazu diejenigen für indische Gewächse und Fabrikate, für Wein etc., so werden wir bald gewahr werden, daß diese Bedürfnisse dennoch den Erzeugnissen die Wage hielten, und ein gleich starker Getreidebau von gleich hohen Preisen begleitet erfordert wurde, wenn nur eine leidliche Bilance zwischen Einnahme und Ausgabe bestehen sollte.

Leider haben aber die Zeiten diesen Standpunkt sehr verrückt. Uns bleibt nur entweder der Handel im Lande, oder der höchst beschwerliche Transport unserer Produkte zur Achse in die benachbarten Provinzen des Auslandes. Eine eintretende Sperrung derselben bei eigenem Ueberfluß würde uns den empfindlichsten Streich versetzen.

Ist es daher nicht sowohl für das allgemeine Beste als für den Privateigenthümer von der größten Wichtigkeit, wenn er diesem Uebel zu begegnen trachtet? wenn er die Bahn verläßt, die er unter andern Verhältnissen als die vortheilhafteste betrat; wenn er diejenigen Mittel ergreift, wodurch er vermögend ist den Bedrängnissen der Zeit zu widerstehen? Warum soll durchaus nur allein der Anbau von Weizen, Roggen, Gerste und andern bekannten Getreidearten die einzige Bedingung einer vollkommenen Wirthschaftsführung seyn?

Die vorzüglichste Aufmerksamkeit des Landwirths muß gegenwärtig dahin gerichtet seyn, durch den Anbau solcher Gewächse, die zur Befriedigung allgemeiner Bedürfnisse dienen, so wie durch eine gleichsam fabrikmäßige Verarbeitung seiner Erzeugnisse neben der Beförderung einer höheren Ackerkultur, noch ausländisches Geld herbeizuziehen. Der bestmöglichste Betrieb sichert den größtmöglichsten Gewinn.

Daß sich dieß auf dem gewöhnlichen geraden Wege nach dem System der Koppelwirthschaft nicht erreichen läßt, ergiebt schon deren innere Einrichtung und die Natur der Sache. Die Grundpfeiler dieses Systems sind Getreidebau und Viehzucht im gerechten Verhältniß. Jede Abweichung von dieser Regel führt ungünstige Folgen herbei. Es läßt sich ohne allgemeine Verwirrung keine Aenderung, so wenig der Fruchtfolge als der daran geketteten übrigen Verhältnisse denken, und dem Wirth bleibt nur die Wahl, entweder in diesem zwangmäßigen Verhältnisse zu beharren, und mit dem, was ihm daraus zufließen kann, zufrieden zu seyn, oder zu einer anderen freieren Benutzung seiner Felder überzugehen, die sich ihm vermittelst eines wohlgeordneten Fruchtwechsels darbietet. Eine allzustrenge Befolgung dieses wichtigen Systems, insofern es die individuelle Lage nicht gestattet, darf dabei nicht zum Grunde liegen, wenn man alle die Vortheile erlangen will, die es verspricht. Ganz seinen bestehenden Verhältnissen angemessen, muß der Wirth seinen Plan der neuen wirthschaftlichen Einrichtung entwerfen, und Getreide, Futterkräuter, Handlungs- und andere Gewächse in dem Maaße bauen, als es die Kultur und Beschaffenheit seiner Felder, und die Bedürfnisse der Zeit erfordern.

Oder thut er etwa daran Unrecht, daß er seine Brachen, diese sonst unbenutzt liegenden Flächen, mit so überwiegendem Vortheil bebauet, und in die Saatenfolge der Kornfelder mit hineinzieht? Man berechne doch den Nachtheil, der durch Haltung dieser unbenutzten Ackerflächen einem ganzen Lande erwächst; wahrlich, es erregt Verwunderung, daß man es nur für möglich achtet, ein solches System vertheidigen zu können.

Der Landbau ist die einzige solide Quelle zum Wohlstande des Staats und seiner Glieder. Lassen wir einen Jeden seine Wirthschaft führen, wie er es seiner Lage am vortheilhaftesten und angemessensten findet. Fast jedes Landgut besteht unter eigenthümlichen Verhältnissen und nicht selten tritt der Fall ein, daß hier ein Verfahren mit günstigem Erfolg betrieben wird, was dort Nachtheil bringen würde. Nur ein richtiges Ideal wollen wir uns zum Muster und zur Nachahmung aufstellen, um unserm Bestreben, zur höheren Ackerkultur zu gelangen, die nöthige Richtung zu geben, und unsere Unternehmungen zu sichern. Nach wirthschaftlichen Principien muß die größtmöglichste Benutzung der Felder die größtmöglichste Kultur derselben begründen. Die einseitige Erreichung dieses Zwecks dürfte nicht schwer fallen, aber beides zu vereinigen ist die wichtige Aufgabe, die nur wenigen zu lösen gelungen ist. Genug, wer die größtmöglichste Produktion aller Art auf seinen Feldern aufzuweisen hat, wer den vollkommensten Betrieb in allen Zweigen seiner Wirthschaft aufweisen kann, und die unedleren Theile der Produktion im möglichst besten Zustande für die Vegetation seiner Felder wieder zu benutzen weiß, der hat eine hohe Stufe der Vollendung erreicht, und das Recht für einen ausgezeichnet tüchtigen Wirth zu gelten sich erworben. Hierauf kann aber so wenig der Dreifelder, als Koppelwirth in diesem Sinne Anspruch machen, da ihm in seinen Brachen ein bedeutender Theil seiner Felder ungenutzt bleibt, der obigen Bedingungen nie entsprechen kann.

Inhalt.

Plan.

Es ist eine Bemerkung der meisten Mecklenburgischen Oekonomen, daß unsere Ländereien sich noch lange nicht in der Kultur befinden, um dem Besitzer, durch ihren Ertrag, eine auf ökonomischen Grundsätzen sich stützende Befriedigung zu gewähren. Sehr häufig wurde der Grund von dem geringen Ertrage in dem beobachteten Verfahren bei der Ackerbestellung gesucht und die große Aufmerksamkeit, die man nächstdem hierauf verwandte, rechtfertigte zwar in einem gewissen Grade die gefaßte Meinung, entsprach aber selten der Erwartung in einem hinreichenden Kornertrage.

So zeigt es sich, daß auch in den fruchtbarsten Jahren fast immer das Winterkorn und nicht selten das Sommergetreide einen Ertrag an Körnern gewährte, der in vielen Wirthschaften eines benachbarten Auslandes für eine Mißernte würde gerechnet worden seyn; ja selbst der schönste Zustand der Saaten im Frühjahre, selbst die reichsten Ernten, bei welchen die Scheunen den Segen der Felder zu fassen, nicht vermögend waren, konnten dennoch dem Wirth nicht die gewünschte Befriedigung gewähren; und wie viele Jahre haben wir überdieß erlebt, wo wir nicht Ursache hatten, über den Mangel an Scheunraum Beschwerde zu führen?

Unter den vielen Vorschlägen zu ökonomischen Verbesserungen verdient die Anwendung des Mergels gewiß für Mecklenburg die größte Beherzigung. Nie wird der Wirth durch Rotationen der zweckmäßigst betriebenen Wirthschaft das erreichen, was er durch ein einmaliges Mergeln seiner Felder sich verschaffen kann. Auf Mecklenburgs Koppelfeldern, die mit so vielen vegetabilischen Körpern geschwängert sind, wird dieses Mittel Wunder thun; verschiedene Wirthschaften liefern auch schon überzeugende Beweise für diese Behauptung.

„Dem Wirth einer gemergelten Feldmark steht in seinem fernern Unternehmen zur größtmöglichsten Benutzung derselben nichts im Wege; Er hat dadurch die der Zeit gemäße höchste Stufe der Kultur erreicht."

Als ein außerordentliches Hülfsmittel, diese Kultur für die Zukunft zu sichern und in der Benutzung manche sonst unzulässige Abweichungen von der Regel sich zu erlauben, sind die Wiesen zu betrachten. Ihr Ertrag ist für den Ackerbau reiner Gewinn und die Sorgfalt, die auf ihre Melioration verwendet wird, vom großen Einfluß. Größtentheils sind unsere Wiesen einer solchen Melioration sehr bedürftig. Sie können, bei einer zweckmäßigen Behandlung, den doppelten, wohl gar den dreifachen Ertrag liefern.

Wenn der Wirth mit diesen beiden Gegenständen ins Reine ist, wenn bei einer geringern Benutzung seine Felder gemergelt, seine Wiesen verbessert und zu einem höheren Ertrag gebracht sind und ihm nun die Ueberzeugung wird, daß die errungene bessere Kultur auch eine höhere Benutzung, als diejenige, die ihm aus der bisherigen Bewirthschaftungsart zu Theil wurde, gestattet, so steht er auf dem Punkt, von wo aus er den Schritt zur Wechselwirthschaft bei ganzer Stallfutterung unternehmen und so alle Vortheile erringen kann, die dieses so wichtige Wirthschaftssystem verheißt.

Durch Befolgung der Grundsätze desselben wird jede Bedenklichkeit dagegen von selbst wegfallen. Bei einer zweckmäßigen Fruchtfolge wird der Acker nie erschöpft werden; die vortheilhafte Verarbeitung der unedleren Theile der Produkte in Verbindung mit dem konsumirten Futtergewächse werden eine gleichförmige Fruchtbarkeit für die Zukunft sichern, und sowohl dem Privateigenthümer als dem Staat entstehet durch den größern Ertrag und die mehreren damit verbundenen Erwerbzweige der bedeutendste Vortheil.

Freilich wird das erste Unternehmen nicht ohne baare Auslagen von Statten gehen. Das Mergelfahren erfordert, so wie die Melioration der Wiesen, immer eine einstweilige Auslage, und wenn sie auch schon im ersten Jahre doppelt ersetzt würde, so tragen die jetzigen schlechten Zeitumstände das ihrige dazu bei, daß mancher sonst aufgeklärte Wirth glaubt, nothgedrungen auf solche Verbesserungen Verzicht leisten zu müssen. Ein größerer Kornertrag würde auch ohnehin bei den äußerst niedrigen Preisen nicht alles gut machen können. Die Summe der Bedürfnisse ist zu groß, als daß durch den Kornertrag allein ein angelegtes Betriebskapital sogleich ersetzt — werden könnte. In dieser Hinsicht habe ich den Rapps-, Toback- und Hanfbau in so fern anempfehlen wollen, als die Kultur der Felder und übrigen Verhältnisse des Guts es gestatten. Die hohen Preise, zu welchen diese Artikel das Ausland sucht, ja unsere eigenen Bedürfnisse, ermuntern möglichst zu deren Anbau; aber stets erinnere sich der Wirth dabei der Regel, daß ein solcher Anbau immer auf die Ackerkultur einen schädlichen Einfluß hat, wenn nicht die dadurch entzogenen Kräfte durch außerordentliche Mittel ersetzt werden können. Wem solche Mittel nicht zu Gebote stehen, der wird durch den erlangten temporellen Vortheil einen unfehlbaren Nachtheil für die Zukunft herbeiführen.

Zwar finden die Grundsätze des Fruchtwechsels auf jedem Boden ihre Anwendung; aber so verschieden derselbe ist, so mannigfaltig verändern sie jene in der praktischen Ausübung der Besitzer eines leichten und sandigen Bodens, wird nur mit der größten Anstrengung und dennoch in weit geringerem Grade dasjenige erreichen können, was dem Bewirthschafter des Bodens erster Klasse ohnehin zu Gebote steht, und es würde ein vergebliches Unternehmen für den Erstern seyn, mit dem Letztern gleichen Schritt halten zu wollen.

Dieß im Allgemeinen. — Das Wesentliche meiner folgenden Abhandlung wird sich also auf keine neuen Vorschläge, auf keine neuen Einrichtungen und auf nichts beziehen, was nicht durch vieljährige Erfahrungen erprobt und bewährt befunden ist. Nur ein zusammenhängendes Ganze, wo sowohl gewöhnliche als ungewöhnliche Mittel zum Zwecke einer höheren Ackerkultur hinwirken und wo der zweckmäßigste Betrieb jedes Zweiges der Wirthschaft mit der richtigsten Auswahl verbunden ist, wünschte ich einem jeden Landwirthe, in dem seinen örtlichen Verhältnissen nach möglichst höchsten Grade. Deshalb werde ich meine Erfahrungen nach folgenden Abschnitten darzustellen mich bemühen.

Abschnitt I. Vom Auskarren des Mergels, dessen fernere Bearbeitung, und wie ein gemergeltes Feld bei der Beackerung zu behandeln sey.

Der würdige Schullehrer, Herr Rixen zu Knoop bei Kiel, hat in den Annalen des Ackerbaues, 1sten Jahrgangs 1805, mit der größten Genauigkeit eine Abhandlung über diesen Gegenstand mitgetheilt *). Seine darüber gesammleten Erfahrungen stimmen so genau mit den meinigen überein, daß ich im Wesentlichen nichts hinzuzufügen vermag. Ein jeder, der mit der Sache nicht bekannt ist, wird ohne Bedenken das ganze Geschäft darnach betreiben können; auch könnte ich mehrere Beispiele anführen, daß es wirklich so geschehen ist. Ich werde deshalb das Wesentliche jener Abhandlung im Auszuge beifügen und zugleich einige meiner besondern Erfahrungen, so wie die specielle Anwendung Mecklenburgischer Oekonomieen, in Anregung bringen, um so mehr, da mir sehr viele Wirthschaften bekannt sind, die bei ih-

*) Noch kürzlich hat uns dieser würdige Mann eine neue Schrift über diesen Gegenstand angekündiget, die jeder Landmann in Mecklenburg besitzen müßte, sobald sie erschienen seyn wird.

ren großen verborgenen Schätzen, dennoch in der äußersten Dürftigkeit sich befinden.

Abschnitt 2. Von Verbesserung der Wiesen.

Dem ökonomischen Beobachter gewährt es gewiß ein großes Vergnügen, wenn er sieht, daß Mecklenburg schon mehrere Oekonomieen aufzuweisen hat, wo auf dieses wichtige Geschäft die höchste Sorgfalt verwendet wird; aber auch die Bemerkung kann ihm nicht entgehen, daß bei weitem der größte Theil unserer Landwirthe dasselbe ganz außer Acht läßt oder es doch auf eine Art betreibt, die mehr Schaden als Vortheil gewährt. Mit vielem Bedauern blickt er oft auf die schönen von der Natur mit so vielen Vorzügen ausgestatteten Wiesen, und indem er die sich durchschlängenden Gewässer, die oft ihren meisten Zufluß von nahe gelegenen Getreidefeldern bekommen, näher betrachtet, macht er schon den Ueberschlag, was eine zweckmäßige Benutzung dieses Wassers solcher Wiesen für Vortheil im Ertrag gewähren müsse. Sieht er nun so gar Mangel an Futterung entstehen, und daß der zu durchwinternde Viehstand dadurch in den elendesten Zustand geräth; bemerkt er, daß der gewonnene Dünger so trocken und mager ist, wie das durchgewinterte Vieh selbst, so wird es ihm wahrlich schwer, den Unwillen zurückzuhalten, und ihm bleibt der Wunsch, daß der Eigenthümer solcher Wiesen von der Art und Weise unterrichtet werden möge, wie er seine glücklichen Lokalitäts-Verhältnisse auf die einfachste und vortheilhafteste Art benutzen könne.

Aber nicht alle sind so glücklich, sich solcher Vorzüge rühmen zu können, nicht alle können von den Vortheilen einer zweckmäßigen Wiesenwässerung Nutzen ziehen. Gewöhnlich trifft dieß solche Wirthe, die ohnehin nie einen Ueberfluß an Winterfutter haben, und schon deshalb muß ihnen jede Melioration ihrer Wiesen von desto größerem Werthe seyn. Auch diesen hoffe ich mit einigen nützlichen Erfahrungen an die Hand gehen zu können.

Abschnitt 3. Vom Rapps-, Tobak- und Hanfbau.

Der Anbau dieser Gewächse verdient bei jetzigen Zeitumständen eine besondere Aufmerksamkeit. Das Verfahren, wenigstens beim Rappsbau, ist größtentheils nicht bekannt genug, selbst gelungene Versuche werden durch mißgerathene Beispiele so überwogen, daß bis jetzt noch keine günstige Meinung die Oberhand behalten konnte. Erwägen wir aber, daß jetzt der Scheffel Rappssaamen noch einmal so hoch, wie der Scheffel Weizen, im Preise steht, und daß dennoch der Oehlschläger nach dem jetzigen Preise seines Fabrikats sehr gewinnt, so verdient dieser wichtige Erwerbsartikel wohl eine nähere Beleuchtung, und daß man wenigstens so lange dem Anbau desselben Aufmerksamkeit schenke, als die Dauer der jetzigen Verhältnisse uns denselben vortheilhaft macht. Das nemliche gilt vom Tobak und Hanf. Ehedem bedeckten Schiffsladungen des Auslandes unsere Häfen mit diesen Artikeln; allein die durch politische Verhältnisse herbeigeführten Veränderungen verhindern die Einfuhr, und indem diese nothwendigen Bedürfnisse zu ungeheuren Preisen hinaufgehen, fallen in dem nemlichen Verhältnisse unsere inländischen Erzeugnisse.

Die Ursache, weshalb wir nicht längst durch eigenen Anbau diese Bedürfnisse befriedigten, und solche Gewächse, deren Anbau sich so gut mit unserer Lage und unseren physischen Verhältnissen vertrug, nicht eher früher zu unseren gewöhnlichen Produkten zählten, lag wohl größtentheils in der Art der Bewirthschaftung, welche unsern Feldern zu Theil wurde. Wie viele Dreifelder- oder Koppelwirthschaften giebt es, die diesen Anbau, ohne Nachtheil für die Kultur des Ackers zulassen?

Nur bei erlangter höherer Kultur, nur in einer Wirthschaft, wo der größere Kraftaufwand durch andere Mittel wieder ersetzt zu werden vermag, nur da, wo diesen Gewächsen in der Fruchtfolge ein solcher Platz angewiesen werden kann, der für die folgende Fruchtart nach fest gegründeten Erfahrungssätzen den Acker in einem günstigen Zustande hinterläßt: nur da, wo diese Voraussetzungen zusammentreffen, ist ein solcher Anbau zu empfehlen. Wer hat sich nicht von dem vortrefflichen Weizen in der Rappsstoppel und dem lohnenden Roggen auf dem Tobakslande überzeugt?

Abschnitt 4. Von den wirthschaftlichen Nebenzweigen.

Damit vermittelst der durch den Mergel bewirkten schnelleren Auflösung vegetabilischer Urstoffe die Fruchtbarkeit des Ackers auf die Dauer nicht ihre Gränzen finde, muß der Wirth seine vorzüglichste Aufmerksamkeit dahin richten, diesem einen genügenden Ersatz zu verschaffen. Diejenige Methode, wodurch diese Absicht am zweckmäßigsten und mit einem unmittelbaren größtmöglichsten Vortheil für den Wirth erreicht werden kann, ist die beste. Lokalität und individuelle Verhältnisse müssen dieß jedoch näher bestimmen.

Die Freiheit, die der Mecklenburger genießt, seine gewonnenen Produkte für sich und seine Verhältnisse so verarbeiten zu können, als er es seinem Vortheil nach am angemessensten findet, ist in der That von großer Wichtigkeit. Nicht allen Wirthen steht dieß zu Gebot, und dem Ausländer erregt es Verwunderung, wenn er sieht, daß von dieser Freiheit so wenig Gebrauch gemacht wird.

Als die vorzüglichsten Futtergewächse verdienen die Kartoffeln einer näheren Aufmerksamkeit. In vielen Wirthschaften werden sie deshalb nicht in größerer Quantität angebaut, weil man sie nicht zu benutzen vermag. Korn ist doch besser, sagt man, es bringt doch baar Geld! — Ja freilich, wer eine gewöhnliche Holländerei hält, diese auf Jahre zu dem gewöhnlichen Preis verpachtet hat; wo der Pächter mit der gewöhnlichen Futterung und der Verpächter mit dem gewöhnlichen, daraus hervorgehenden Nachtheil zufrieden ist, für den mag Korn für den Augenblick besser seyn; aber wie steht es dabei um die Kultur seiner Felder, wie steht es um die Zukunft? Nur das richtigste Verfahren kann die Aussicht mit einem augenblicklichen Vortheil so verbinden, daß beides befriedigt wird.

Der, ohne Beschränkung des Getreidebaues, möglichst größte Gewinn von behackten Früchten und die zweckmäßigste Konsumirung, ist Bedürfniß für den Ackerbau und den Wirth; beiden sichert es Vortheile.

Kartoffelbrennerei, die damit verbundene Mastung, Viehnutzung, Schweinezucht oder zweckmäßige Konsumirung der rohen Produkte, alles läßt diese Absicht erreichen; nur die richtige Ansicht, die Art und Weise des Betriebes und die Fähigkeit des Wirths, das Erforderliche zu leisten, giebt der Sache einen mehr oder mindern Erfolg.

Diese Gegenstände sind es, womit ich mich in diesem Abschnitt beschäftigen werde. Von den großen Vortheilen, die sie gewähren können, habe ich mich vielfältig zu überzeugen die Gelegenheit gehabt. Ich wünsche diese Ueberzeugung vielen Landwirthen mitzutheilen und die Meinung zu widerlegen, daß nur die bisher gewöhnliche Viehnutzung die einzige sey, die mit dem Betrieb einer reellen Wirthschaft vortheilhaft verbunden werden könne. Man würdige diese Meinung doch einer näheren Prüfung! —

Abschnitt 5. Wechselwirthschaft.

Allerdings wird das im vorigen Abschnitt Enthaltene fast von jedem Koppel- und Dreifelderwirth für — nicht anwendbar, gehalten werden. Es wird bei ihnen die Frage entstehen: wo sollen wir alle behackten Früchte anbauen, die zu einer mäßigen Brennerei oder Mastung erfordert werden, ohne uns am Getreideertrag den bedeutendsten Ausfall zuzuziehen? Man wird sagen: unsere Erfahrungen gehen einstimmig dahin, daß das Wintergetreide, welchem in der Brache dergleichen Gewächse voraufgingen, im Ertrage gegen das nach der reinen Brache gewonnene, zurückschlug.

Hier verweise ich nun auf dasjenige Wirthschaftssystem, was der verehrungswürdigste, der größte unter den Oekonomen, Herr Staatsrath Thaer, jedem Landwirthe zum Urbilde aufgestellt hat. Wer ohne Befriedigung sich damit beschäftiget, oder davon zurückkehrt, der suche den Grund in seinem fehlerhaften Verfahren. War der Zuschnitt verdorben, so mußte jeder Versuch, die rechte Form herzustellen, nur einen größern Verfall hervorbringen; lag die Ursache aber in dem ordnungswidrigen Betriebe, so war selbst die beste Einrichtung ohne Nutzen.

Keine Wirthschaftsart bietet solche Gelegenheit dar, die zu einer höheren Viehnutzung erforderlichen Gewächse, selbst mit so vielem Vortheil für den Getreidebau, zu gewinnen, wie die Wechselwirthschaft. Wer bauete nicht stets die schönste und lohnendste Gerste nach Kartoffeln? Schon deshalb ist die Aufnahme dieses vortrefflichen Gewächses in der Fruchtfolge so nützlich; schon deshalb liegt der Anbau desselben im Großen außer jedem gegründeten Widerspruch.

Und giebt es eine Wirthschaftsweise, die alle Bedürfnisse in so vollkommenem Maaße mit dem unmittelbaren Vortheil des Wirths verbindet, wie die Wechselwirthschaft? Ist es nicht das einzige Ackersystem, was in seinen Grundlinien die Regeln aufstellet, nach welchen der größtmöglichste Ertrag nicht sowohl sich erreichen läßt, sondern auch für die Zukunft sichert? Es versteht sich, daß hier von Landgütern die Rede ist, und daß die Gartenkultur dabei in keinen Betracht kommen kann.

Man hat es der Wechselwirthschaft zum Fehler anrechnen wollen, daß sie die Schäfereien beschränke, wodurch bei dem vortheilhaften Absatz der Wolle ins Ausland viel fremdes Geld herbei geführt worden sey. Es ist wahr, daß bei dem Betrieb solcher Wechselwirthschaften, wobei ganze Stallfutterung beabsichtigt wird, nur besondere Lokalverhältnisse die Haltung einer Schäferei gestatten. Diese Schäferei ist dann aber auch als Hauptzweig der Wirthschaft betrachtet von sehr großer Wichtigkeit; ihre Veredelung eine dringende Nothwendigkeit. Als solche wird sie bestimmt einen sechsfach höheren Ertrag, wie die Schäfereien der Koppel- und Dreifelderwirthschaften, gewähren; nach diesem Verhältnisse von 1 zu 6 dürfte sich der angeschuldigte Nachtheil sehr vermindern. Ueberdieß können alle diejenigen Güter, die vermöge ihrer natürlichen Beschaffenheit, den Weidegang beizubehalten gezwungen sind, die Schaafzucht ferner betreiben, so daß die aus derselben sonst geflossene Einnahme sich um sehr vieles erhöhen wird.

Mit überwiegendem Vortheil benutzt dagegen der Eigenthümer solcher Güter, die die Haltung einer Schäferei nicht gestatten, seine Ländereien; die Hälfte seiner

Feldmark bleibt ihm zur Kompensation, gegen den Ertrag einer bei der Koppelwirthschaft gewöhnlichen Schäferei.

Alles, was sich über die großen Vorzüge und Eigenschaften der Wechselwirthschaft im Vergleich anderer bisher bekannten Wirthschaftsarten sagen läßt, ist bereits von so manchen Wirthen auf eine so deutliche Art in ihren Schriften vorgetragen worden, daß jeder Wißbegierige sich Belehrung verschaffen kann. Mit Rücksicht hierauf werde auch ich, so viel es mir nöthig scheint, nach eigenen Erfahrungen meine Gedanken und Meinungen hierüber äußern. Stimmen diese nicht ganz mit den Erfahrungen eines besser Unterrichteten überein, so wird mir eine Belehrung und Zurechtweisung in jeder Hinsicht willkommen seyn; sollten sie aber nicht den Beifall eines Querulanten erringen können, so muß mich die Ueberzeugung beruhigen, das solche Menschen — stets mit sich selbst uneins sind.

Abschnitt 6. Uebergang von der Koppel- zur Wechselwirthschaft.

Das Wort: Uebergang, ist bei vielen Wirthen von widrigen Empfindungen begleitet. Es bringt entweder den Uebergang von der Dreifelder- zur Koppelwirthschaft, oder den von einer Eintheilung des Feldes zu einer andern, und den temporellen Nachtheil, der gewöhnlich damit verbunden war, in Erinnerung. Die Verhältnisse gestatten für viele Wirthe nicht, sich Ausfällen in ihrer Einnahme zu unterziehen, die empfindlicher wie jemals fallen dürften. Selbst der durch Anwendung der bemerklich gemachten Meliorationsmittel herbeigeführte größere Ertrag, möchte manchem ein Beweggrund werden, auf größere Vortheile lieber Verzicht zu leisten, als selbige erst durch Aufopferungen zu erringen.

Ganz anders dürfte indeß die Handlungsweise des Wirths ausfallen, wenn demselben die Ueberzeugung geworden, daß schon im ersten Jahre ein günstiger Erfolg den gethanen Schritt bezeichnet, wenn er sieht, daß ihm nach der mäßigsten Berechnung ein ansehnlicher Vortheil daraus entspringen muß; er wird nicht säumen, sich denselben anzueignen.

Die Verschiedenheit der Schlageintheilungen der Felder, erfordert bei dem Uebergange zur Fruchtfolge eine besondere Berücksichtigung. Ich werde in diesem Abschnitt durch tabellarische Ansichten die Idee an die Hand zu geben suchen, wornach jeder Wirth auf seine Felder leicht die Anwendung wird machen können.

Abschnitt 7. Erfahrungen aus einer vieljährigen Praxis, als Beweis für das bisher Gesagte.

Erfahrung kann nur die Nützlichkeit dieses oder jenes Verfahrens begründen oder rechtfertigen. Sie verschafft dem Zweifler Ueberzeugung, dem Kurzsichtigen Belehrung und liefert Resultate, die die richtigsten Beweise über das Wahre oder Falsche der Urtheile und Meinungen aufstellen.

Indeß ist es nicht das Werk eines Menschen, solche genügende Erfahrungen in jedem Fache der Landwirthschaft zu machen. Die mannigfaltigen Ansichten verändern eben so oft die Beweggründe, Handlungen und Schlußfolgen. Eine fest begründete Regel kann nur aus den vieljährigen Erfahrungs-Resultaten verschiedener glaubwürdiger Wirthe hervorgehen. Es bleibt daher Pflicht für jeden gebildeten Landmann, seine Erfahrungen nach seiner Lokalität und Handlungsweise mitzutheilen. Würde das nicht so sehr versäumt, so müßten noch größere Fortschritte in der Oekonomie gemacht werden. Denn nur Thatsachen verlangt der größere Haufe, wenn er sich überzeugen soll. Werden doch von so manchem erleuchteten Wirthe die unumstößlichsten Sätze in Zweifel gezogen, ja selbst untrügliche Beweise der Erfahrung widersprochen, weil man entweder ein eingewurzeltes Vorurtheil nicht abzulegen vermag, oder sich selbst zu überzeugen nicht stark genug ist.

Seit meiner frühesten Jugend war der Ackerbau mein einziger Betrieb, und meine Kenntniß und Erfahrung in diesem Fache zu erweitern, meine angenehmste Beschäftigung. Wie oft habe ich aber meine Erfahrungen in vielen musterhaften Wirthschaften widerlegt gefunden; wie oft war das Resultat eines Versuchs über einen und den nemlichen Gegenstand, selbst bei der gleichförmigsten Behandlung, verschieden. Der geringfügigste Umstand ist in seinen Folgen oft sehr bedeutend, und dieß muß den Wirth um so mehr bewegen, in seinen Handlungen nie übereilt und planlos zu verfahren.

Dabei sey und bleibe es jedem Wirth eine unumstößliche Regel: das Ganze seiner Wirthschaft nicht auf Proben, sondern auf bewährten Erfahrungssätzen zu begründen. Versuche dürfen nie den Gang wirthschaftlicher Geschäfte beeinträchtigen, sondern können nur als Nebensache, wenn gleich mit der möglich genauesten Aufmerksamkeit, betrieben werden.

Erster Abschnitt.

Vom Mergel.

Der Mergel ist das kräftigste, ja ich möchte sagen einzige, Mittel, durch dessen zweckmäßigen Gebrauch der Landmann im Stande ist, sich aus dem gewöhnlichen Umkreis zu erheben und ohne weitere Vorarbeit Schritte zu wagen, die sonst mit der Bedachtsamkeit eines klugen und vorsichtigen Wirths nicht übereinstimmen würden; er ist das einzige Mittel, in kurzer Zeit die Ackerkultur Mecklenburgs auf die für jetzt möglich höchste Stufe zu führen. Sorgt der Wirth nur dafür, daß seine gemergelten Felder, die vermöge einer so großen und schnellen Auflösung ihrer vegetabilischen Stoffe auch desto größere Produktionen liefern, für diesen größeren Kraftaufwand, durch Verbesserung der Wiesen, durch Mastung, durch einen wohlgeordneten Fruchtwechsel oder sonst auf irgend eine solide Art, Ersatz bekommen, so hat er die Pflichten erfüllt, die ihm in dieser Hinsicht oblagen. Er wird alsdenn über das Wahre der verderblichen Meinung, die allerdings durch erhebliche Beispiele begründet zu seyn scheint, daß der Mergel nur für eine kurze Zeit ein wirksames Mittel sey, übrigens den Acker aussauge und in einem kraftlosen Zustand zurücklasse, besser urtheilen können, und zugleich die Ursache finden, die den Grund zu diesem so schädlichen Vorurtheil gelegt hat.

In demjenigen Lande, wo man, von den großen Vortheilen des Mergels überzeugt, bald dessen Gebrauch im Großen unternahm, war in der ersten Zeit die Wirkung davon so entscheidend und allgemein günstig, daß man dieses Mittel als eine nie zu versiegende Quelle, woraus man stets schöpfen könne, betrachtete. Nicht zufrieden, die edleren Theile der Produkte zu verkaufen, glaubte man auch das Heu und Stroh in Hinsicht der Düngung entbehren zu können, und die zum Absatz jener Artikel günstige Lage beförderte diese Meinung. Das Vieh wurde größtentheils im Herbst fett verkauft und ein kleinerer Theil, bei allem Ueberfluß vom Futter, oft kümmerlich genug durch den Winter gebracht; wie denn auch keine andere als Halmfrüchte oft in einer Reihe von 4 bis 5 Jahren hinter einander gebauet wurden. Wie war es da zu verwundern, wenn diese Quelle des Reichthums und Wohlstandes endlich versiegen und der Versuch, durch ein abermaliges Mergeln diesem Mißverhältnisse abzuhelfen, gänzlich mißglücken mußte.

So liegt oft der Grund zu mancher irrigen Meinung und Vorurtheil versteckt; die schädlichen Folgen davon zeigen sich in mechanischer Beipflichtung um so mehr, als man von dem wirklich großen Vortheil der Sache aus Erfahrung urtheilen kann, und Ueberzeugung zu erlangen, keine Gelegenheit gehabt hat.

Herr Ritzen, Schullehrer zu Knoop bei Kiel, hat über diesen Gegenstand in den Annalen des Ackerbaues, 1ster Jahrgang 1805., einen ganz vortrefflichen Aufsatz geliefert. Alles darin Enthaltene ist so deutlich vorgetragen, daß jedes Hinzufügen Ueberfluß wäre, und ich verweise diejenigen ganz darauf, die eine genaue Beschreibung davon verlangen. Ich werde nur so viel daraus wörtlich anführen, als es zu meinem Zwecke dienlich und nothwendig ist. S. 30. sagt er:

„Der brauchbare Lehm ist eine Zusammensetzung aus Thon, Sand, Kalk und vielen kleinen Steinen. Je mehr Kalktheile darin enthalten sind, für desto wirksamer hält man ihn, und umgekehrt. Die Farbe macht vielleicht wenig aus, man findet ihn blau, weiß, gelb, schwarz, braun und oft aus verschiedenen gefärbten Stücken zusammengesetzt. Doch hat man es gerne, wenn viele weiße Stellen oder Stücken Kreide und Kalk darin anzutreffen sind, wenn er beim Trocknen ins Weiße fällt; ferner wenn er in würfelartige Stücke bricht, zwischen denen sich viele dünne schwärzliche Adern befinden; wenn die Stücke das Ansehen haben, als wenn sie mit Schimmel überzogen wären, und endlich, wenn er nicht allzu leicht loszuarbeiten ist, und nachdem er auf dem Acker dem Regen und besonders dem Froste ausgesetzt gewesen, wie gelöschter Kalk auseinander fällt."

Herr Ritzen bedient sich hier des Provinzialausdrucks — Lehmen. Mir scheint aber derselbe zu unbestimmt, so daß er leicht zu Irrthümern Anlaß geben kann, die zum großen Nachtheil oft solche Wirkung hervorbringen, als wovon er S. 28. ein Beispiel aufstellt. Darum scheint mir die Benennung, Mergel, an und für sich weit richtiger. Der Unkundige wird denn doch erst fragen müssen: Was ist Mergel? wie sieht er aus? und wo ist er zu finden? ehe er Gebrauch davon machen kann; jedoch wird den wirklichen Lehm der geringste unter den Landleuten leicht von andern Erdarten unterscheiden. So viele Arten von Mergel es übrigens auch geben mag, so wollen wir doch selbigen überhaupt in drei Klassen eintheilen, und diese sind:

I. Der Lehmmergel.

Derselbe enthält eine größere Masse von Thon, als Sand, mit einer mehr oder mindern Beimischung von Kalk. Die Farbe ist sehr verschieden; nur die bessere Wirkung gehet aus dem größeren Verhältnisse hervor, worin sich der Kalk zum Lehm befindet. Die Probe hierüber läßt sich leicht mit ächter Salpetersäure anstellen. Je stärker das Aufbrausen nach einer geringen Befeuchtung damit ist, um so mehr Kalk enthält er, und so umgekehrt. Dem leichten Boden dient er sowohl zur Verbesserung als zur Vermehrung der Fruchtbarkeit.

II. Sandmergel

bestehet aus einem Kalk enthaltenden Sand. Was vorhin beim Lehmmergel gesagt worden, gilt auch hier, bloß daß seine Anwendbarkeit vorzugsweise auf allen schweren Feldern zu empfehlen ist.

III. Kalkmergel.

Ist diejenige Art, wo der Kalk in weit größerem Verhältniß zum Sand oder Lehm steht. Er wirket ganz vortrefflich auf alle niedrige und kalte Felder, Gründe und aufgebrochene Wiesen. Dieser, vermischt mit Moder, oder mit dem schwarzen Auswurf, der sich in den an

Wiesen gezogenen Gräben findet, giebt die schönste Düngung für alle Lehmfelder.

Wenn ich gleich bei jeder Mergelart hinzugefügt habe, auf welchem Boden die Anwendung derselben vorzüglich nützlich ist, so gilt dies doch für keine Regel, woran sich derjenige zu binden braucht, der nur eine Sorte hat, und gleichwohl Lehm, Sand und kalte Stellen befahren muß. Hier möchte der Satz: Mergel ist Mergel, mehrere Allgemeingültigkeit haben und nicht von so schädlichen Folgen seyn, wie es nach Erzählung des Herrn Rixen bei dem Lehm der Fall war. Nur dann rathe ich zu dieser Auswahl, wenn bei den verschiedenen Abwechselungen in der Grube es in der freien Wahl steht, jede Sorte auf den bemerklich gemachten Boden hin zu bringen.

Wo der Mergel anzutreffen ist,

sagt Herr Rixen S. 36.:

„Er liegt sowohl in tiefen Gründen, als in höhern Bergen; in Anhöhen, an dem Ufer der Seen; in dem Ufer der Ostsee kommt er häufig vor; auch an Flüssen.

Besondere Kennzeichen, um ihn z. B. nach den verschiedenen Gewächsen, die auf einem Boden stehen, aufzusuchen, hat man hier nicht.

Wer Lehm suchen will, geht hinaus auf die Koppel, die gelehmt werden soll, läßt auf den höhern Gegenden derselben Gruben von etwa 4 Fuß tief graben. Niedrige Gegenden werden nur alsdenn gewählt, wenn er etwa in den höhern nicht zu haben ist.

Nicht selten kommt man 4 Fuß tief schon auf kalkartigen Lehm, aber dieß ist noch nicht genug.

Die Grube wird mit einem 10 bis 12 Fuß langen Erdbohrer untersucht. Die durch den Bohrer herausgebrachte Erde legt man an der Grube hin, so wie sie nach einander folgt, und läßt sie etwas trocknen. Durch die Hülfe von einem Paar Arbeitern kann man in einem Tage ein beträchtliches Feld untersuchen und ziemlich genau bestimmen, wie tief der Lehm liegt."

Auf der größeren Hälfte von Mecklenburg wird es nicht viele Schwierigkeiten haben, guten Mergel jeder Art zu bekommen. Auch auf Sandfeldern, wo man bisher an dem Daseyn desselben gezweifelt hat, wird man bei genauerm Suchen schon welchen finden; nur liegt er hier etwas tiefer. Ich sage nicht zu viel, wenn ich behaupte, daß er auf jedem Gute anzutreffen ist.

Findet man ihn nicht in jedem Schlage des Guts, so muß die etwas kostspieligere Herbeischaffung aus einem andern Schlage kein unüberwindliches Hinderniß seyn.

Je tiefer der Mergel steht, desto weniger ist er an der Oberfläche zu erkennen; auf ohngefähr 2 Fuß Tiefe zeigt er durch folgende Merkmale sein Daseyn an:

1) Lehmberge enthalten größtentheils in einiger Tiefe Lehmmergel; diejenigen Stellen aber, die im Frühjahre schnell aufthauen, von der Winternässe bald trocken

werden, ein weißes Ansehen haben, kein Gras hervorbringen; die bei der Beackerung nicht so große Stücken geben und mit der Egge sich besser regieren lassen; worauf kein Lagerkorn wächst; wo das Getreide bei anhaltender Dürre ausscheint, auf solchen Stellen darf der Mergel nicht tief gesucht werden. Zuweilen bringt ihn schon der Haken zum Vorschein.

2) Auf Feldern vom mittleren Boden äußert er sich auf der Oberfläche durch ein graues und veränderliches Ansehen; die Stelle wird nicht sobald trocken wie der andere Boden; der Graswuchs ist weniger stark, hat eine dunkelgrüne Farbe und das Vieh übergeht selbige, wenn es nebenbei noch etwas haben kann. Man wird hier gewöhnlich recht guten Kalkmergel in geringer Vertiefung antreffen.

3) Auf Sandfeldern findet man zuweilen Stellen, wo Distel wächst. Das Getreide zeichnet sich hier durch einen stärkern Wuchs aus; die Feuchtigkeit hält sich länger und der Boden hat eine größere Konsistenz. Hier wird ebenfalls Mergel zu finden seyn.

Es giebt noch mehrere solcher Merkmale, die den Mergel verrathen; indeß ist der vorhin erwähnte Erdbohrer der sicherste Führer, durch dessen zweckmäßigen Gebrauch man sich nicht allein von dem Daseyn, sondern auch von der Tiefe, so wie von der Güte des Mergels, auf das beste und hinlänglichste überzeugen kann, S. 42.:

„Die erste Arbeit in der Grube ist das Abräumen. Die obere Erde bis dahin wo der kalkartige Lehm kommt, heißt die Räumerde, und das Wegschaffen dieser Erde wird das Abräumen genannt. Dieß Abräumen verursacht beträchtliche Kosten. Rechnet man eine mäßige Grube von 8 Ruthen lang und 6 Ruthen breit, wovon 6 Fuß abgeräumt werden sollen, so können die Kosten, der Pott von 16 Fuß lang, 16 Fuß breit und 4 Fuß tief, nur zu $1\frac{2}{3}$ Rthlr. gerechnet, leicht an 120 Rthlr. betragen. Gewöhnlich wird diese Arbeit aber mit eigenen Leuten und Pferden verrichtet und kommt dann lange nicht so hoch."

Das mehr oder minder Kostspielige solcher Arbeit kommt sowohl auf die Tiefe, in welcher die Abräumung beschafft werden muß, als auch auf den Boden selbst an. Strenger Lehm, der mühsam losgebrochen und tief herausgeschafft werden soll, verursacht allerdings mehr Arbeit, als der leichte Boden, wenn er mit dem Spaten abgestochen und größtentheils aus dem Loche herausgeworfen werden kann; hiernach bestimmen sich auch die Kosten. Indeß würden diese in Mecklenburg doch lange nicht so hoch zu stehen kommen, als sie Herr Rixen berechnet hat.

Der Pott enthält in Mecklenburg 4 Schachtruthen. Beim Abkarren mit Handkarren würde jede derselben im Durchschnitt höchstens auf 12 Schillinge zu stehen kommen, mithin der Pott auf 1 Rthlr.; und dieß würde die Summe von 72 Rthlr. für die angenommene Grube ergeben. Diese Summe würde sich aber dann sehr vermindern, wenn diese Erde sogleich durch Pferde herausgeschafft und tiefe Stellen des Ackers damit erhöhet und verbessert würden. Das höchste möchte denn pro Schachtruthe 8 Schillinge betragen und zu dem ganzen Abraum 48 Rthlr. hinreichend seyn.

So viel ist indeß gewiß, daß sowohl für diese als jede andere Arbeit das Tagelohn in Holstein noch einmal so hoch, wie in Mecklenburg zu stehen kommt. Die Ursache hiervon mag ich hier nicht untersuchen, wahr ist es aber und bleibt es, daß der Tagelöhner in Mecklenburg bei seinem geringeren Verdienst sich ungleich besser wie der in Holstein bei seinem größeren sich befindet.

S. 47 fährt Herr Rixen fort:

„Bei nasser Witterung trifft leicht der Fall ein, daß in kurzer Zeit einige Fuß hoch Wasser in der Grube zu stehen kommt. Dieß ist ein sehr übler Umstand, die Seiten sinken, wenn vieler Sand darin ist, alsdenn leicht ein, und die Arbeit ist sehr beschwerlich, und doch ist kein anderer Rath, als das Wasser sobald wie möglich wieder herauszuschaffen."

Bei Anlegung einer Grube gehört es mit unter die ersten Erforderniße, das Lokale genau zu untersuchen und darnach die Anlage so zu treffen, daß man keinen Zufluß von Regenwasser zu befürchten hat. Sollte man diesem auszuweichen nicht im Stande seyn, so ist es doch leicht möglich, die Absicht durch einen Abführungsgraben zu erreichen, und man kann hier mit sehr geringen Kosten den beträchlichsten für die Zukunft vorbeugen.

In jeder Hinsicht ist viel gewonnen, wenn die Grube an einer Anhöhe angelegt werden kann, wie Herr Ritzen bemerkt:

„Ist sie an einer Anhöhe oder wohl gar auf einem Hügel angelegt, so könnte es allerdings durch einen Graben weggeleitet werden; dieser müßte aber eben so tief wie die Grube seyn und dabei würde noch wenig gewonnen. — Schnecken scheinen hier ebenfalls nicht anwendbar, wenigstens habe ich solche nirgends gefunden. Ich habe das Wasser auf folgende Weise wegschaffen sehen:

1) Man machte einen mäßig tiefen Graben, arbeitete das Wasser mit Schaufeln dahinein, und ließ es laufen, oder
2) man trug es mit Eimern heraus, oder es ward
3) heraus gefahren."

Diese drei Methoden, das Wasser aus der Grube zu bringen, können nur höchstens dann ihre Anwendung finden, wenn in Ermangelung besserer Anstalten eine unbedeutende Menge hineingeregneten Wassers herausgeschafft werden soll. Aber da, wo von natürlicher Nässe des Bodens sich aus dem Acker selbst, Wasser nach der Grube hinzieht; in den Jahreszeiten, wo nicht allein durch häufige Regengüsse, sondern durch geschmolzenen Schnee u. dgl. sich täglich Wasser in der Grube ansammlet, würden die erwähnten Methoden nicht zureichend seyn, oder wenigstens viel zu zeitraubend und kostspielig.

Das Wasser mit einer Schnecke herauszubringen, ist allerdings recht gut, so lange die Tiefe der Grube es gestattet, selbige mit Vortheil anzulegen. Aber dann dürfte es hiermit auch vorbei seyn, oder man müßte die kostspielige Arbeit nicht scheuen, den Abführungsgraben von der Grube aus immer tiefer zu machen. Dafür möchte das Anlegen einer gewöhnlichen Wasserpumpe den Vorzug behaupten. Auch in Holstein bedient man sich schon häufig derselben; und es dürfte das beste Mittel seyn, sich von dem so lästigen Wasser auf die wohlfeilste und geschwindeste Art zu befreien.

Man verfährt folgender Gestalt damit: die Wasserpumpe wird in der einen Ecke der Grube angesetzt, nachdem vorher ihr Stand einen Fuß tief eingegraben worden. Damit das Wasser sich hierher ziehe, müssen die Arbeiter dahin streben, daß die Grube nach dieser Ecke hin abhängig bleibe, welches sie um so besser in Acht nehmen werden, wenn es mit in ihrem Akkord begriffen ist, solches Wasser herauszupumpen. Dergestalt läßt sich in einer Stunde durch einen Arbeiter mehr herausschaffen, als beim Schaufeln, Tragen oder Fahren mit mehrern Menschen in einem Tage kaum geschehen würde. Damit auch bei großer Tiefe die Pumpe nicht zu kurz und dadurch unbrauchbar werden möge, so muß diese aus mehreren Stücken bestehen, die zusammengesetzt werden und dergestalt die erforderliche Länge bekommen können.

Wird in der Grube gearbeitet, selbige immer rein von Wasser gehalten, die Seiten derselben etwas in schräger Richtung von oben nach unten gemacht und jedes Stück, was dem Anschein nach losreißen könnte, etwas befestiget, so hat es mit dem Einsinken keine Gefahr, und man hat nicht nöthig, die beträchtlichen Kosten des Abräumens da noch einmahl zu tragen, wo es nicht nöthig ist. Ist man gegentheils gewilliget, die Grube anderer Arbeiten wegen auf einige Zeit zu verlassen, so ist nothwendig, die Seiten derselben wohl zu versteifen und zu verwahren, das Wasser, was sich darin ansammlen sollte, sofort auszupumpen, und überhaupt auf die Grube in dieser Hinsicht ein wachsames Auge zu haben.

Welcher Schlag in der Regel gemergelt werden muß, darüber sagt Herr Rixen S. 38.:

„Wer lehmen will, nimmt dazu diejenige Koppel, die im nächsten Jahre entweder Buchweizen hätte tragen, oder gebraacht werden soll."

Auch in Mecklenburg würde diese wohlthätige Operation der Braache gewidmet seyn. In dieser Hinsicht muß der Dreesch im Herbst früher wie gewöhnlich gewendet und bei gutem Wetter mit eisernen Eggen wohl überzogen werden. Sollte man das Bemergeln der Braache im Sommer wollen, so kann im Winter einer der Sommerschläge und zwar solcher, wo im künftigen Frühjahre Gerste gesäet wird, dazu genommen werden. Rapps, Weizen und Gerste sind die 3 Hauptprodukte, die zur ersten Saat auf einen gemergelten Boden zu bringen sind. Ich werde hiervon in der Folge noch weiter zu reden Gelegenheit haben.

In Holstein war es ehedem allgemein gebräuchlich und ist es namentlich in den Städten und den Bauerwirthschaften größtentheils noch, der Wintersaat eine Sommerfrucht von Hafer oder Buchweizen voraufgehen zu lassen. Gewöhnlich wird letzteres in die Dreeschfurche gesäet, mit eisernen Eggen die Furchen der Länge nach überzogen und mit kleinen Eggen völlig zugeegt. Wie sehr dieß den Acker auch bei dem besten Wachsthume der Frucht verunreinigen muß, sieht ein jeder leicht ein; wie viel mehr muß dieß geschehen, wenn, wie es gewöhnlich der Fall ist, solche Frucht mißräth? Man denke sich einen dreijährigen Dreesch auf gutem Boden; eine stete Bearbeitung desselben mit dem Pflug und zwar beständig in einer Richtung, da die mehresten Koppeln in Stücken liegen und abgegraben sind; die Roggensaat nach mißgerathenem einfurchigen Dreeschhafer oder Buchweizen, und man wird sich das Resultat von selbst gar leicht daraus ziehen können. Ueberhaupt scheint die Holsteinsche Wirthschaft mit ihrem ganzen Turnus ursprünglich mehr auf wilden Graswuchs, als auf Getreidegewinn hinauszugehen. Die Besaamung des abtragenden Schlages mit Klee hielt man für überflüssig, und man hatte Recht, weil das wilde Gras und der verwilderte Boden jene edleren Futterkräuter nicht aufkommen ließen. Von diesen Grundsätzen und Verfahren ist man indeß jetzt ziemlich und vorzüglich da, wo das Mergeln recht im Gange ist, zurückgekommen. An vielen Orten läßt man nun der Winterbestellung mit Getreide eine Rappsernte voraufgehen, und selbst da, wo der Buchweizen noch beibehalten ist, giebt dieser durch seinen üppigen Wuchs dem Lande eine solche Beschattung, daß kein Unkraut emporkommen kann, und bereitet durch eine fruchtbare Gährung den Boden für die folgende Wintersaat sehr vortheilhaft vor.

Die Zeit der Mergelung

bestimmt Herr Ritzen S. 48. so:

„Mit dem Lehmfahren wird gemeiniglich schon im Herbste der Anfang gemacht, und damit, wenn die Witterung es verstattet, den Winter hindurch fortgefahren. Man hält dieses aus guten Gründen für vortheilhaft, und würde gerne allen Lehm noch vor dem Winter aufbringen, wenn dieses nur möglich zu machen wäre. Aber das ist nun einmal nicht zu bewirken.

Der meiste Lehm wird vom Frühjahr bis zur Ernte gefahren."

So wie vorhin schon erwähnt worden, muß das wichtige Geschäft des Mergelfahrens von den übrigen wirthschaftlichen Geschäften ganz unabhängig seyn. Pferde, Geräthschaften, Leute 2c., alles muß durchaus für sich bestehen, und das ganze Jahr hindurch unterhalten werden. Was man im Herbst und den Winter über, allenfalls mit größeren Kosten dabei beschaffen müßte, das und noch weit mehr ersetzt der dadurch erlangte Vortheil: in diesem gemergelten Lande schon eine Sommerfrucht voraufgehen lassen zu können, wenn gegentheils bessere Witterung im Sommer und längere Tage dieß Geschäft zwar mit mehr Nachdruck fortsetzen lassen, dagegen aber nicht eher, als zur Winterbestellung benutzt werden kann.

Umstände verändern indeß eine Sache; sie lassen Ausnahmen von der Regel zu, ohne welche das Verfahren fehlerhaft genannt zu werden verdiente. Der

Wirth muß alles seinem Vortheil anzupassen wissen. Wäre z. B. der Absatz von Getreide wegen der Nähe einer Handelsstadt leicht zu beschaffen, begünstigte diesen ein schiffbarer Strom zum Vortheil der Wirthschaft, oder würde durch den Betrieb einer großen Brennerei das sonst zu verfahrende Getreide konsumirt, warum sollten da die Gespanne den Winter über müßig seyn? die Mergelgrube sey ihren zur Beschäftigung angewiesen; nicht mit dem gewöhnlichen Abzug an Futterkorn, weil sie nur zu Hause arbeiten und nicht viel verdienen — nein vielmehr mit Zulage; denn mit dem aus ihrer Beschäftigung entspringenden Vortheil ist kein anderer zu vergleichen. Welche wohlthätigen Folgen werden aus einer solchen Winterarbeit schon für den Sommer entspringen?

Wie gemergelt werden muß und von den Werkzeugen, welche man sich dabei bedient.

Man findet die Anstalten zum Mergelfahren sehr verschieden. An einigen Orten wird er mit gewöhnlichen Bretterwagen herausgebracht; Andere bedienen sich dazu der mit 2 Pferden bespannten Stürzkarren, wogegen aber auch sehr vieler Mergel mit den einspännigen Stürzkarren ausgekarrt wird.

Die erste Methode des Transports durch einen Bretterwagen, deren auch Herr Ritzen S. 44. erwähnt, hat das Nachtheilige, daß der Mergel beim Abladen nicht allein ungleich zu liegen kommt, sondern daß auch nicht leicht zu bestimmen ist, wie stark er aufgefahren worden. Auch kann nicht wohl verhindert werden, daß die abgeladenen Haufen, beim Anfahren in der Reihe, übergefahren und von den Pferden durchgetreten werden, welches bei Regenwetter und weichem Boden viel Nachtheil bringt.

Hat man gute starke Karrenpferde, ist der Acker trocken, darf der Mergel nicht bergan gefahren werden, und kann er ohne viele Anstrengung aus der Grube herausgebracht werden, so möchte der Transport mit einspännigen Stürzkarren, der wenigeren Kosten wegen, nicht zu verwerfen seyn; da diese Umstände aber selten alle zusammentreffen, so findet man an den meisten Orten, wo dieß Geschäft recht im Großen getrieben wird, Karren mit 2 Pferden bespannt.

Die Beschreibung derselben mag hier in aller Kürze Platz finden. Es wird dazu eine ganz gewöhnliche Stürzkarre genommen, jedoch kann dabei der Unterschied Statt finden, daß der Kasten etwas größer seyn kann. An jedem Baum der Stürzkarre befindet sich vorn am Ende eine fest eingeschlagene Krampe und in derselben ein Ring.

Zum Vordergestell nimmt man einen gewöhnlichen Vorderwagen, mit einem Wendschamel ohne Rungen — man kann dazu einen Ernte-Wendschamel gebrauchen — In dieser befinden sich ebenfalls 2 Krampen, in jeder derselben ein kleiner Haken, und zwar in solcher Entfernung von einander, wie die beiden Bäume der Stürzkarre es erfordern. Die Ringe dieser letzteren werden in die Haken des Wendschamels gehängt und das ganze Fuhrwerk ist im Gange. Das Beste hierbei ist, daß es eben so leicht wieder aus einander zu nehmen ist und kein Theil zu seiner besonderen Bestimmung dadurch unbrauchbar gemacht wird.

Bei

Bei Erforderniß der Umstände kann die Stürzkarre zu 1 Pferd und der Vorderwagen zu dem gewöhnlichen Behufe gebraucht werden. Ringe und Haken bleiben bis dahin ungehindert jedes an seinem Ort.

Die gewöhnliche Größe solcher zweispännigen Kasten ist 4 Fuß lang, 3 breit und 1½ hoch, welches 18 Kubikfuß beträgt; jedoch findet man sie auch wohl von 24 Kubikfuß. Wird ein solcher Kasten von der erst erwähnten Größe gehörig voll geladen, so reicht für jede Quadratruthe eine solche Karre voll zu: folglich auf einen Scheffel Aussaat Rostocker Maaß 60 Quadratruthen eben so viele Karren Mergel. Dies wird so ziemlich mit Herrn Rixen nach S. 49. übereinstimmen.

„Auf die Tonne von 240 bis 270 Quadratruthen kommen fast durchgehends 300 bis 400 Fuder (à 12 Kubikfuß), dieses macht 15 bis 17 Kubikfuß auf die Ruthe, und diese gleichmäßig vertheilt erhöhen die Ackerkrume um ½ bis ¾ Zoll. Doch fand ich auch viele, die nur 220 bis 300 Fuder aufbringen ließen, und der Erfolg zeigte, daß diese Quantität auch hinreichend war."

Die Holsteiner Tonne hält nach Rostocker Maaß ungefähr 3½ Scheffel: wenn 240 Quadratruthen zu einer Tonne gerechnet werden, so macht dies pro Scheffel — 68½, und erstere zu 270 Quadratruthen würde sogar 77 Quadratruthen pro Scheffel betragen. Hieraus ergiebt sich, daß in Holstein etwas dünner wie in Mecklenburg gesäet wird, obgleich auch hier an vielen Orten der von mir angenommene Maaßstab nicht mehr befolgt und beträchtlich dünner gesäet wird; da hingegen kenne ich aber auch viele Wirthschaften, wo man eine noch stärkere Aussaat für vortheilhaft hält. In wie fern beide Theile Recht haben mögen, will ich hier nicht untersuchen, sondern nur bemerken, daß eine stärkere Vegetation des Ackers auch eine schwächere Aussaat erfordert.

Vorzüglich hat der Landmann bei Befolgung des obigen Maaßstabes nicht sowohl auf die Quantität als Qualität des Mergels und auf die Güte und Beschaffenheit des Bodens Rücksicht zu nehmen. Ist es die Absicht, den letzteren zugleich damit zu verbessern, d. h. einen sandigen Boden durch einen guten Lehmmergel — oder mit Herrn Rizen zu reden — fruchtbaren Lehm — in einen kompakteren Zustand zu versetzen, so würde die Erhöhung um einige Zolle von vielem Nutzen seyn, wenn gegentheils das allzu starke Auffahren von Kalkmergel auf guten, weniger kalten, Boden nicht nur keinen Nutzen, sondern wohl unter gewissen Umständen vielen Nachtheil zuwege bringen könnte. Daher stimme ich mit Herrn Rizen völlig überein, wenn er (S. 45.) sagt:

„Ein guter Landwirth läßt, wenn er auch nicht selbst mit arbeitet, doch keinen Tag hingehen, wo er nicht wenigstens einmal die Grube untersucht. Der Lehm bleibt sich bei weitem nicht immer gleich. Nicht selten wechseln verschiedene Lagen mit einander ab. Neben einer Lage guten Lehm kommt eine, die durchaus nicht auf dem Acker kommen darf. Die eine Lage enthält vielen Thon, die andere mehr Sand.“

Und S. 49.:

„Billig sollte dafür gesorgt werden, daß jede Art Lehm dahin kommt, wo er seiner Beschaffenheit nach am zweckmäßigsten ist. Besteht er größtentheils aus Thon und Kalk, so müßte er auf den sandigen, und sind seine Haupbestandtheile Sand und Kalk, auf den lehmigten Boden gebrachtwerden."

Da, wo das Abräumen einer Grube so viele Kosten verursacht, wie vorhin bemerkt worden, ist es freilich nicht eben zu verlangen, daß man sich durch Anlegung mehrerer Gruben in den Stand setze, dieser allerdings richtigen Theorie zu genügen; und selten dürfte es der Fall seyn, daß aus einer Grube ihr gemäß verfahren werden könnte. Aber ein vorsichtiger Wirth muß in solchen Fällen, wenn ihm irgend noch einige Wahl übrig bleiben sollte, diese seinem Lokale anzupassen wissen. Der Erdbohrer wird ihm dabei zum Führer dienen, vermittelbst desselben er seine Grube da anlegen wird, wo er den mehrsten Mergel von der gesuchten Sorte vorfindet. Wo indeß mit weniger Kosten eine Grube sich herstellen und das Bedürfniß mit dem Lokale sich vereinigen läßt, da ist es rathsam, sich die erwähnten Vortheile durch Anlegung mehrerer Gruben zu verschaffen. Ich habe hiervon nicht allein anderwärts viele Beispiele gesehen, sondern mir selbst in einer Entfernung von 50 Ruthen den besten Lehm- und Sandmergel verschafft.

Der Lehmmergel sitzt gewöhnlich so fest, daß er mit einer großen Mergelhacke losgehauen und gebrochen werden muß. Im Winter ist man öfters in die Nothwendigkeit versetzt, ihn mit eisernen Keilen loszutreiben und mit großen Brechstangen abzubrechen. Ein ansehnlicher Theil dieser mühvollen Arbeit wird indeß dadurch erspart, wenn man die Grube, wenigstens so weit, als selbige nicht bearbeitet wird, mit hinlänglichem Pferdemist belegt. Dadurch wird das Eindringen des Frostes in so weit verhindert, daß dann alles mit der Mergelhacke bearbeitet werden kann.

In Hinsicht des geringen Tagelohns, welches in Mecklenburg üblich ist, läßt man gern dergleichen Arbeiten, unter der Aufsicht eines Wirthschafters, in Tagelohn verrichten. Dies taugt aber nicht. Bei der schweren Arbeit, die in der Mergelgrube sich findet und der natürlichen Abneigung, die solche Leute ohnehin schon gegen dieselbe haben, bei dem gewöhnlichen Mangel an eigenen Leuten und der Unbekanntschaft mit den dabei nöthigen Handgriffen, ist es allemal sehr unrecht gehandelt, auch noch durch einen geringen Verdienst solchen Leuten vollends allen Muth zu benehmen. Die gewöhnliche Folge davon ist, es wird nichts beschafft, und alle nur mögliche Schwierigkeiten werden hervorgesucht, um den guten Fortgang zu hemmen. Noch unvortheilhafter ist es, diese Arbeit durch Weiber verrichten zu lassen; eine Zeit lang geht es, aber auf die Länge hat es keinen Bestand.

Deshalb ist das einzige und beste Mittel, diese Arbeit in Akkord zu überlassen. Die Unternehmer müssen sich förmlich durch einen Kontrakt verpflichten, das ganze Jahr hindurch in der Grube zu arbeiten, die erforderlichen Abkarrer zu stellen und die Arbeit vorschriftsmäßig zu beschaffen. Sie erhalten dann für jede Karre à 18 Kubikfuß 1 Schilling, und müssen außer dem Pferde, dem Karren und einer großen Mergelhacke, sich alle übrigen Geräthschaften selbst halten.

Der mehr oder minder weite Transport bestimmt die Anzahl der im Gange zu haltenden Karren. In der Grube dürfen nie weniger als 3 handfeste Arbeiter sich befinden. Zu 3 Karren gehören 2 und zu 4 Karren 3 Burschen zum Abkarren. Ein verständiger Arbeiter muß stets beim Abladen zugegen seyn; dieser hat das Maaß zur Hand, um durch genaues Abmessen anzugeben, wie weit die Haufen von einander entfernt werden müssen.

Man würde aus dieser Einrichtung sich nebenher noch manchen Vortheil verschaffen können. In den Tagen der Kornernte, wo bei ungünstiger Witterung der Landmann wegen Mangel an Arbeitern nicht selten ins Gedränge geräth und bei der größten Thätigkeit manchen daraus entstehenden Ausfällen nicht vorzubeugen vermag, kann man hier 6 bis 7 Arbeiter mehr anstellen, deren Hülfe zu einer solchen Zeit den bedeutendsten Vortheil gewährt. Wo man indeß mit solchen Burschen, die zum Abkarren tauglich sind, auf dem Hofe versehen ist, oder sie für ein geringeres Tagelohn bekommen kann, auch allenfalls zum Abladen jemanden zu stellen vermag, da würde der Preis von $\frac{1}{2}$ Schilling pro Karre genügen, und vielleicht noch manchem dadurch Gelegenheit gegeben werden, seine Tage nicht mehr in Müßiggang zu verleben und ohne Verdienst sein Brodt zu essen.

Vom Streuen des Mergels

sagt Herr Rixen S. 51.:

„Bei recht trockener Witterung im Sommer kann der Lehm nach 8 bis 14 Tagen auseinander geworfen werden. Eine Mannsperson wirft an einem Tage 120 bis 150 Fuder auseinander, und bekommt für 100 Fuder, 10 bis 12 Schillinge. Was im Herbste und im Winter schon aufgebracht worden, ist wie gelöschter Kalk zerfallen. Davon kann ein solcher Arbeiter am Tage 200 Fuder so aus einander schaffen, daß weiter keine Arbeit dabei ist, als ihn hernach vollends vermittelst der Egge zu zertheilen. Was aber im Sommer gefahren wird, trocknet in Stücke zusammen, die sich nur mit vieler Mühe durch Schlagen wieder zertheilen lassen.

In Mecklenburg würde diese Arbeit mit vielem Vortheil durch Weiber beschafft und dadurch die Ausgabe, welche obiger Verdung feststellt, um ein sehr Beträchtliches vermindert werden. Selbst im Akkord würden die 100 Fuder höchstens auf 7 Schilling zu stehen kommen. Nur hüte man sich, diese Arbeit im Sommer nicht zur unrechten Zeit vorzunehmen. Leiden es die Umstände, so muß der Mergel erst völlig aus- und zusammentrocknen und sodann erst nach einem durchdringenden Regen, wornach er sich von selbst löset und auseinander fällt, mit Hülfe aller aufzubringenden Leute auseinander geworfen werden, wenn der Acker dazu hinreichend abgetrocknet ist, daß diese Arbeit ohne Nachtheil geschehen kann und der Mergel beim Werfen von selbst zerfällt.

Dergestalt wird durch die Beobachtung des rechten Zeitpunktes diese Arbeit minder mühsam und kostspielig und man beuget dadurch vielen Arbeiten vor, die sonst allerdings unvermeidlich seyn dürften. Dahin gehört das Klütschlagen und Walzen; Ersteres würde allein fast doppelt die Zeit und Kosten erfordern, wie ein zur rechten Zeit vorgenommenes Streuen, und das Walzen, welches von der Wirthschaft bestritten werden müßte, würde bei der vermehrten Arbeit, die das öftere Eggen eines solchen gemergelten Ackers nothwendig macht, um so beschwerlicher fallen. Nur in dem seltenen Falle, daß gar kein solcher Regen sich einstellte und die Zeit zur fernern Bearbeitung des Ackers vorgerückt wäre, würde man seine Zuflucht ohne Bedenken zu obigen Maaßregeln zu nehmen haben. Daß das Streuen mit der gehörigen Sorgfalt und zwar so, daß die ganze Oberfläche des Ackers gleichmäßig bedeckt werde, geschehen muß, versteht sich von selbst.

Nachdem der Mergel gestreuet worden, ist ein so fertiges Eggen mit hölzernen Eggen, worin die Zinken nicht über 4 Zoll lang seyn dürfen, nicht zu verabsäumen. Wenn schon das Streuen bei trockener Witterung nothwendig war, so sieht ein jeder, daß dieses Eggen um so mehr bei trockenem Wetter vorgenommen werden muß, als ein entgegengesetztes Verfahren viele Nachtheile zuwege bringen würde. Die Absicht dabei ist, den

Mergel in die möglichst kleinsten Theile zu zertheilen und mit der obersten Ackerkrume zu vereinigen, da, ohne eine solche Zertheilung, die Wirkung nicht von dem erwünschten und beabsichtigten Erfolg seyn dürfte. Noch empfehle ich außerdem vor dem Hacken das Ueberziehen des gemergelten Ackers mit der eisernen Egge. Die Vermischung, die dadurch der Mergel mit einer größern Quantität der obern Ackerfläche erhält, ist von dem entschiedendsten Nutzen, und ein guter Landwirth wird dieß stets auf das genaueste beobachten.

Von der Beackerung eines gemergelten Ackers sagt Herr Ritzen S. 51.:

„Es ist eine allgemeine Regel, deren Anwendung ich bei allen Landwirthen gefunden habe, den Lehm soviel und so lange, wie es irgend möglich ist, den Einwirkungen der Sonne uud der Luft bloß zu stellen, ihn auf dem Acker vollkommen austrocknen zu lassen, und ihn nur dann erst unterzupflügen, wenn er recht trocken ist."

Und S. 55.:

„Nach der Versicherung alter erfahrner Landwirthe muß sowohl das Unterpflügen als auch die nachfolgenden Bearbeitungen des Ackers bei trockener Witterung geschehen. Wer ihn im Regen oder alsdann unterpflügt, wenn er noch sehr naß ist, der kann gewiß darauf rechnen, daß alle Kosten für das nächste Jahr wenigstens vergeblich angewandt sind."

Bei der größtentheils musterhaften Ackerbestellung des Mecklenburgers und der ausgebreitet praktischen Kenntnisse, die er in diesem Fache besitzt, würde es überflüssig seyn, hiervon insbesondre etwas zu erwähnen. Nur die Abweichungen, die Sorgfalt und die besonderen Umstände, die bei der Beackerung eines gemergelten Bodens beobachtet werden müssen, und die auch Herr Ritzen mit so vieler Genauigkeit bemerkt, wollen wir etwas näher erwägen.

Die erste Regel ist: es muß das ganze Beackerungsgeschäft eines gemergelten Bodens durchaus im trockenen Zustande des Ackers und bei trockener Witterung beschafft werden.

Nicht immer läßt sich diese Regel in großen Wirthschaften und da, wo das Mergeln ebenfalls im Großen betrieben wird, genau in Ausübung bringen. Man denke sich einen nassen Sommer, eine nasse Ernte! Soll der Wirth hier die wenig guten Tage beim Ackern zubringen und unterdessen sein Korn im Felde verderben lassen? Dieß ist allerdings nicht zu verlangen, wohl aber, daß bei solchen Zeiten dennoch durchaus nicht während des Regens geackert wird. Ein guter und vorsichtiger Wirth wird solche Abweichung von der Regel schon so unschädlich wie möglich zu machen trachten. Kann gleich die Absicht, den gemergelten Acker ganz trocken zu bearbeiten, nicht erreicht werden, so finden sich doch zwischendurch immer Tage, wo es nicht regnet und der Acker so weit trocken ist, daß dessen Bearbeitung ohne Nachtheil geschehen kann; alsdann ist es Zeit, mit Nachdruck dabei zu Werke zu gehen, und allenfalls andere minder wichtige Geschäfte bis zu gelegener Zeit ruhen zu lassen.

Derjenige, der die bisher bestrittenen ansehnlichen Kosten, den großen Verlust, der ohnfehlbar nach einer fehlerhaften Bestellung aus dem geringen Ertrage hervorgehen würde, und den Umstand, sich mit seinem ganzen Plan wenigstens um 1 Jahr zurückgesetzt zu sehen, wohl erwäget, der wird schon jedem zustoßenden Hindernisse zweckmäßig begegnen, und solches so viel möglich unschädlich zu machen trachten.

Bevor der Mergel untergeackert wird, muß er mit etwas wenigem Dung befahren werden; es sey denn, daß der Acker in einer sonst guten Kultur und in der zweiten Düngungskraft sich befände; auch Mangel an Dung könnte hier eine Abweichung nöthig machen. Auf jedem Fall wird nur ganz schwach, höchstens auf 60 Quadratruthen 2 Fuder Dung aufgefahren; ein stärkeres Düngen würde bei einer Halmfrucht ohnfehlbar Lagergetreide hervorbringen. Die zweite Regel fordert also:

„eine ganz schwache Düngung des gemergelten Ackers."

Das Getreide hat hierauf in der Folge einen beträchtlichen Vorzug vor dem nicht gedüngten. Die Ursache hiervon läßt sich leicht auffinden, es bedarf dessen aber nicht, da vieljährige Erfahrungen hierin genugsam beweisen.

Der Mergel unterscheidet sich bei der Beackerung von dem Dünger dadurch, daß er vermöge seiner größeren Schwere und kleinern Bestandtheile sich nach unten senkt, und nicht wie der Dung in die abgebrochene Furche hineinarbeiten läßt. Er löset nur, vermittelst der atmosphärischen Einwirkung, diejenigen vegetabilisch-animalischen Stoffe auf, die ihn unmittelbar umgeben und in einem auflöslichen Zustande sich befinden. Deshalb ist das Ueberziehen mit der großen eisernen Egge acht Tage vor dem Hacken so nothwendig. Es folgt hieraus die dritte Regel:

„den gemergelten Acker das erste Mal so flach wie möglich, etwa 2, höchstens 2½ Zoll unterzuackern."

In Holstein bedient man sich überhaupt zur Beackerung den Pflug. Ueber die Vortheile und Nachtheile dieses Instruments herrschen so viele und so widersprechende Meinungen, daß es zu weit führen würde, selbige hier gegen einander abzuwägen. So viel ist gewiß, daß die eifrigsten Vertheidiger des Hackens, der Nützlichkeit des Pfluges, unter gewissen Umständen, alle Gerechtigkeit widerfahren lassen, und so umgekehrt. Warum hat man denn nicht lange beides aufs nützlichste mit einander zu vereinigen angefangen? Wie wohlthätig ist nicht der Gebrauch des Pfluges bei der Dreschfurche, beim Unterackern des Mergels, bei der Saatfurche, — wenn gegentheils die Anwendung des Hackens bei der Braach- und Wendfurche einen entscheidenden Vorzug vor jenem hat.

Der mehreste Mergel wird bei der Beackerung unter der Furche auf den Grund zu liegen kommen; daher ist die zweite Furche um einen Zoll tiefer zu geben und bei der dritten abermals etwas tiefer. Hierdurch wird der sich gesenkte Mergel jedes Mal wieder mit heraufgebracht, die fruchtbare Erdmasse vermehrt und alles so mit einander vereinigt, daß die Oberfläche ein ganz verändertes Ansehen gewinnt.

Sollte ein öfteres Hacken or der Saatfurche nöthig seyn, so kann hier weiter nach keiner Theorie verfahren werden, sondern der Untergrund dieses zu beackernden Feldes muß es bestimmen, ob diese Furche noch etwas tiefer oder flacher zu geben ist. Man hüte sich aber, die so genannte wilde oder unfruchtbare Erde zum Vorschein zu bringen.

Die Saatfurche wird in der Regel immer etwas flächer wie die vorhergehende gegeben. Die Ursache hiervon wird jeder praktische Wirth schon von selbst einsehen.

Mit dem jedesmaligen Eggen darf man sich aus mehreren Gründen nicht übereilen. So lange der Acker in offenen Furchen liegt, ist er mehr den Einwirkungen der Luft und der Witterung ausgesetzt, der Mergel wird in seiner ersten Wirkung nicht gestört, der Acker kann sich nach und nach fester vereinigen, und nicht mehr durch einen starken Regen dergestalt zusammen gepreßt werden, daß das ganze Werk der Vegetation dadurch gehemmt wird. Bei zu vieler Nässe trocknet er leichter ab, das Unkraut hat, so lange die Furchen sich nicht fest zusammen gezogen haben, keine Haltung und sein Wachsthum zeigt sich nur dann, wenn der Acker sich hinlänglich gesenkt hat. Alsdenn ist es Zeit, die Egge mit Vortheil zu gebrauchen; die zarten Wurzeln des Unkrauts werden denn leicht zerstört, die durch einen starken Regen angesetzte Kruste zertheilt und überhaupt die genauere Vereinigung des Mergels mit der Ackerkrume befördert werden.

„Die ganze Oberfläche des Ackers — sagt Herr Rixen S. 60. — muß ein völlig verändertes Ansehen bekommen haben. Man muß es schon in der Ferne bei trockener Witterung sehen können, daß hier gelehmt ist. Der Acker muß wie Gartenland beschaffen seyn, und sich davon nur durch eine weißgraue, von den Kalktheilen herrührende, Farbe unterscheiden. Und nun ist er völlig zur Wintersaat vorbereitet und in Ordnung.“

Von der Bestellung der Wintersaat auf einen gemergelten Acker.

Der Mecklenburger, der den möglichst starken Anbau der edleren Getreidearten zum vorzüglichsten Gegenstand seines Bestrebens macht und deren möglichst starken Anbau auf seinem Lande zu erringen trachtet, wird sehr dagegen seyn, solchen auf vorbeschriebene Weise mit Mergel und Dung präparirten und in den Zustand der größtmöglichsten Vegetation versetzten Acker mit Weizen zu besäen.

Wenn es gleich durch Zufall und ungünstige Witterung mitunter sich zutragen könnte, daß der gehoffte Vortheil nicht erreicht würde, so wäre dieß auf solchen

Feldern, wie hier in Rede stehen, doch wahrlich nur als Ausnahme zu betrachten, da in der Regel bei irgend günstiger Witterung sich vielmehr Lagerkorn erwarten ließe.

Zwar giebt es Fälle, wo auch dieses nicht zu befürchten steht; alle Sand- und andere Felder eines Mittelbodens, denen bisher eine schlechte Bewirthschaftung zu Theil wurde, können vorzüglich hierunter gezählt werden, und solchen diene die so wirksame Verbesserung des Bodens durch den Mergel zur Produktion jener edleren Getreidefrucht um so mehr, als die dadurch vermehrten Einkünfte durch keine andere Getreideart füglich zu erreichen stehen.

Dem Wirth, dem der Boden seiner Felder den Anbau des Winterrappssaamens gestattet, wird dadurch bald zu der Ueberzeugung gelangen, daß durch keine Frucht ein solcher Boden vortheilhafter für den Wirth und zweckmäßiger für die folgende Fruchtart benutzt werden könne.

Die erste Kraft der Vegetation, die dem Getreidebau durch flüchtiges Aufbrausen so nachtheilig wird, schafft hier sehr viele und große Vortheile. Die Staude der Pflanze wird groß und stark; sie treibt viele und lange Zweige, und bereitet dadurch dem Acker eine sehr wohlthätige Beschattung. Das Unkraut wird durch diese unterdrückt, die brennenden Strahlen der Sonne können nicht eine, die Vegetation stöhrende, Dürre und Festigkeit des Ackers erregen, und indem eine schnellere Auflösung der vegetabilisch-animalischen Körper vorgeht, ist der Rapps von der Beschaffenheit, diese stärkere Auflösung ohne Nachtheil zu seinem vollkommnern Wachsthum verwenden zu können.

Keine andere Getreideart bietet ähnliche Vortheile wie eine gut gerathene Rappsernte, so wie es keine Frucht giebt, die einen Boden, wie der erwähnte, für den Weizen in einem bessern Zustande hinterließe. Wer indeß der Meinung ist, nur die beabsichtigten Vortheile durch einen größern Weizenbau zu erlangen, dem bleiben noch Mittel genug übrig, solche auf anderen und sicheren Wegen herbei zu führen. Die Grundsätze des Fruchtwechsels führen in ihrem Turnus in 6, 7 und mehrern Jahren nur einmal den Weizen herbei; ein so bestellter Boden wird indeß hiervon eine Ausnahme machen und einen zweimaligen Weizenanbau in der Saatenfolge gestatten, wie dieß in der Folge näher gezeigt werden soll.

Wer demnach an den Vortheilen des Rappsanbaues aus obigen Gründen Antheil zu nehmen behindert wird, der begnüge sich mit denjenigen, die ihm aus dem Anbau der edleren Getreidearten zufließen können. Ueber die Bestellung derselben darf ich hier weiter nichts erinnern, als daß sie möglichst bei trockener Witterung und bei trockenem Acker geschehen muß. Was dagegen die Bestellung und fernere Behandlung des Rappses anlanget, so wird darüber im folgenden dritten Abschnitt das Nähere gezeigt werden.

Bestellung eines gemergelten Ackers mit Sommersaat.

Das Mergeln zur Sommersaatbestellung wird in großen Wirthschaften nur da Statt finden, wo der Wirth mit aller möglichen Anstrengung von der gewöhnlichen Bahn abweicht, und sein Ziel schnell zu erreichen trachtet, ohne die Reihe von Jahren abwarten zu wollen, die vermöge der Schlagordnung seiner Felder erforderlich seyn würden, um durch das Bemergeln des jedesmaligen Brachschlages sich allmählig demselben zu nähern. Mit diesem Vorhaben ist das Bemergeln zweier Schläge, nemlich des Brachschlages und eines der Sommerschläge verbunden.

Es ist hier nicht allein von solchen Gütern die Rede, die nur einen Brachschlag haben, sondern auch die mit zwei Braachen sind hierunter begriffen. Die Eintheilung macht wenig aus, $\frac{1}{6}$tel oder $\frac{1}{7}$tel des Ganzen sind eben so viel, als $\frac{2}{12}$ oder $\frac{2}{14}$tel, und will der Wirth dieser letztern mit ersteren gleichen Schritt halten, so würde er nicht verfehlen dürfen, nach der Eintheilung seiner Felder, das Doppelte zu melioriren.

Ein jeder Landmann wird den Zustand und das Lokale seiner Felder am besten kennen, und mit Rücksicht auf die Eintheilung derselben es am richtigsten zu beurtheilen wissen, welchen von den Sommerschlägen er am ersten vorzunehmen habe, um seinen Zweck nicht zu verfehlen. Nur mit der Fruchtart darf er nicht die beliebige Wahl treffen. Soll diese zur Reife gelangen, so ist dazu die Gerste, im entgegengesetzten Fall aber Wicken zum grünen Abmähen vorzugsweise zu empfehlen. Und wenn gleich der Holsteiner dem Buchweizen einen Vorzug beilegt, so geschieht dieß größtentheils, weil diese Getreideart dort gewissermaßen einheimisch ist, außerordentlich

stark

stark konsumirt wird, und gewöhnlich mit dem Roggen gleichen Preis hält.

Gerste würde also für Mecklenburg die vortheilhafteste Getreideart für einen mit Mergel befahrnen Sommerschlag seyn, und die Bestellung derselben sey hier vorzüglich Gegenstand der Betrachtung.

Die im Herbst gewöhnlich zu gebende Streckfurche wird wieder zugeeggt, damit bei dem Karren und bei der sonstigen Bearbeitung des Mergels nichts hinderlich sey. Allemal ist dieß vorherige Strecken im Herbst auch nicht nöthig; es hat neben dem vielen Guten auch manches Nachtheilige. So wird z. B. dadurch der Transport des Mergels, wenn der Acker nicht gefroren ist, sehr erschwert und bei Regenwetter größtentheils unmöglich. Nasse und kaltgründige Stellen, so wie strenger Lehm mögen es nun nothwendig erfordern, die Abtrocknung im Frühjahre dürfte sich ohne dieß sehr in die Länge ziehen und nachtheilige Folgen erzeugen; da hingegen ein milder, weniger wasserhaltender Boden, wegen der Winterarbeit, im Herbst ungeackert bleiben könnte.

Spätstens bis zur Mitte des Märzmonats würde das Mergelfahren beendigt seyn müssen. In der dritten oder vierten Düngungstracht würde etwas Dung aufgefahren werden müssen, welches aber nach der zweiten Düngung nicht nöthig wäre. Ist der Mergel vorbeschriebenermaßen bearbeitet und ausgetrocknet, leidet es der Acker und ist die Witterung günstig, so kann im Anfang des April die erste Furche nach dem Mergel gegeben werden;

man beobachtet sowohl hier, als bei dem folgenden diejenigen Grundsätze, welche vorhin bemerklich gemacht sind, und übereilet sich nie mit dem Eggen.

Am Ende des April oder im Anfang des Mai erfolgt die zweite Furche und wäre in der Ordnung die so genannte Wendfurche; selbst dann würde sie nur als Wendfurche betrachtet werden können, wenn schon im Herbst die Streckfurche voraufgegangen wäre; die gehörige Durcheinanderarbeitung des Mergels und Düngers mit dem Boden würde noch gern eine dritte und letzte Furche in der Mitte des Maimonats zulassen. Mit dieser würde die Gerste so flach wie möglich untergeackert und sofort geeggt.

An mehrern Orten in Holstein hat man die Methode, die Gerste im Anfangs des Mai in die offene, etwas tief gegebene Furche auszusäen und unterzueggen. Das starke Getreide, das sonst immer darnach wächst, läßt nichts dagegen einwenden; aber doch war im vorigen Jahre bei der anhaltenden großen Dürre viele dergleichen Gerste ausgeschienen, welchem vielleicht durch ein flaches Unterackern vorgebeugt worden wäre.

Ein Wirth, welcher so thätig ist, daß er das Bemergeln zweier Schläge in einem Jahre unternimmt, wird indeß bei dem gewöhnlichen Gange der bisherigen Wirthschaftsmethode nicht stehen bleiben; sondern vielmehr seine Ländereien stärker und seinem Vortheil angemessener zu benutzen suchen. Ein zweckmäßiger Fruchtwechsel wird ihm für seine gehabten Auslagen den gehofften Vortheil zufließen lassen. In dieser Hinsicht würde aber noch ein ansehnlicher Theil der Brache mit Wicken zum grünen Abmähen besäet, und dieses ebenfalls unter die Sommersaatbestellung zu rechnen seyn.

Das Mergelfahren hierzu ist ebenfalls eine Arbeit für den Winter; man suche es aber bis zur Mitte des Märzmonats zu beendigen, damit der Acker zur rechten Zeit die erforderlichen Furchen zur Bestellung bekommen kann. Das Düngen hierzu darf nie unterbleiben, und muß, wenn es angeht, etwas stärker geschehen wie gewöhnlich. Der Acker erhält überhaupt 3 Furchen in einer jedesmaligen Zwischenzeit von 14 Tagen. Wenn die erste Furche ganz flach gezogen worden, so wird die zweite dagegen etwas tiefer, die dritte aber zur Bestellung ohngefähr wie die erste gegeben.

Das Aussäen der Wicken geschieht zu Ende des Aprilmonats, und bis dahin muß alles in Ordnung seyn. Sollen diese in der Blüthe zu Heu gemähet werden, so muß ihre Bestellung in einigen Tagen geschehen; sind sie aber zur grünen Futterung bestimmt, so wird in der Mitte Aprils schon angefangen, und jedes Mal zum dritten Theil in einem Zwischenraum von 14 Tagen bestellt.

Ich übergehe hier alle andere Bestellungsarten von Sommergetreide unmittelbar nach dem Mergel. Die bemerklich gemachten werden hinreichen, um so mehr, da auch ein ganz leichter und sandiger Boden nach dem Auffahren von gutem Lehmmergel sicher mit Gerste bestellt werden kann.

Eine Berechnung über den Kostenbetrag des Mergels anzulegen, scheint mir unnöthig. Sie würde nur im Allgemeinen angestellt werden können und zu einseitig seyn, um unter veränderten Verhältnissen davon einen Maaßstab zu haben, der zu sicheren Resultaten leiten könnte. Lokalität, wirthschaftliche Verhältnisse und Nebenumstände machen diese Arbeit fast an jedem Orte mehr oder minder kostspielig, und besser ist es, dabei die Thätigkeit des Wirths nicht durch Vorschriften zu beschränken, die in seinen Verhältnissen oft unstatthaft sind und mehr von dem Ziele entfernen, als dazu hinführen, sondern es vielmehr in seine freie Willkühr zu stellen, sich aller der Vortheile zu bedienen, die zur Erreichung der Absicht am füglichsten mitwirken können.

Und hierzu würden in Mecklenburg die vielen Zugochsen, die den ganzen Winter hindurch gewöhnlich müßig zubringen, nicht wenig beizutragen vermögen. Nicht etwa für den Mergelwagen, denn dahin gehört das Pferd; aber zu Mist- und Holzfuhren, und was sonst noch unter dem Namen der Hausfuhren verstanden wird, würden sie sehr nützlich gebraucht werden können. Warum sollen sie den ganzen Winter über der ihnen so nachtheiligen Ruhe, die mit der großen Anstrengung des Sommers so sehr im Widerspruch steht, ohne Unterbrechung genießen? Ein Pferd führt man aus dem Stalle und giebt ihm, nach einigen Tagen Ruhe, wieder Bewegung, um die Verdauung zu befördern und schädliche Zufälle zu verhindern, warum verfährt man nicht eben so mit dem Ochsen? Zwar tadele ich alsdenn ein solches Verfahren nicht, wenn der Zugochse bei schlechtem Futter durch die schwere Arbeit im Sommer in den kraftlosesten Zustand versetzt worden ist, und sich nun wieder herausfressen muß, um Kräfte zu sammlen; aber derjenige verdient auch den strengsten Tadel, der die Kräfte dieser Thiere so zum Nachtheil der ganzen Wirthschaft mißbraucht. Der Ochse soll stets so gefüttert werden, und so arbeiten, daß seine Kräfte den Anstrengungen die Waage halten können; und bei einer solchen Futterung wird ihm dann die lange Ruhe im Winter nicht am dienlichsten seyn. Die Arbeiten des Frühlings, zumal in heißen Tagen, können seinem korpulenten Zustand nicht anders als schädlich seyn, wenn gegentheils mäßige Winterarbeiten ihn gleichsam zu den weit größeren des Frühlings vorbereiten, und ihn williger sein Joch tragen lassen.

Durch die große Hülfe, die sich der Wirth hierdurch verschafft, gewinnt er in der Hauptsache viel, und der Kostenbetrag vermindert sich auffallend. Kann nur die kostbare Unterhaltung von 4 Pferden dadurch im Winter erspart werden, so ist schon viel gewonnen. Im Sommer fällt deren Unterhaltung weniger zur Last, weil sich dann die Pferde ihr Futter im übelsten Falle selbst suchen können, sonst auch bei grünem Futter lange nicht so kostbar sind.

Dem sey indeß wie ihm wolle: so muß auch der Mergel, wenn man ihn nicht einen Fuß unter der obern Erdfläche haben kann, 5 bis 6 Fuß hervorgeholt werden; man muß denselben, statt ihn in dem nemlichen Schlag zu finden, wo er gebraucht werden soll, von einem andern herbeifahren; müssen in Ermangelung tüchtiger und sach-kundiger Arbeiter diese mit mehreren Kosten herbeige-schafft, müssen endlich auch Unerfahrenheit, Vorurtheil und Widerspruch bekämpft werden, so darf dennoch kei-nes dieser Hindernisse den Wirth bei seinem Vorhaben wankend machen, und sollten wirklich die Kosten unter diesen Verhältnissen die gewöhnlichen bei weitem über-steigen. Unter gewöhnlichen Umständen mögen die Ko-sten von einem Scheffel Aussaat oder 60 Quadratruthen auf zwei Rthlr. zu stehen kommen; aber auch der dop-pelte Betrag darf niemand von der Ausführung abschre-cken; denn schon das erste Jahr gewährt Ersatz, und hat man dieß überstanden, so wird die erlangte Ueber-zeugung von dem großen Nutzen jede weitere Empfeh-lung überflüssig machen.

Das Moderfahren

will ich bei dieser Gelegenheit als eine sehr nützliche Sa-che in Erinnerung bringen, da dasselbe unter gewissen Umständen eben so gute Wirkung wie der Mergel leistet. Die Anwendung desselben wird vorzüglich auf allen Lehm-bergen von sehr großem Nutzen seyn; die Bestandtheile derselben mögen aus reinem Thon, oder aus Thon mit Sand und Kalk vermischt bestehen; so wird der Moder sich immer sehr wirksam zeigen. Als natürliche Ursache ist wohl anzunehmen, daß der bindende Thon dadurch aufgelöst, und für die Einwirkungen der Luft empfängli-cher gemacht wird, so wie der kalkhaltige Lehm um so mehr das Aufbringen eines solchen vegetabilischen Moders bedarf, weil er durch Regengüsse, Schneefluthen u. dgl. von den Anhöhen ziemlich hinweggespült wird.

Ich übergehe hierbei alle zu beobachtende Regeln und die Beschreibung des Verfahrens beim Auskarren und Bearbeiten. Der Mecklenburger ist durch so vieljährige Erfahrungen zu genau über diesen Punkt unterrichtet. Er weiß zu gut, den besten Moder auf gute Stellen des Ackers zwischen Anhöhen und Wasserfällen, wo mehrere fette Theile der umliegenden Aecker sich vereinigen, aufzusuchen; er ist zu bekannt mit der Methode des Trockenlegens solcher Sümpfe und Teiche und mit dem Ausfahren im Winter auf den Acker; er weiß, wie vortheilhaft es für die Folge ist, den Moder durch Handkarren im Anfang des Winters auf Haufen bringen zu lassen, um ihn im Sommer auf seine Felder zweckmäßig zu vertheilen; er kennt die Regeln, welche er beim Unterackern zu beobachten hat, und hütet sich wohl, ihn nicht zu früh unterzubringen; und endlich ist schon jeder Landwirth von dem großen Nutzen überzeugt, den der gute Moder auf Lehm- und Sandbergen hervorbringt, als daß es nöthig wäre hierüber etwas zu erwähnen. Das Lokale und der Augenschein wird es schon dem Wirth an die Hand geben, wie er seinen kahlen Lehm- und Kalkbergen mit diesem vortrefflichen Mittel zu Hülfe kommen, und sie in einen fruchtbaren Zustand versetzen soll.

Zweiter Abschnitt.

Wiesenverbesserung.

Eine reichliche Heuwerbung ist gewiß für jede Oekonomie die wünschenswertheste Sache. Man hat sich von der kräftigen Hülfe einer guten Wiese bei der Winterfutterung hinlänglich überzeugt, und der Vortheil, den die Kornfelder durch den dadurch erlangten besseren und vermehrten Dünger jährlich erhielten, war für diese von den besten Folgen.

Seit vielen Jahren, d. h. seit ihrer Urbarmachung, mußten die mehresten Wiesen diesen wohlthätigen Beitrag zur Futterung und Kultur des Ackers liefern, ohne auf irgend eine Weise den geringsten Ersatz für ihre verlornen Kräfte zu erhalten. Und so viele Mühe sich der Wirth mit sorgfältiger Düngung seiner Kornfelder gab, so wenig kümmerte er sich in dieser Hinsicht um seine Wiesen, deren allmälige Abnahme im Ertrag denn auch eine gewöhnliche Erscheinung war.

Oeftere Bemerkungen, daß solche Wiesen, die einer natürlichen Ueberschwemmung ausgesetzt waren, in den weniger ergiebigen Jahren den besten Ertrag gaben, leiteten auf die Idee einer „Wiesen-Ueberstauung", die aber für sich allein nie die gewünschte Wirkung hervorbringen konnte. Das im Frühjahre angestauete Wasser stand gewöhnlich viel zu hoch, um die mitgeführten fetteren Theile im Grase absetzen zu können; die zuweilen im Monat April eingefallenen warmen Frühlingstage brachten eine faulende Gährung im Wasser zuwege, die auf den jungen Graswuchs einen verderblichen Einfluß haben mußte. Im Anfang Maimonats mußte das Wasser abgelassen werden; öfters wurden nun noch mit diesem die letzten Kräfte der Wiese hinweggespült, und das junge aufgeschossene Gras wurde in dem zartesten Zustande der um diese Zeit herrschenden rauhen Witterung bloß gestellt. Ein einziger Nachtfrost vernichtete nicht selten das ganze Werk, und verdarb ungleich mehr, als ohne Anstauung geschehen seyn würde.

Auch bringt das lange Ueberstehen des Wassers, ohne die gehörigen Abzugsgräben, Vertiefungen zuwege, die nur Moos erzeugen, welches, indem es den Graswuchs unterdrückt, der Fruchtbarkeit einer Wiese hinderlich seyn muß.

Die sämmtlichen Wiesen lassen sich füglich in zwei Klassen eintheilen:

1. in niedere und
2. in hohe.

Diese beiden Klassen werden bei weitem den größten Theil der kultivirten Wiesen in sich fassen, und was nicht darunter begriffen ist, z. B. Moore, Bruchen, Sümpfe u. dgl., davon kann nicht eher die Rede seyn, als bis solche so weit umgeschaffen sind, daß sie unter eine dieser Klassen gestellt werden können.

Die niedrigen Wiesen

gehören also, sie mögen in Hinsicht ihres Bodens und Kultur beschaffen seyn wie sie wollen, zur ersten Klasse.

Vorausgesetzt, daß sie in einem wirthlichen Zustande sich befinden, d. h., daß sie von Moos, Hügeln und Gebüsch hinlänglich gereinigt sind, so kann ihre fernere Verbesserung

a) durch ein hinlängliches Trockenlegen und

b) durch Wässerung vermittelst des Ueberrieselns beschafft werden.

Der erste Schritt zu dieser Melioration ist also das Anlegen zweckmäßiger Gräben, um die zu großen Feuchtigkeiten der Wiese zur rechten Zeit abführen zu können. Eine überflüssige Nässe, zumal zur unrechten Jahrszeit, ist der Wiese eben so schädlich, als dem Acker. Was hier Unkraut erzeugt, bringt dort Moos hervor; ein zweckmäßig angelegter Graben beugt diesem Uebel vor.

Das Lokale bestimmt übrigens die Breite und Tiefe solcher Gräben; jedoch bleibt die Wässerung dabei der Hauptgegenstand, um jene so einzurichten, daß diese nicht gehindert, sondern vielmehr dadurch befördert wird. In dieser Hinsicht müssen sie so gezogen werden, daß das bei der Wässerung benutzte Wasser dadurch zugleich einen Abfluß gewinnen kann.

Gewöhnlich sind solche Wiesen, als wovon hier die Rede ist, mit kultivirten Feldern umgeben. Viele Dungtheile derselben werden durch Regen, oder geschmolzenes Schneewasser, im Frühjahr dahin geführt. Der Sorgfalt des Wirths bleibt es in diesem Fall anheim gestellt, wie er dieß vortheilhaft benutzen und dadurch seinen Wiesen einen Theil ihrer verlornen Kräfte wieder ersetzen will.

Mit wie vielem Vortheil dieß benutzt werden kann, darüber stellen uns die Wässerungsanstalten im Lüneburgischen viele lehrreiche Beispiele auf. Der Unterschied im Ertrage einer an und für sich mageren Wiese, im gewässerten oder ungewässerten Zustande, ist auffallend groß.

Man findet zwar auch im Mecklenburgschen Beispiele dieser vortrefflichen Einrichtung, aber doch nur einzeln und als Ausnahme. Sie könnte viel allgemeiner benutzt werden, da der größere Theil der Mecklenburgischen Wiesen in ihrer Lage kein Hinderniß enthält; auch nehmen fast allenthalben die fließenden Wässer der Felder, die Bäche und Flüsse ihren Lauf durch die Wiesen, oder können mit wenigen Kosten dahin geleitet werden.

Die Wiesenwässerung durchs Ueberrieseln sey daher in Zukunft ein Hauptaugenmerk des Landwirths. Unter allen Mitteln zur Verbesserung der Wiesen verdient diese den Vorzug, da sie Vortheile gewährt, die sonst nicht zu erreichen stehen. Das Verfahren dabei ist kürzlich folgendes.

Ich muß zuvor bemerken, daß hier nicht die Rede von solchen Wiesen seyn kann, die sich in der glücklichen Lage an einem Strome befinden, dessen gewöhnliches Austreten im Frühjahre schon die erwünschte Wirkung hervorbringt.

Fließt aber das zur Bewässerung erforderliche Wasser nicht neben oder durch die Wiese, so muß es durch einen Kanal herbeigeführt werden. Man bedient sich dazu, wo möglich, wie schon vorhin bemerkt worden, eines solchen Wassers, welches vielen Zufluß vom Felde hat, um die damit weggeschwemmte Fettigkeit zu benutzen. Nur im Nothfall wählt man das Wasser eines Sees.

Hat nun das Wasser einen viel niedrigern Stand wie die Oberfläche der Wiese, so muß es angestauet oder durch eine Schleuse zu der erforderlichen Höhe gebracht werden.

Nachdem dieß alles genau eingerichtet und die nöthigen Vorkehrungen getroffen worden, so kann zu den Einrichtungen auf der Wiese selbst geschritten werden. Bei großen Wiesen wird dieß Geschäft schwerlich ein bloßer Landwirth, wenn er nicht die erforderlichen geometrischen Kenntnisse besitzt, verrichten können. Ein Feldmesser wird ihm auf jedem Fall zur Hand gehen müssen, wenn er Fehler vermeiden will, und der Ausgang seinen gerechten Erwartungen entsprechen soll.

Um der Beschreibung mehr Deutlichkeit zu geben, habe ich einen Plan (A) beigefügt. Das Lokale kann allerdings andere Nebenbestimmungen erfordern. Dieß thut aber zur Sache nichts, die Regeln bleiben die nemlichen, und die verständige Anwendung derselben für einen andern gegebenen Fall wird keine Schwierigkeiten haben.

Bei Entwerfung des Plans habe ich verschiedene Gegenstände berücksichtigt, die oft einzeln, aber selten alle zugleich vorkommen möchten, und die das Verfahren bemerklich machen, welches dabei zu beobachten ist. Bei ungewöhnlichen Fällen wird es hinreichend seyn, die

Richtschnur an die Hand zu geben, um das Verfahren dabei einigermaßen zu bestimmen.

Auf dem vorliegenden Plan theilt nun der Wässerungskanal die Wiese in zwei Theile.

Rechter Hand auf

No. 1. und 2. ist in der Mitte ein Sumpf oder eine ansehnliche Vertiefung, weßhalb schon beim Trockenlegen hier ein Graben quer durch gezogen werden mußte, der in den mitten durch gezogenen Abführungskanal fällt.

No. 3. enthält in der Mitte eine Anhöhe oder einen sogenannten Brink; dieser macht, daß die Wässerung sich in zwei Theile scheiden muß. Das Wasser hier fällt ebenfalls in den Abführungskanal.

Zur linken Hand ist

No. 4. Eine Wiese mit einem Hügel, der von dem Acker sich hier hereinzieht. Die Wässerung muß also mühsam um denselben herumgezogen werden, und da noch der Umstand dabei eintritt, daß die Wiese sich überhaupt hier ziemlich erhöhet, so hat das Wasser um so viel höher herumgeleitet, und bei dem großen Fall in der Mitte eine kleine Schleuse angelegt werden müssen.

No. 5. ist eine ebene Wiese, weshalb die Wässerungsrinnen etwas dichter zusammengezogen sind.

Zur Wässerung selbst gehören:

1) Die Schleusen, um das Wasser, wenn die Lage der Wiesen oder sonstige Umstände dessen Aufstauung erfordern, zu der nöthigen Höhe zu bringen.

2) Die Wässerungsgräben. Diese sind ohngefähr 2 Fuß breit, indeß bestimmt mehr das Lokale; wenn z. B. durch Erhöhungen durchgegraben werden müßte, so möchte auch eine größere Breite erforderlich seyn.

3) Die Wässerungsrinnen. Sie gehen jedes Mal vom Wässerungs= zum Abzugsgraben, und sind einen Fuß breit. Die Lage und Beschaffenheit der Wiese bestimmt, wie weit sie aus einander gezogen werden müssen. Bei einer niedrigen und sumpfigen Wiese, wie No. 1., imgleichen bei einer ganz ebenen, wie No. 5., brauchen sie nur ohngefähr 3 Ruthen von einander entfernt zu seyn, wenn sie dagegen auf einer etwas abhängigen und dabei ebenen, wohl 5 bis 6 Ruthen, auseinander liegen, wie dieß bei No. 2. und 3. bemerklich gemacht ist.

Der Plan zeigt

a) eine große Schleuse, welche das Wasser 5 bis 6 Fuß anstauet, und dadurch einen ziemlich großen Wasserbehälter formirt. Aus diesem Behälter werden drei Theile der Wiese gewässert. Rechter Hand führen zwei Wässerungsgräben das erforderliche Wasser über No. 1. und 2., so wie linker Hand No. 4. und 5. das sämmtliche Wasser von hier aus erhalten. Alle drei Gräben sind mit einem Stau oder kleiner Schleuse versehen, um das Wasser nach Erforderniß anhalten und loslassen zu können.

b) Das Wasser in diesem Graben führt zur Bewässerung von No. 1., die Wiese ist hier niedrig und sumpfig, das Wasser fällt in den Abzugsgraben.

c) Wässert No. 2., da die Wiese bei

d) ziemlich hoch liegt, so mußte das Wasser hart am Rande der Wiese so hoch dahin geleitet werden, von hier hat es nun einen desto stärkern Fall in den Abzugsgraben.

e) Eine kleine Schleuse im Kanal, um das Wasser in den Graben bei

f) zu führen, derselbe hat bei

g) eine Stau, damit die Hälfte des Wassers in den Graben bei

h) und die andere Hälfte bei

i) eindringen könne. Sämmtliches Wasser wird um den Berg geleitet und fällt in den Abführungskanal bei k.

Linker Hand bei

l) tritt das Wasser aus dem Behälter in den Wässerungsgraben, und weil dasselbe in der Mitte einen zu starken Fall hat, so ist es bei

m) angestauet. Es wässert die ganze Wiese, und fällt in den längs dem Kanal gezogenen Abzugsgraben, wodurch es bei n in den Kanal geführt wird. Auf diese Weise kann dieß schon benutzte Wasser bei l nicht mehr zum Gebrauch kommen, welches dann der Fall seyn würde, wenn die Wässerungsrinnen gleich in den Kanal träten.

Um das Wasser sowohl in den Wässerungsgräben, als Rinnen zum Uebertreten zu bringen, werden selbige, wie auf dem Plan bemerkt ist, in einer gewissen Entfernung durch kleine abgestochene Soden angestauet, bei stärkerem Abhang der Wiese würde dieß auf 5 bis 6 Ruthen, bei schwächerem hingegen auf 7 bis 8 Ruthen, als ohngefähren Maaßstab anzunehmen seyn. Das bestimmte hierüber ergiebt das Lokale.

Die in No. 3. befindliche Anhöhe ist zwar auf dem Plan von der Wässerung ausgeschlossen, sie kann aber vermittelst derselben sehr gut fortgeschwemmt, und tiefe Stellen der Wiese damit ausgefüllt werden. Da dieß aber von einem Sachkundigen betrieben werden muß, so werde ich mich auf das specielle Verfahren dabei nicht einlassen. Das Folgende mag im Allgemeinen hierüber genug seyn:

Das Wasser wird aus dem Kanal, Teich oder See, bis an die Seite des Hügels geleitet. Hiebei versteht es sich, daß die Wiese, worauf dieser Hügel sich befindet, 4 bis 5 Fuß niedriger liegen muß, als der Wasserspiegel desjenigen Wassers, welches man hierzu benutzen will; sonst ist die Anlegung einer Schleuse nothwendig, um die erforderliche Höhe zu erreichen.

An der Anhöhe wird das Wasser in einem Behälter angesammelt, und nun gräbt man an der Seite, wo die Wegschwemmung zuerst unternommen werden soll, so tief ein, daß das Wasser einen Lauf bekommen und ganz dicht an der abgegrabenen Seite weggeleitet werden kann. Der reißende Lauf desselben frißt in der Seite des Ufers immer tiefer ein, und man erreicht den vorgesetzten Zweck besonders leicht, wenn noch Arbeiter angestellt werden, die sowohl mit Abhacken und Graben zu Hülfe zu kommen, als auch besonders das Wasser beständig dicht an der Seite des Ufers zu erhalten suchen.

Der Lauf des Wassers wird dahin geleitet, wohin man die weggeschwemmte Erde haben will, und begünstigt das Lokale das Geschäft nur einigermaßen, so ist es sehr leicht, solche unnütze Hügel zur Verbesserung und Ausfüllung tiefer Stellen mit geringen Kosten zu benutzen.

Uebrigens bleibt dieß immer eine Operation, womit wir uns nicht eher befassen wollen, bis alle andere hieher gehörigen Verhältnisse völlig in Ordnung sind.

Ist alles gehörig eingerichtet, und die Wässerung soll beginnen, so wird die Hauptschleuse zugesetzt, und nun das Wasser allenthalben über die Wiese verbreitet. Es muß bei diesem Geschäft beständig jemand die Aufsicht führen, damit alles in gehöriger Ordnung bleibe, genugsam Wasser laufe, und keine Stauen oder Vorsetzbretter von ihren Stellen weggetrieben werden.

Die beste Zeit zum Rieseln ist im Monat März. Das geschmolzene Schneewasser, von Natur der Vegetation sehr förderlich, aber auch die mit dem geschmolzenen Schnee von dem Acker weggetriebene Fettigkeit, muß den Wirth um so mehr bestimmen, diesen Zeitpunkt vorzüglich zu wählen.

Im Monat April finden sich zuweilen sehr empfindliche Nachtfröste ein, deßhalb muß in diesem Monat ununterbrochen mit der Bewässerung fortgefahren werden, um den jungen Graswuchs vor Schaden zu behüten. Denn wenn auch gleich das Wasser nur 3 bis 4 Zoll übersteht, und das Gras doppelt so lang seyn sollte, so giebt schon eine dergestalt überrieselte Wiese so viel Wärme von sich, daß der Frost schwer Zugang findet. Ich habe bemerkt, daß bei einem, Ende Aprils eingefallenen Nachtfrost, wo das Gras schon eine ziemliche Höhe erreicht hatte, dieses am Morgen ganz gebückt dicht über dem Wasser lag. Allein schon am Mittag stand alles wieder aufrecht im schönsten Grün, während das Gras der nicht gewässerten Wiesen rothe Spitzen und überhaupt ein verändertes Ansehen bekam.

Sollten in der ersten Hälfte des Maimonats öfters warme Regen fallen, auch die Nächte anfangen warm zu werden, so kann mit dem Rieseln 6 bis 8 Tage angehalten werden, jedoch bestimmt dieß die Witterung; ändert sich diese in Ungestüm und kalte Nächte, so muß nach einer Unterbrechung von einigen Tagen das Geschäft immer wieder fortgesetzt werden.

Anfangs Juni wird kein Wasser mehr auf der Wiese gelassen, damit dieselbe bis zum Anmähen abtrocknen möge. Alle Schleusen, Gräben und Rinnen werden zu diesem Behuf geöffnet, und das sämmtliche Wasser dem Abzugsgraben zugeführt.

Bei der Heuernte beeilt man sich nach Möglichkeit. Sollte ungünstige Witterung es nicht verhindern, so rechne ich auf die Beendigung derselben spätestens mit Ausgang Juni. Auf jedem Fall wird aber, wenn die Wiesen leer, und die Gräben und Rinnen in möglichster Geschwindigkeit in Ordnung gebracht sind, das

Wasser wieder angelassen und mit dem Rieseln fortgefahren. In den heißesten Tagen des Juli und Augustmonats, die dem Graswuchs zuweilen so schädlich sind, genießen diese gewässerten Wiesen stets einer erquickenden Kühlung. Die größte Dürre mit ihren sonst verheerenden Folgen bringt hier die wohlthätigste Würkung hervor.

Mit dem Ende August hat auch die Wässerung ihr Ende erreicht. Spätstens in der Mitte des Septembers hebt die Nachmathernte an, und bis dahin muß alles Wasser und alle überflüssige Feuchtigkeit von der Wiese verschwunden seyn. Verwunderung und Erstaunen erregt es, wenn man zum ersten Mal, vorzüglich nach einem dürren Sommer, dem Mähen einer solchen Wiese zur Nachmath beiwohnt. Sonst konnten vielleicht nur einige fruchtbare Stellen derselben zum Mähen benutzt werden, und der größere Theil, indem derselbe kein Gras darbot, welches mit der Sense gefaßt werden konnte, mußte eine Zeitlang dem Vieh zur Weide dienen, um doch einigen Nutzen davon zu haben. Jetzt hingegen drangen sich die Schwaden in enge Reihen zusammen; der Mäher kann mit der Sense nur schwach ausholen, weil er nicht alles Gras fortzuschieben vermag, und die Streuer, welche mit der Harke folgen, haben nicht Platz, den Ueberfluß auf den kleinen Zwischenräumen gehörig auszubreiten.

Man kann sicher auf den doppelten Ertrag einer so verbesserten Wiese rechnen. Ich habe von einer Wiese, die in einem vierjährigen Durchschnitt 22 Fuder gegeben hatte, im ersten Jahr 35, im zweiten 46, und im dritten 50 Fuder gewonnen, welches im 3jährigen Durchschnitt 43½ Fuder ergiebt. Wer berechnet den Werth solcher allgemeinen Vermehrung des Heues für das mit Wiesen so reichlich versehene Mecklenburg und den Einfluß derselben auf die Ackerkultur?

Im Monat Oktober werden alle Gräben und Rinnen der Wiesen aufgeräumt, aber kein Wasser mehr zugelassen. Solche Wiesen, denen durch das Behüten mit dem Vieh kein großer Nachtheil zugefüget wird, können ungefähr acht Tage vor der Aufräumung der Rinnen damit betrieben werden; jedoch ist dieß nur in einzelnen und besonderen Fällen anwendbar, und in der Regel nicht zu empfehlen.

Die Wiese bleibt nun dergestalt vom Monat November bis zum März trocken liegen, und so den Einwirkungen der Witterung bloß gestellt. Letztere kann nie nachtheilig wirken; denn der stärkste Frost zieht die schädlichen Säuren aus der Oberfläche und trägt zur nachherigen Fruchtbarkeit sehr vieles bei.

Eine wirklich gute Verbesserung würde indeß noch aus dem Uebersäen mit Heusaamen gleich nach der Nachmathernte hervorgehen. Den Saamen hierzu findet man auf den Heuböden, und wird völlig zureichen, wenn er nur stets zusammen gehalten, gereinigt und zum Gebrauch aufbewahrt wird. Eine so übersäete Wiese wird denn in der Folge weit dichteres und besseres Heu liefern, und man wird es sich gern gestehen, daß dergleichen

Kleinigkeiten bei zweckmäßiger Anwendung geeignet sind, große Vortheile zu gewähren. Die gewöhnliche Fortschaffung des Heusaamens nach der Miststelle bewirkt dagegen, daß die besten Früchte des Ackers im Wachsthum zurückbleiben, und daß der Boden verunreinigt werde.

Ueberhaupt bringen aber die so gewässerten Wiesen ein ungleich besseres und kraftvolleres Futter wie ehedem hervor. Sie haben einen überwiegenden Vorzug vor denjenigen Wiesen, denen eine natürliche Ueberschwemmung zu Theil wird. Niedrige Stellen und Vertiefungen halten hier das Wasser zuweilen noch lange zurück, und der Wirth ist bei dem besten Willen nicht immer im Stande, alle schädlichen Folgen, die daraus entstehen, zu verhindern, wie z. B. hartes saures Futter und sogenannter Schnitt.

Wir kommen nun zur zweiten Klasse, nämlich zu

den hohen oder sogenannten Brückwiesen.

Unter den zu dieser Klasse gehörigen Wiesen können hier nur solche verstanden werden, denen die wohlthätige Melioration der vorhin beschriebenen Wässerung, ihrer natürlichen Lage nach, nicht zu Theil werden kann, und die doch als Wiesen benutzt werden müssen. Man findet sie in großer Menge, und größtentheils in sehr schlechtem Zustande. Ohne gehörige Abzugsgräben findet man ganze Wiesen unter beständigem Wasser und in einem solchen Grade bemoost, daß nur wenig Gras hindurch zu bringen vermag, und auch dieß wenige oft von so schlechter Beschaffenheit ist, daß es bei der Futterung wenig Nutzen gewährt. Eben so stößt man zuweilen auf große Flächen, die mehr zum Kornbau, als Heugewinnst sich qualificiren, und die gar füglich mit weit größerem Nutzen in die Schläge sich hineinziehen lassen würden. Jetzt bieten sie dem Auge nichts als Steine, Hügel und Gebüsch dar. Bei der drey Felderwirthschaft dienten sie größtentheils zu Hütungen und Koppeln, und wurden nur dann den Wiesen mit einverleibt, als die Kleeschläge der Koppelwirthschaft beides so vortheilhaft ersetzten. Was solche Wiesen bisher genutzt haben, weiß jeder aus Erfahrung.

Sieht man auf den Ertrag, so ist derselbe öfters so geringe, daß sich kaum die Kosten der Bearbeitung daraus berechnen lassen. Nur das Bedürfniß des Heues ist größtentheils Ursache, daß sie noch bearbeitet werden. Ihre Urbarmachung ist zuweilen mit vielen Auslagen verknüpft, die für den Wirth um so fühlbarer sind, weil sich nicht sobald, wie bei den gewässerten Wiesen, durch einen höheren Ertrag Ersatz der Kosten erwarten läßt. Dieß kann aber den wahren Wirth keineswegs bestimmen, ganz von der nöthigen Melioration solcher Wiesen abzustehen. Er wird bei anhaltendem Fleiß seine Absicht erreichen, und sein Bedürfniß in dieser Hinsicht durch einen verbesserten und vermehrten Heugewinn befriedigen.

In der Voraussetzung, daß der Wirth, dem es mit der wirklichen Verbesserung solcher Wiesen ein Ernst ist, selbige vorher von Moos, Gebüsch, Steinen und Hügeln gereinigt und die nöthigen Gräben zum Trockenlegen gezogen haben wird, muß derselbe nunmehr dahin sehen, daß alle Theile derselben, die sich zum Ackerbau qualificiren und in die Schläge mit hineingezogen werden können, von der Benutzung als Wiese ausgeschlossen bleiben. Sie werden ungleich mehr Nutzen gewähren, wenn sie so ihrer natürlichen Bestimmung gemäß behandelt werden.

So wie die Felder ohne eine gewisse Eintheilung und eine damit verbundene zweckmäßige Bewirthschaftung nicht zu einem genügenden Ertrag zu bringen sind, so können es auch solche Wiesen nicht. Berücksichtigt man dieß nicht, so wird man sich wenig von seinem Standpunkt entfernen, und manche Auslagen zu bereuen Ursache haben. Mit einigen Einschränkungen müssen daher die Wiesen die nämliche Eintheilung und Bewirthschaftung erhalten wie die Felder, und ein zweckmäßiges Verfahren dabei ist das sicherste Mittel, selbige zu einem hohen Ertrage hin zu führen.

Die Abtheilungen, worin diese Wiesen gelegt werden, müssen jede mit einer besondern Nummer versehen seyn. Zu jeder Abtheilung rechne ich 4 bis 6 Kaveln von beliebiger Größe, je nachdem das Lokale, der Boden oder sonstige Ursachen es erfordern. Sind die Wiesen von sehr großem Umfange, so können mehrere Abtheilungen darin gemacht werden, wenn im entgegengesetzten Fall mehrere zusammengenommen nur eine dergleichen Abtheilung ausmachen.

Im Herbste eines jeden Jahrs wird in jeder Abtheilung eine Kavel gepflügt. Daß dieß mit der erforderlichen Sorgfalt und möglichster Akkuratesse geschehen muß, ergiebt schon die Natur der Sache; zu einer einfurchigen Bestellung muß sie 5 — 6 Zoll tief gegeben werden, sonst aber so flach wie möglich. Im Winter werden auf jede Quadratruthe 18 Kubikfuß recht guter Kalk- oder Sandmergel aufgefahren; kann derselbe noch mit etwas Hühner- oder Taubenmist, oder sonstigen düngenden Erdtheilen versehen werden, so ist es noch besser, nur muß die Arbeit spätestens bis Mitte März beschafft seyn.

Sobald die erwärmende Frühlingssonne die Nässe so weit der Oberfläche entzogen hat, daß die Bestellung unternommen werden kann, so wird das Gepflügte mit einer großen eisernen Egge gut überzogen, und sofort mit schwarzem oder sogenanntem Moorhafer besäet. Nach einem hinlänglichen Eggen mit der kleinen Egge wird nun der Gras- und Kleesaame in dem weiterhin näher zu bestimmenden Verhältniß übergesäet. Leidet es der Boden und kann die Bestellung mit mehreren Furchen beschafft werden, so ist dieß nicht zu verwerfen; übrigens habe ich nach der vorhin beschriebenen Methode einfurchigen Hafer von der besten Beschaffenheit und im Ertrage zum achten Korn gesehen.

Nach der Hafererernte bleibt die Wiese durchaus mit jeder Hütung vom Vieh verschont; dagegen aber wird selbige mehrere Male bei trockener Witterung gewalzt, damit die jungen Klee- und Graswurzeln mehrere Haltbarkeit im Boden bekommen; sie werden sonst gar leicht durch geringen Frost beschädigt, und dadurch ein großer Nachtheil verursacht.

Wird nichts bei dem ganzen Geschäft versehen, so hat man, außer einen guten Hafereinschnitt im ersten Jahre, im zweiten eine sehr gute Kleeernte zu erwarten. Ich habe solchen Klee schon Ende Junimonats, nachdem der erste Schnitt geschehen war, wieder in dem üppigsten Wuchs gesehen. Er war bestimmt dreimal gemähet zu werden, und sollte dann noch eine gute Weide im Herbst abgeben.

Gewöhnlich verliert sich der Klee im dritten Jahr, und läßt dem jungen, stark eingewurzelten Gras nun die Oberhand. Man muß es gesehen haben, um sich von der großen Verschiedenheit einer solchen Wiese in dem gegenwärtigen Zustande gegen ihren frühern natürlichen eine Vorstellung machen zu können, zumal um die Zeit, wenn die Heuernte herannahet. Eine Vergleichsberechnung würde das Verhältniß wie 10 zu 1 ergeben, und den Wirth überzeugen, daß ein solcher einjähriger Ertrag hinreichend sey, alle Mühe und verwandte Kosten zu ersetzen.

Zu Wanzleben im Magdeburgischen habe ich bei dem Herrn Amtsrath Kühne, einem sehr aufgeklärten und äußerst sorgsamen Wirth, die Anlage solcher Wiesen gefunden. Sie sind zum Theil aufs mühsamste und mit den größten Kosten auf die jetzige Stufe ihrer Kultur gebracht. Ganze Berge sind abgekarrt und Sümpfe ausgefüllt, dafür ist aber auch dem großen Mangel an Heu, der sonst so drückend gewesen war, gänzlich und für immer abgeholfen.

In der Regel wird sich ein solcher Wirth, der bloß Verbesserung seiner Wiesen beabsichtigt, nicht mit dem Anbau des erforderlichen Saamens befassen können. Die Versäumniß, die dadurch in den übrigen Geschäften verursacht wird, ist von zu großer Wichtigkeit, als daß man nicht lieber dafür den Ankauf wählen sollte. Wer den Anbau von solchen Sämereien im Großen treibt, der hat dazu auch alle erforderlichen Vorkehrungen und Geräthschaften, die Zeit kann ohne weitere Versäumniß wahrgenommen, und der Saame besser und wohlfeiler käuflich überlassen werden, als man ihn selbst zu gewinnen im Stande ist. Wer indeß vom Lokale oder anderen Umständen begünstigt mit Vortheil diesen Anbau selbst besorgen kann, der wird im Folgenden nicht allein die vorzüglichsten, zu solchen Wiesen geeigneten Grassämereien aufgeführt finden, sondern auch eine kurze Beschreibung der Eigenschaften und der Bearbeitung beim Anbau.

I. Wiesen-Fuchsschwanz (Alopecurus pratensis), eins der schönsten Gräser für das Rindvieh. Es wächst auf mehr feuchtem als trockenem Boden, und beim Anbau auf dem Felde verlangt es gute schwarze Gartenerde. Beim Einsammlen ist viele Vorsicht erforderlich, weil der Saame sehr ungleich reif wird. Der erste ist gewöhnlich der beste, und sobald die oberen Spitzen sich abstreifen lassen, muß man gleich hinterher seyn, ihn in Beutel zu bekommen. Läßt man ihn streifen, so muß der Saame gleich auf einem luftigen Boden aus einander gebracht werden, damit er austrocknen und sich nicht erhitzen kann. Würde man ihn mähen lassen, so müßte solches des Morgens früh im Thau geschehen. Den ersten Tag bleibt er ruhig liegen, am zweiten aber sammelt man ihn schon früh Morgens auf großen ausgebreiteten Laken, rührt und wendet ihn auf selbigen in den heißen Stunden des Tages, und drischt ihn gegen Abend sogleich ab.

II. Wiesen-Schwingel (Festuca elatior), wächst wie der Wiesen-Fuchsschwanz mehr auf feuchten Stellen, und gehört ebenfalls zu den schönsten Grasarten fürs Rindvieh. Es wird auf eben solchem Boden wie der vorige angebauet und geschnitten, wenn die Rispen desselben ungefähr zur Hälfte die gehörige Reife bekommen haben. Man legt ihn ausgebreitet auf Kornböden, wo der untere Saame bald nachreift und zur Saat brauchbar wird. Er wird alsdenn abgedroschen, und gehörig rein gemacht. Diese Grasart muß indeß nicht verwechselt werden mit dem

Schaaf-Schwingel (Festuca ovina). Dieses wächst nur auf hohem und trockenem Boden, und ist eins der besten Gräser für die Schaafe. Das Einsammlen geschieht wie beim Wiesenschwingel.

Unter den vielen Arten von Wiesen-Viehgräsern, sind die vorzüglichsten:

III. Das glatte Wiesen-Viehgras (Poa pratensis) und

IV. das rauhe Wiesen-Viehgras (Poa trivialis.)

Keine Wiese sollte besäet werden, wo diese beiden Grasarten fehlen. Sie geben das beste Rindviehfutter, und wachsen vorzüglich auf mehr feuchten als trocknen Wiesen. Das Einsammlen des ersteren erfordert viele Behutsamkeit, da es sehr ungleich reift, und einiger Saame schon abgestreift werden kann, wenn der andere noch theils in der Blüthe, theils ganz grün ist. Das glatte Wiesenviehgras kann man indeß auf dem Halme zum höchsten Grad der Reife kommen lassen. Es knickt nicht ein, wie die andern Grasarten, und fällt auch nicht aus. Man kann es mähen oder schneiden und durchs Dreschen aus den Rispen bringen.

V. Französisches Raygras (Avena elatior). Ueber die Vortrefflichkeit dieser Grasart herrscht nur Eine Stimme. Es ist bekannt genug, wie groß der Vortheil ist, den man sich durch den Anbau desselben zu Grünfutter verschaffen kann. Da es einen hohen und trockenen Boden verlangt, so wird es sehr häufig unter den rothen Klee gesäet, und dergestalt zu Grünfutter benutzt. Es bestaudet sich sehr und treibt an 14 bis 16 Halme hervor. Daher reift der Saame so verschieden, und man findet an einer Staude ganz reifen, ganz grünen, und Blüthen. Das einzige Mittel ihn gut und reif zu erhalten, ist, alle Halme, deren Saame reif ist, abzuschneiden und den übrigen stehen zu lassen. Man darf nicht zu lange damit warten, weil er bei der geringsten Berührung der Halme ausfällt. Aber auch selbst die Rispen sind nicht immer zugleich reif, und man findet selbige unten grün, wenn der Saame oben durchaus reif ist. Daher müssen die abgeschnittenen Rispen auf einem trockenen und luftigen Boden aus einander gebracht, oft umgerührt und so der unreife Saame zur Reife gebracht werden. Wenn alles gut getrocknet ist, kann er gedroschen werden, jedoch mit der Vorsicht, daß er nicht zu dünne angelegt und der Saame breit geschlagen werde. Man würde ihn dadurch zu seiner künftigen Bestimmung verderben und die Kraft zum Keimen benehmen.

IV. Honiggras (Holcus lanatus), wächst vorzüglich auf trockenem Boden, und ist ein sehr schönes Futter für die Schaafe, obgleich es auch Rindvieh und Pferde sehr gern fressen. Es reift ziemlich gleichzeitig und kann auf dem Halme bis zur völligen Reife stehen bleiben, dann abgemähet, ausgedroschen, und auf die gewöhnliche Art rein gemacht werden.

Die bisher benannten Grasarten sind zur Besaamung der Wiesen vorzugsweise zu empfehlen; sie werden zusammen mit dem nöthigen Zusatz von rothem Klee ein für jede Viehart passendes Futter gewähren, so wie die Güte desselben bei der Futterung mit dem gewöhnlichen wilden Heu in keinen Vergleich zu stellen ist. Außerdem giebt es aber noch viele andere sehr schöne Grassorten, als da sind unter andern:

a) das Thimothee-Gras (Phleum pratense).

b) Riechgras (Anthoxantum odoratum).

c) Goldhafer (Avena flavescens).

d) Schwadengras (Festuca elatior), u. a. m. die ebenfalls mit vielem Nutzen zu gebrauchen sind; die aber den vorhin bemerklich gemachten nachzusetzen sind.

Das Verhältniß des Saamens auf der zu besäenden Wiese ist auf 60 Quadratruthen:

von	No. 1.	4 Loth	
=	No. 2.	14 —	
=	No. 3.	18 —	
=	No. 4.	4 —	
=	No. 5.	4 —	
rothem Klee		20 —	Summa 2 Pfund.

Diese Quantität ist aber durchaus auf ein ganz gleichmäßiges Säen berechnet. Sämmtlicher Saame muß gut unter einander gerührt, doppelt ausgestreuet werden, und damit bei einer großen Wiese in dieser Hinsicht möglichst genau verfahren werde, ist es nothwendig, daß dem Säer obige Quadratruthen-Zahl einigemal abgemessen, und zu jedem der Saame zugewogen wird. Durch solche Uebung wird es demjenigen, der einigermaaßen aufmerksam ist, leicht möglich, das rechte Maaß in der Folge ohne weiteres zu beobachten.

Dritter Abschnitt.

Vom Rapsanbau.

Wenn der Rapsbau in Mecklenburg bisher nicht mit derjenigen Aufmerksamkeit behandelt wurde, die nöthig gewesen wäre, um daraus die nämlichen Vortheile, wie anderwärts geschieht, zu ziehen, so lag die Ursache wohl größtentheils in der Eintheilung der Felder und deren Bewirthschaftungsart; aber vieles läßt sich auch auf Rechnung der hierüber im Kleinen angestellten Versuche bringen, die unregelmäßig angestellt wurden, und daher nicht eben empfehlende Resultate darboten.

„Warum sollen wir unsere Kornfelder mit Saamen besäen, wovon wir nicht einmal eine günstige Ernte uns versprechen können, und womit soll das Vieh durchgewintert werden, wenn wir so viel an Stroh verlieren sollen? Der Rapssaame entzieht als eine Oelfrucht dem Acker ungleich mehrere Kräfte, wie jede andere Getreideart, und giebt dafür keinen Ersatz, denn höchstens ist das Stroh nur als eine sehr schlechte Streu zu gebrauchen u. s. w." — So ist das Raisonnement über diesen Gegenstand, das doch in so vielen musterhaften Wirthschaften des Auslandes auf eine so gründliche Art widerlegt wird.

Ohne mich über dergleichen Meinungen einzeln auszulassen, will ich hier nur bemerken, daß selbige immer nur dann einiges für sich haben kann, wenn die Rede von einer Wirthschaft ist, die ganz nach dem gewöhnlichen Leisten betrieben wird. Diese hat Mangel an Acker, an Dung, und ohne die größte Sparsamkeit, auch an Futter. Es würde daher sehr unrecht gethan seyn, von dem einen Drittel des zum Kornbau bestimmten Feldes noch ein Ansehnliches zum Rapsbau zu verwenden, und eben so wenig rathsam ihn auf kleinen Stellen, zum Nachtheil des Kornbaues, als gewöhnliche Probe zu behandeln. Aber da, wo der Wirth schon aus dem alten Gleise herausgetreten ist, wo Mergel und Dung gemeinschaftlich dem Acker die größtmöglichste Vegetation zubereiten, und wo durch Einführung des Fruchtwechsels, wenn nicht bereits mehr geschehen ist, doch wenigstens die unbenutzten Brachen schon in der Saatenfolge mitbegriffen sind, in einer solchen Wirthschaft fehlt es eigentlich an nichts, und wie hier selbst der Rapsbau schon Bedürfniß wird, werden wir in der Folge näher zu bemerken Gelegenheit finden.

Für Mecklenburg ist dieser Anbau im Großen gewiß die wünschenswertheste Sache. Es ist wohl mit Gewißheit zu behaupten, daß für Oel und Oelsaamen jährlich eine halbe Million ins Ausland wanderte, die eigentlich unserm Nationalvermögen entzogen wurde. Unsere Lage, unser Boden, unsre eigenen Bedürfnisse, ermuntern zum Rapsbau, und die bisherige Hintansetzung desselben kann mit Recht eine ökonomische Unerfahrenheit genannt werden. Sollen wir neben solchen Bedürfnissen und Produkten, die unser Land nicht hervorbringen kann, auch noch diejenigen dem Auslande abkaufen, welche wir uns

im

im Ueberfluß verschaffen können, wahrlich, dann ist es kein Wunder, wenn unsere Ausgabe mit der Einnahme in einem drückenden Mißverhältniß zu stehen kommt.

Damit ins künftige der Anbau dieses nützlichen Gewächses eine günstigere Meinung für sich gewinnen möge, so ist nöthig uns mit denjenigen Regeln bekannt zu machen, nach welchen sich nur ein erwünschter Erfolg mit Sicherheit erwarten läßt. Und sollten nach genauer Beobachtung derselben dennoch Umstände eintreffen, die einen ungünstigen Erfolg verursachten, so gehören solche unter die besonderen Ausnahmen, und auch in diesem Falle bleiben dem thätigen Wirth Mittel genug übrig, seine zerstörten Rapsfelder so gut und mit ungleich wenigerem Verlust zu benutzen, als wenn er die unangenehme Operation mit seinen zernichteten Weizenfeldern vorzunehmen gezwungen ist. Es bleibt uns nun zu untersuchen:

1) was für ein Boden zu einem ergiebigen Rapsbau erfordert wird.
2) Wie der Boden bearbeitet werden muß.
3) Was bei der Bestellung zu beobachten ist.
4) Was man von der Zeit der Aussaat bis zur Ernte berücksichtigen muß.
5) Was bei der Ernte und den dabei vorfallenden Verrichtungen, und
6) wie ein ausgewintertes Rapsfeld zu behandeln ist, um den Verlust so wenig wie möglich fühlbar zu machen.

ad 1. „Der Rapssaame verlangt einen mäßig feuchten, nicht zu thonigten, aber auch nicht allzu sandigen Boden; einen Boden, dessen fruchtbare Krume sich überall auf einen Fuß Tiefe erstreckt, damit er eine etwas tiefere Beackerung wie die gewöhnliche zuläßt; und endlich einen solchen Boden, wo der Untergrund zunächst der fruchtbaren Ackerkrume so wenig reiner Thon, als Sand seyn muß."

Es würde allerdings schwer werden, nur einen einzigen Schlag eines Bodens zu finden, der durchgängig den gemachten Forderungen entspräche, geschweige denn ganze Feldmarken. Hier bleibt daher der Thätigkeit und der Kenntniß des Wirths ein weites Feld angewiesen; er suche der Regel sich so viel wie möglich zu nähern; er suche durch zweckmäßige Gräben die erforderliche Trockenheit seines Ackers zu bewirken, den zu strengen Lehm durch Auffahren von gutem Moder, Sandmergel und Dung zu mildern, so wie dem allzu sandigen Boden durch guten Lehmmergel die erforderliche Festigkeit zu verschaffen. Da, wo eine zu flache Ackerkrume nicht die nothwendig tiefe Beackerung zuläßt, suche man diese durch Auffahren fruchtbarer Erdarten zu erhöhen, oder pflüge selbige vor Wintersanfang in der gehörigen Tiefe durch; die Witterung des Winters wird der heraufgebrachten Erde viel von der schädlichen Säure entziehen und sie fruchtbarer machen; Mergel und Dung werden das übrige verrichten; und wo endlich der nahe Untergrund von strenger Thonerde die überflüssigen Feuchtigkeiten des Ackers nicht durchläßt, und der Rapswurzel sehr schädlich wird, da können Wasserfurchen und Gräben sehr heilsam seyn; so wie der nahe Untergrund von reinem Sand, der die Feuchtigkeiten zu sehr an sich zieht und zu bald durchläßt, dadurch um vieles unschädlicher gemacht wird, wenn die obere Ackerkrume durch bindende Erdarten fester gemacht, und durch Auffahren derselben um etwas erhöhet wird.

ad 2) Der Rapssaame erfordert ferner: „einen ganz reinen, tief bearbeiteten, gemergelten und gedüngten Boden.“

Unter einem ganz reinen Boden wird hier ein solcher verstanden, worin die schädlichen Wurzeln der Unkrautspflanzen nicht allein verweset, sondern selbst die im Acker befindlichen Vegetabilien in die bestmöglichste Auflösung versetzt sind. Die Dreeschschläge in Mecklenburg eignen sich hierzu vorzüglich. Ein großer Theil der darin befindlichen vegetabilischen Körper ist bereits durch die mehrjährige Ruhe dem Zustand der Auflösung nahe gebracht, und es kommt nur auf eine fernere zweckmäßige Bearbeitung an, sie vollends den Grundsätzen gemäß zu einer fruchtbaren Vegetation hinzuleiten.

Um diese Absicht besser zu erreichen, muß der Dreesch etwas früher wie gewöhnlich, und zwar gleich nach Bestellung der Herbstsaat, umgebrochen werden. Geschieht diese Arbeit mit dem Haken, so ist so viel nicht daran gelegen, wenn die Furche etwas tiefer gegeben wird, wie es mit dem Pfluge geschehen darf. Im ersteren Fall bricht die Furche schon kurz, und ist der Frühjahrsbestellung nicht hinderlich; wogegen aber die Pflugfurche im Dreesch von der Beschaffenheit ist, daß die hierauf folgende Furche im Frühjahr nicht allein darnach eingerichtet werden muß, sondern auch bei größerer Tiefe durch die daraus entstehenden vielen Soden eine äußerst beschwerliche Arbeit abgiebt. Dieß vermeidet man durch das möglichst flache Umpflügen der Dreeschfurche.

Derjenige Theil des Schlages, welchen man im Winter mit Mergel befahren will, wird im Spätherbst mit eisernen Eggen überzogen, damit der Mergel beim Streuen gleich zu liegen komme. Um die überflüssige und schädliche Nässe aus dem Acker zu bringen, werden schon im Herbst die Gräben gut aufgeräumt, damit der Acker im Frühjahr bald abtrocknen, und der frühzeitigen Bearbeitung mit dem Haken und der Egge nichts im Wege stehen möge.

Es muß die Einrichtung getroffen werden, daß dieser Acker die erste Bearbeitung im Frühjahr erhalten kann. Die Furche, zumal auf gemergeltem Boden, wird so flach wie die Dreeschfurche im Herbst gegeben, welche Vorsicht man bei einem nicht gemergelten Acker zu beobachten nicht nöthig hat. Das Eggen geschieht bei trockener Witterung in gewissen Zwischenräumen, bis die Soden möglichst zertheilt und abgeegt sind.

Ist das Mergelfahren etwa im Winter unterbrochen worden, so muß es jetzt mit möglichster Anstrengung wieder fortgesetzt werden.

Gleich nach der Sommersaatbestellung wird der Mist aufgefahren. In der Regel darf hier nicht schwach gedüngt werden, und ohne Mergel wenigstens auf 50 Quadratruthen 4 gute vierspännige Fuder Ochsenmist; wenn aber der mit Raps zu bestellende Schlag vor der Bestellung gemergelt worden, so ist die Hälfte des obigen Quantums an Dung völlig hinreichend. Sobald der Mist aufgefahren ist, darf mit der dritten Furche nicht gesäumt werden; sie muß spätstens bis Johannis und zwar einige Zolle tiefer wie der vorige gegeben werden. Bei trockener Witterung wird der Acker gleich zugeeggt, bei Regen ist es ihm besser in offenen Furchen zu liegen. Auf jedem Fall muß er aber bis zur Mitte des Juli ganz klar und rein ausgeeggt seyn. Jetzt erhält der Acker seine vierte Furche, die dann, wenn es derselbe leidet, an 6 bis 7 Zoll tief gegeben werden kann.

Nach einer abermaligen sorgfältigen Bearbeitung mit der Egge erfolgt hierauf im Anfang des August die Saatfurche, und nun muß der Acker so rein und klar wie das beste Gartenland seyn. Man sehe dahin, daß diese Saatfurche an 3 Zoll flacher wie die vorhergehende gegeben wird; der Saame würde sonst bei aller Vorsicht dennoch zu tief zu liegen kommen, und dieses würde für den künftigen Wachsthum der Pflanze von schädlichen Folgen seyn.

ad 3. Nachdem der Acker vorbeschriebenermaaßen bearbeitet, die wieder verwachsenen Gräben aufgeräumt, und zu Anfange des Augustmonats die Saatfurche gegeben worden, wird derselbe nunmehr mit hölzernen Eggen rein und gut abgeeggt, worauf sodann alles bis auf das Aussäen fertig ist.

Die Zeit, wenn der Rapssaame gesäet werden muß, fällt zwischen dem 1sten und 24sten August. Man wähle in dieser Zeit solche Tage, wo die Witterung das vorhabende Geschäft möglichst begünstigt. Ist es sehr heiß und der Acker ausgetrocknet, so suche man das Säen so lange zu verzögern, bis Regen zu vermuthen steht, und so umgekehrt bei Regenwetter. Auf jeden Fall hüte man sich, jetzt den Acker bei einigem Regen mit der Egge zu bearbeiten, oder wenn er noch überflüssige Nässe enthält. Der Saame muß vollkommen ausgewachsen, rein, gesund und von dem Einschnitt desselben Jahres seyn; obgleich die Erfahrung lehrt, daß bei etwas stärkerem Säen auch alter Saame ohne Nachtheil genommen werden kann.

Der Saame wird in der Regel nur ganz dünne gesäet. Auf 60 Quadratruthen à 16 Fuß sind 4 Pfund völlig hinreichend; bei besonderer Geschicklichkeit des Säers kann dieses Quantum auch bis auf 3 Pfund verringert werden. Je dünner und gleichmäßiger der Rapssaame gesäet wird, desto besser ist es. Hingegen wird indeß am meisten gefehlt, und es ist nichts seltenes, daß man die schönsten und bestbearbeiteten Felder gänzlich versäet findet. Größtentheils liegt die Ursache darin, daß man dieß vor allen wichtige Geschäft Leuten anvertrauet, die so wenig Kenntniß als Einsicht von der Sache besitzen, und ganz mechanisch, öfters wider alle Regeln der Ordnung und der gesunden Vernunft, die Arbeit verrichten. Und hierin dürfte wohl die hauptsächliche Ursache des geringen Ertrags zu finden seyn, der sich meisthin nach der Aussaat zeigt.

Um diesem Uebel zu begegnen, ist es nöthig zu diesem Geschäft Leute von Einsicht und Fähigkeit anzustellen, und es wäre zu wünschen, daß sich jeder Wirth selbst darauf legte, seine Felder nach landwirthschaftlichen Principien zu besäen. Die möglichst größte Akkuratesse beim Aussäen des Rapsaamens kann nur durch eine längere Uebung erreicht werden; deßhalb muß der Säer durch öftere Besäung abgemessener Stücke bei abgewogenem Saamen solche sich zu verschaffen suchen, um dergestalt zu der Fertigkeit zu gelangen, im Großen das rechte Maaß zu beobachten.

Gleich nach der Besaamung wird der Acker mit leichten hölzernen Eggen zweimal in der Länge überzogen, worauf das ganze Werk der Bestellung vollendet ist.

Sollte während der Bestellung ein heftiger Regen erfolgen, und der gesäete Saame nicht ganz bezogen seyn, so muß er unbezogen bleiben. Der Regen wird ihn ohnehin tief genug in den Acker hineingetrieben haben. Ein mäßiges Aufeggen eines durch solchen heftigen Regenguß niedergeschlagenen Bodens würde, nachdem selbiger etwas abgetrocknet, von vielem Nutzen seyn. Gewöhnlich läuft aber der Saame schon bei feuchter Witterung den dritten oder vierten Tag auf, und wäre denn gleich die Oberfläche etwas abgetrocknet, so würde doch bei etwas schwerem Boden die untere Erdmasse von der Beschaffenheit seyn, daß ein solches Aufeggen ohne viele Vorsicht, und ohne auf die besonderen Umstände Rücksicht zu nehmen, im Allgemeinen nicht anzurathen wäre.

Das bestellte Feld muß sehr gut mit Wasserfurchen bezogen werden, damit sich kein Wasser irgendwo ansammeln oder überflüssige Nässe sich im Acker halten kann. Gegen nichts sind die Wurzeln der Rapspflanzen empfindlicher als gegen die Nachtfröste und einige derselben können selbige im Frühling vernichten.

ad 4. Der Raps ist während seines Wachsthums vielen Unfällen unterworfen. Zum Glück haben die wichtigsten derselben ihren Grund in dem bisher bei der Beackerung und dem Bestellungsgeschäft beobachteten Verfahren, und können daher durch zweckmäßige Behandlung vermieden werden.

Läuft die Saat ungleich auf, so ist der hieraus entstehende Schade sehr beträchtlich. Da, wo die Pflanzen zu dicht stehen, können sie sich nicht ausbreiten, und bleiben spitz und klein bis zur Ernte. Der Saame bleibt ebenfalls klein und unvollkommen, und wird wenigstens 8 Tage früher reif, wie diejenigen Pflanzen, denen nichts im Wege stand ihren völligen Wachsthum zu erreichen. Traurig ist es in diesem Fall für den Wirth zur Zeit der Ernte. Ihm bleibt nur die Wahl, seinen besten Rapssaamen unreif mit abzumähen, oder umgekehrt den größten Theil auf dem Felde ausgefallen und vernichtet zu sehen. Wer wird also nicht gern dahin streben, solchem Nachtheil durch ein gleichmäßiges Ausstreuen des Saamens vorzubeugen.

Steht ferner die Saat gegen den Eintritt des Winters spitz, hat ihr Wachsthum keinen Fortgang, und ist sie mit Unkrautspflanzen umgeben, so ist der Acker nicht gehörig bearbeitet und gedüngt, oder der Grund hiervon liegt in einem Versehen bei der Bestellung. Verwandelt sich die dunkelgrüne Farbe der Pflanze und wird kupferfarbig, sind die Blätter schmal und spitz, und legen sich selbige, statt empor und aufrecht zu stehen, auf den Boden nieder, so enthält der Acker entweder zu viele Nässe, oder die Oberfläche ist nicht tief und regelmäßig genug durchgearbeitet, um der Pflanze die erforderliche Nahrung zuführen zu können u. s. w.

Dergleichen Unfällen wird der fleißige und thätige Wirth bei Zeiten vorzubeugen wissen, und den Keim dazu nach Möglichkeit vermeiden. Aber es giebt noch andere Uebel, denen vorzubeugen oder sie unschädlich zu machen, auch bei dem besten Willen nicht in den Kräften des Wirths steht.

Dahin ist gleich nach der Bestellung der so schädliche Erdfloh zu rechnen. Wenn der Saame aufgegangen ist, und nun eine anhaltende Dürre erfolgt, so richtet dieser große Verheerung an, und nur ein derber Regenschauer kann dem Uebel Einhalt thun.

Gleich nach der Kornernte stellen sich wieder sehr fürchterliche Feinde ein, nämlich: die Feldmäuse. Es scheint, als strömten nunmehr diese schädlichen Gäste insgesammt dem Rapsfelde zu, und ihre Verwüstungen sind zuweilen sehr groß; doch habe ich bemerkt, daß sie gern späterhin im Herbst diesen Wohnort mit den bestellten Getreidefeldern vertauschen. Die Ursache hievon glaube ich fast darin zu finden, daß der um diese Zeit gewöhnlich heftige Regen auf den sich gesenkten und auf der Oberfläche fester gewordenen Boden der Rapsfelder sich mehr ab und nach den Löchern der Mäuse hinziehen kann, welches bei den später bestellten Getreidefeldern nicht statt findet. Wenigstens habe ich nach Regengüssen den gedachten Erfolg häufig beobachtet.

Eine schöne hochgrüne Farbe, breite Blätter und dicke Stengel beim Eintritt des Winters sind gute Verwahrungsmittel wider so viele und schädliche Zufälle, die aus einer ungünstigen Witterung erfolgen können. Aber auch dann, wenn alles überstanden zu seyn scheint, kann noch eine üble Frühlingswitterung die beste Hoffnung zernichten. Ein schnelles Thauwetter nach einem starken und tief in die Erde eingedrungenen Frost löset schnell einen Theil der Oberfläche auf, und bewirkt, daß sämmtliche Winterfeuchtigkeiten sich in dieser aufgelöseten Erdmasse ansammeln. Die Nässe kann nur in dem Grade abnehmen, als der Frost dem Acker entzogen wird. Bei anhaltendem Thauwetter dauert dieser Zustand zum Glück nicht lange; erfolgt aber vor dem völligen Aufthauen ein flacher Frost, so befindet sich der

Raps in großer Gefahr. Nur ein anhaltender, Tag und Nacht dauernder Frost kann diese mindern, und indem er dem Boden die überflüssige Nässe entzieht, dem Raps selbst sehr wohlthätig werden. Aber wehe der Pflanze, wenn in diesem Zustande derselben starke Nachtfröste einfallen, und die zusammen gefrorne Erde am Tage durch die Wärme der Sonne wieder aufthauet, wenn nun einiger Schnee fallen und durch die Strahlen der Sonne wieder hinweggeleckt werden sollte! Dann ist die Gefahr für den Raps am größten, und nicht selten werden durch eine solche Witterung ganze Felder ruinirt.

Ich glaube hier alle Unfälle, denen der Raps von der Aussaat bis zur Ernte ausgesetzt ist, anführen zu müssen, um darüber die nöthige Kenntniß zu verbreiten. Wenn aber gleich die Zahl derselben groß ist, so muß man sich doch dadurch nicht von dem Anbau abschrecken lassen; denn sind nicht unsere Weizen- und Roggenfelder den nämlichen und noch weit größeren Unfällen ausgesetzt?

Im Ausgang des May steht der Raps schon in voller Blüthe, jetzt treibt er seine Nebenzweige und endigt seinen Wachsthum in einer bewundernswürdigen Geschwindigkeit. Es giebt kein größeres ländliches Vergnügen, als in dieser angenehmen Jahreszeit neben einem so in der Blüthe stehenden Rapsfelde zu lustwandeln. Man wird hingerissen von dem duftenden lieblichen Geruch der Blüthe, durch das Gesumse unzähliger Bienenschwärme, die dieses süße Gewächs zu benutzen eilen, und durch die Bemerkung, wie binnen wenigen Stunden eine jede

Pflanze sich verändert und vollkommner wird. Aber auch in dieser so angenehmen Zeit findet der Raps noch einen sehr fürchterlichen Feind. Dieß ist der sogenannte Rüsselkäfer; ein kleines schwarzes Insekt, das seine Eier in die Blüthe des Rapses legt, woraus zur Zeit der Saamenansetzung eine Raupe entsteht. Diese Raupe ernährt sich in der Schote, frißt sich, wenn sie geleert ist, heraus und in eine andere wieder hinein, und es ist nicht selten, daß dadurch noch großer Schade angerichtet wird.

Die Zeit der Saamenreife trift gewöhnlich noch vor der Mitte des Juli ein, und diese Zeit muß wohl beachtet werden. Die Kennzeichen der Reife sind: die Veränderung der bisherigen grünen Farbe in ein gelbes und ins Weiße fallende Ansehen; die Schoten fangen alsdenn an sich braun zu färben, und werden so durchsichtig, daß man die Körner darin bemerken und zählen kann, und die Körner selbst haben eine schwarzbraune Farbe. Sind diese Kennzeichen vorhanden, so darf mit dem Anfang der Ernte nicht gesäumt werden. Ein Tag macht hier, zumal bei heißer Witterung, einen großen Unterschied, und bringt oft vielen Nachtheil, weil der Raps jetzt binnen 24 Stunden sich so verändern kann, daß das Ausfallen desselben bei der größten Behutsamkeit und Vorsicht beim Einernten nicht zu vermeiden ist, wodurch der beste Saame unwiederbringlich verloren geht.

ad 5. In der Regel soll aller Raps geschnitten werden, wie dieß auch größtentheils im Auslande geschieht. In

Mecklenburg dürfte es aber der wenigen Menschen wegen viele Schwierigkeiten haben, und wir wollen deßhalb lieber bei dem bekannten Instrument, der Sense, verbleiben.

Wie nothwendig es indeß ist, daß zu dieser Arbeit nur starke und sachkundige Leute genommen werden, ergiebt schon die Natur der Sache. Ganz mit den Kräften des Leibes und der Arme soll der Zug geschehen, und der Raps mit möglichster Schonung ins Schwad gebracht werden. Kein Schlag mit der Sense darf gegen den Raps erfolgen, die Strünke oder Stengel mögen so dick seyn wie sie wollen.

Bei sehr heißem Wetter darf er nicht länger als einen Tag ungebunden liegen bleiben. Man bindet ihn alsdenn Morgens, ehe die Sonne heiß scheinet, in dazu verfertigte Strohbänder, und setzt ihn wie das Getreide in Hocken. Die Garben werden so klein wie möglich gebunden, um dadurch jede heftige Behandlung beim Einbinden zu vermeiden; auch können die etwa darunter befindlichen grünen Schoten dergestalt besser trocknen und nachreifen. Das beim Mähen zwischen der Stoppel Hineingefallene, so wie das beim Zusammenbinden Liegengebliebene, darf nicht mit der Harke herangeholt werden, sondern man thut besser, dieß durch kleine Kinder auffsammeln und an die Hocke herantragen zu lassen. Immer leidet man beim Zusammenbringen mit der Harke, nachdem durch die Hitze des Tages der Raps sehr trocken geworden, einen ansehnlichen Verlust. Ich habe diesem dadurch vorzubeugen gesucht, daß ich den Raps mit der Hand in kleine Garben bringen, und sie von geschickten Leuten zusammen binden ließ. Dadurch wurde wenigstens der nachtheilige Gebrauch der Harke vermieden, und es ging weit weniger Saamen verloren.

In solchen Hocken bleibt der Raps nun vier, fünf und mehrere Tage ruhig stehen, damit er völlig nachreifen und abtrocknen möge. Während dieser Zeit muß beständig einer auf dem Felde sich befinden, um die Vögel zu verscheuchen, welche sehr begierig darnach sind, da der Saame jetzt so lose in der Kapsel sitzt, daß ein leises Anpicken mit dem Schnabel sie öffnet. Bei recht heißer Witterung, wobei ein trockener Wind gehet, kann er schon den vierten Tag eingefahren werden.

Hierzu bedienet man sich der gewöhnlichen Erntewagen, woran aber vorher die Leitern mit Segeltuch ausgeschlagen werden müssen, damit der viele beim Aufladen ausgefallene Saame nicht verloren gehen kann. Eine äußerst behutsame Behandlung der Garben beim Aufstecken auf den Wagen kann nicht dringend genug empfohlen werden, denn jetzt öffnet die leiseste Berührung die Schote, und verschüttet den Saamen. Daher muß derjenige, welcher die Garben auf den Wagen langet, ein verständiger und erfahrner Mensch seyn. Die Lader müssen angewiesen werden, die Garben nicht zu weit über die Leitern zu legen, damit der ausspringende Saame auf das Laken in den Wagen falle. Endlich muß auch der Wirth durch seine Gegenwart und durch Ermahnungen zur Erhaltung der möglichsten Ordnung beizutragen sich bemühen. Zum Abladen in der Scheune wählt man nicht gern die Fächer, weil mit dem Hineinbringen und Herausholen zu viel verloren gehen würde; lieber bedient man sich hierzu der Scheundielen, in soweit sie beim Dreschen entbehrt werden können. Reicht dieß aber nicht zu, so muß man allerdings auch Fächer dazu nehmen, es sey denn, daß man bei beständigem Wetter den Raps so lange im Felde stehen lassen wollte, bis die Scheundielen leer gedroschen wären.

Das Dreschen nimmt schon beim ersten eingefahrenen Fuder seinen Anfang. Je geschwinder man bei dieser Arbeit sich fördert, desto besser fällt der Saame aus dem Stroh, was sowohl für den Wirth als den Arbeiter vortheilhaft ist. Der Roggen steht um diese Zeit schon in völliger Reife, und man hat daher alle Ursache mit möglichster Eile diese Arbeit zu beseitigen. Man hüte sich, mit Beendigung dieser Arbeit bis zur Getreideernte zu zögern.

Der ausgedroschene Raps wird wie das Getreide durch Ausfegen und Ueberwerfen rein gemacht. Die beim Ueberwerfen wegen ihrer gleichmäßigen Schwere zum Raps hingeworfenen Hülsen scheidet man leicht dadurch aus, daß man sämmtlichen Raps, in Ermangelung einer hierzu eingerichteten Rapsfege, über ein Radesieb laufen läßt. Da dieß durch einige Frauen verrichtet werden kann, so sind die Kosten hiervon unbeträchtlich. Der Saame wird anfangs nicht hoch aufgeschüttet, weil er sich sehr leicht erhitzt; auch muß er, so lange er sich im

Schweiß befindet, immer den zweiten Tag umgestochen, und so zum baldigen Trocknen gebracht werden.

Das von mir bisher empfohlene Verfahren bei der Rapsernte ist ganz in dem Sinne und den Verhältnissen einer Mecklenburgischen Oekonomie eingerichtet. Ich habe gesucht jede neue Einrichtung und neue ungewohnte Handarbeiten dabei zu vermeiden. Ist eine neue Sache, die erst eingeführt werden soll, auch mit neuen Einrichtungen und Handgriffen verknüpft, so findet sie Widersprüche, und erregt nachtheilige Bedenklichkeiten. Dieß ist die Ursache, warum ich hier das Erntegeschäft des Rapses, wie es unsern gewöhnlichen Wirthschaften am meisten zusagt, so dargestellt habe.

Im Auslande, namentlich in Holstein, hat man allerdings eine weit bessere und vortheilhaftere Methode. Ich habe mich hiervon auf dem Gute **Brodau** bei **Neustadt**, wo jährlich über 80 Tonnen Aussaat mit Raps bestellt werden, ganz überzeugt, und ich setze deßhalb die in meinem Tagebuche hierüber enthaltene Bemerkung wörtlich hierher.

„Brodau den 18. Juli 1806. — Gegen 9 Uhr Morgens hatte der Gutsbesitzer Herr **Niemeyer** die Güte mit mir auf das Rapsfeld zu gehen. Ich erstaunte über die unabsehbare Fläche, welche damit bedeckt war. Ein großer Theil war geschnitten und lag auf der Stoppel, ein anderer weit größerer Theil aber, der mit der Sense gemähet war, befand sich in kleinen Haufen von 6 bis 7 Fuß

Höhe,

Höhe, die man hier mit der Provinzial-Benennung — Diemen — belegt.

Alles war in völliger Thätigkeit. Der Raps wurde zusammen gefahren, und durch Pferde gleich im Felde ausgedroschen. Zum Zusammenfahren bediente man sich Schlitten mit 2 Pferden bespannt. Auf jedem Schlitten befand sich eine Trage mit zwei in der Mitte quer durchgehenden Hölzer, worüber ein Segeltuch von 32 bis 36 Fuß im Quadrat ausgespannt war. Drei solcher Schlitten fuhren in einer Reihe; eine dieser Reihen war bei dem auf dem Schwaden liegenden Raps beschäftigt; vier Frauen verrichteten dabei das Aufladen. Vermittelst eines in der rechten Hand haltenden Steckens von ungefähr 3 Fuß Länge hoben sie den Raps von der Stoppel auf, und indem die linke Hand auf selbigem das Gleichgewicht hielt, konnte alles ohne die geringste Gewalt auf das Segel gelegt werden. Fuhr ein beladener Schlitten davon, so war schon ein leerer wieder da, und alles blieb ohne Unterbrechung im Gange.

Jetzt kamen wir zu den Haufen oder Diemen. Auch hier war eine Reihe Schlitten zum Fortschaffen aufgestellt. Das Aufladen ging weit schneller wie bei den Schwaden. Zwei Mannspersonen standen bereit, mittelst zwei ungefähr 8 bis 9 Fuß langen ganz leichten Hebebäumen, die Haufen, so wie sie waren, auf die Segel zu bringen. Nichts ging geschwinder wie dieß. Der eine nahm die

Bäume, schob sie an der Erde unter die Haufen, wo der andere bereit stand beide Enden sofort anzufassen, und so lag der ganze Diemen auf dem Schlitten.

Von hier gelangten wir zu den Dreschtennen. Es waren zwei derselben in einiger Entfernung angebracht. Der Platz dazu war vorher von der Stoppel und den Steinen gereinigt und eben gemacht. Sie waren viereckig, jede derselben 48 Fuß lang, 36 Fuß breit, und mit starkem Segeltuch belegt. Die Seiten desselben waren einige Fuß in die Höhe gezogen, und an dazu eingeschlagene Pfähle befestiget. An einer Seite war der Eingang, und konnte daselbst das Segel auf 5 bis 6 Fuß niedergelassen werden.

Bei jeder Reihe Schlitten befanden sich zwei Mannspersonen zum Abladen. Es ging damit ebenfalls sehr schnell, denn so wie ein Schlitten ankam, faßte einer vorn, der andere hinten an die Bäume der Trage, und so trugen sie alles auf die Tenne, schütteten es an die Lage, und legten die Trage mit dem leeren Segel wieder auf dem Schlitten. Auf diese Weise fuhr man fort, bis die Tenne ungefähr 6 Fuß hoch belegt war.

Jetzt wurde der Eingang niedergelassen, und 2 Knechte, wovon jeder 3 Pferde führte, ritten hinein und auf den Raps. Sie führten die Pferde 4 bis 5 Mal in der Runde umher, und zogen wieder herunter. Mehrere Männer mit Gabeln traten hinzu, kehrten in der Geschwindigkeit diesen niedergetretenen Raps um, und ließen die Pferde wieder hinein. Nach einem abermaligen kurzen Umherführen war das Dreschen verrichtet, und die Männer, welche es gekehrt hatten, fingen nunmehr an, das Stroh von der Tenne herunter zu bringen.

Es schien mir nicht wahrscheinlich, daß mit so leichter Arbeit der Raps rein aus dem Stroh sollte gekommen seyn; eine genaue Untersuchung überzeugte mich indeß davon, denn ich fand auch fast kein Körnchen mehr darin.

Nachdem das Stroh alles herunter gebracht war, harkte man das Gröbste von den Stengeln und Hülsen nach der einen Ecke der Tenne. Hier war ein einige Fuß breites Brett, von ungefähr 3 oder 4 Fuß Länge, schräg aufgestellt, so daß das obere Ende über das Laken hinausreichte. Ueber dieses Brett wurde alles Kurze geharkt, und es fand sich, daß alles über Erwartung rein von der Tenne geschafft worden war.

So wie auf einer Tenne angelegt, gekehrt oder abgeharkt wurde, waren die Pferde auf der andern, und so umgekehrt, so daß das ganze Werk in beständiger Bewegung bleiben konnte.

Das Kutschgespann fuhr den ausgedroschenen Raps nach dem Hofe auf die Scheundielen, und ob es gleich nahe beim Hofe war, konnte es kaum allen Raps dahin schaffen.

Von hier begaben wir uns nach den Hofe in die Scheune, wo beim Reinemachen des Rapssaamens gearbeitet wurde. Eine sehr große und lange Scheune, mit zweien in der Länge und einer in der Mitte befindlichen Diele, war ganz mit Raps belegt. Zehn Tagelöhner waren allein beim Ueberwerfen beschäftigt; mehrere Frauen ließen ihn vorher über eine Rapsfege laufen, um ihn von den schweren Hülsen zu reinigen, und indem eine Menge Menschen beschäftigt war, den in vielen Haufen liegenden reinen Raps nach dem Boden zu bringen, trugen andere den ankommenden Raps vom Wagen, und schütteten ihn in lange, nicht allzu hohe Haufen.

In diesen Haufen bleibt er ungefähr 24 Stunden ungerührt liegen, während welcher Zeit er etwas warm wird, und diese Wärme dient dazu, dem Raps ein recht schwarzes und schönes Ansehen zu verschaffen.

Am stärksten wurde ich überrascht, wie ich im Magazin eine so große Menge Raps liegen sah. Es befand sich daselbst noch beinahe der ganze Vorrath vom vorigen Jahr, und da jährlich über 1500 Tonnen gewonnen werden, so konnte der Vorrath sich wohl auf 3000 Tonnen belaufen."

So weit aus meinem Tagebuche. Die Art dieses Verfahrens bei der Rapsernte wird gewiß ein jeder loben. Die Arbeit geht mit einer weit größeren Schnelligkeit von Statten, und der Werth, den eine solche Beförderung kurz vor der Getreideernte hat, ist von großer Bedeutung. Aber auch wieder auf der anderen Seite betrachtet, so geschieht alles unter freiem Himmel, und anhaltend gutes Wetter ist das nothwendigste Erforderniß. Fällt nun statt dessen in dieser Zeit ein Regenwetter ein, so möchte es doch wohl rathsam seyn, an einzelnen guten Tagen so viel wie möglich im Zimmer zuzubringen. Immer ist es daher besser, wenn dem Gutachten des Wirths die Wahl überlassen bleibt; er wird zeitig genug solche Maaßregeln treffen, wodurch er im Stande ist, bei guter und schlechter Witterung diejenige Methode zu wählen, die er seinem Vortheil gemäß und den Umständen am passendsten findet.

Keine Frucht kann wohl dem Raps im Ertrag gleich gestellt werden. Auch der mittelmäßigste überwiegt bei weiten den höchsten Ertrag vom Weizen, und die Preise stehen ebenfalls fester und höher. Das zehnte Korn nach der Getreideaussaat ist vom Raps ein Mittelertrag; der des Weizens ist bekannt. Man mache selbst hierüber den Vergleich, und ein günstiges Facit für den Raps wird nie fehlen. Nimmt man hierzu, daß der Raps, wie andere Schotenfrüchte, nur als eine Frucht anzusehen ist, die der Boden für den Weizenbau in den möglichst besten Zustand für die Vegetation hinterläßt; daß man von dem auf dem Rapslande gesäeten Weizen mit Gewißheit einige Körner mehr im Ertrag zu erwarten hat, und daß endlich den Bedürfnissen des Landes in dieser Hinsicht ohne fremde Beihülfe abgeholfen, und große Summen Geldes zurück gehalten werden, dann kann nur der Wunsch allgemein seyn, daß dieser so nützliche Anbau nicht länger zurückgesetzt werden möge.

Was das Stroh anbetrifft, so ist es zur Fütterung nicht geeignet. An vielen Orten des Auslandes verbrennt man es, sammt dem Bulster. Ich habe aber jederzeit dieß Verfahren nicht gebilligt; denn warum sollte das Stroh vom Raps nicht so gut wie jedes andere zur Streu gebraucht werden können? Ich habe wenigstens immer Gebrauch davon gemacht, und es sehr gut befunden. Auch das Bulster vom Raps giebt das beste und nahrhafteste Viehfutter, wenn es vorher eingebrühet wird. Wo eine Brennerei ist, thut es unvergleichliche Dienste, wenn es mit dem heißen Trank, wie er von der Blase kommt, eingebrühet dem milchenden Vieh gegeben wird; auch bei dem Mastvieh zeigt es sich ungemein wirksam, und das Vieh frißt es mit der größten Begierde. Auf einer Reise im Magdeburgischen zeigte mir ein sehr berühmter Landwirth *) einen großen Haufen dergleichen Bulster als etwas sehr Rares, mit der Bemerkung, daß er dieses als einen großen Schatz betrachte.

ad 6. In dem Vorhergehenden haben wir gesehen, daß auch ein wohlbestelltes Rapsfeld durch besonders ungünstige Witterung eben so auswintern kann, wie wir dieß

*) Herr Amstrath Kühne zu Wansleben.

mit unsern Weizenfeldern erlebt haben. Freilich gehört dieß mit unter die besonderen Unglücksfälle, denen der Landmann immer unterworfen ist und bleibt, die ihn aber in dem Maaße weniger treffen, als er den möglichsten Fleiß auf die regelmäßige Bestellung seiner Felder verwendet. Wer machte nicht hierin Erfahrungen, wie vor einigen Jahren die Weizenfelder so sehr gelitten hatten? Mehrere wurden im Frühjahr umgehackt und mit Sommergetreide bestellt, viele blieben auf gut Glück sich überlassen, und gaben kaum die Aussaat zurück, wogegen andere, die im Vertrauen auf erhaltene gute Bestellung liegen geblieben waren, den reichsten Ertrag gewährten. So ist es auch mit den Rapsfeldern. Man hat Beispiele, daß auf wohlbestellten Feldern im Frühjahr die Saat ganz erstorben schien, und diese dennoch in der Folge einen reichen Ertrag gegeben haben.

Daher übereile man sich mit dem Umpflügen eines solchen Rapsfeldes nicht, zumal wenn man überzeugt ist, nichts bei der Bestellung versehen zu haben. Die Merkmale hiervon zeigen sich auch überdieß bald, und lassen die zu ergreifende Wahl nicht lange ungewiß. Ein grünes Herz der Pflanze, wenn gleich die Blätter gänzlich verfault und abgestorben sind, ein reiner Boden, der seine Kräfte sämmtlich auf die Belebung der fast erstorbenen Pflanze verwenden kann, und unverfaulte Wurzeln, die in der Erde fest stehen und sich nicht leicht herausziehen lassen, sind Kennzeichen, die den Wirth noch immer zur Hoffnung einer guten Ernte berechtigen; da hingegen aber eine verfaulte Pflanze, wovon sich die obere Krone leicht abreißen läßt, kein Grünes zeigt, bei den Strahlen der Frühlingssonne keine Festigkeit gewinnt, ein Boden, welcher anfängt Unkrautspflanzen hervorzutreiben, müssen den Wirth ohne weiteres zu einer anderweitigen Besaamung bestimmen.

In diesem Fall muß nun vorzüglich auf die folgende Fruchtart, nämlich Weizen, Rücksicht genommen, und eine solche hier gewählt werden, die den Regeln des Fruchtwechsels nicht entgegen steht. Erbsen, Wicken und Bohnen, sind wohl hierzu die vorzüglichsten Gewächse. Der Acker bedarf dazu nur einer Furche, und in dem Zustande, worin sich derselbe befindet, ist eine vorzügliche Ernte nicht zu bezweifeln.

Erwägt man den großen Nachtheil, den sonst ein solcher außerordentlicher Unfall in dem Gange wirthschaftlicher Geschäfte und Einrichtungen gewöhnlich hervorbringt, und die Zerrüttung, welche oftmals für das Ganze daraus entsteht, so ist der Nachtheil eines ausgewinterten Rapsfeldes damit in keinen Vergleich zu stellen. Man verliert keine Ernte im eigentlichen Verstande; der Verlust der Aussaat ist unbeträchtlich, und die etwas größeren Bestellungskosten tragen jetzt das ihrige zu einer reichen Sommerkorn-Ernte bei. Der Strohgewinn dieser letzteren hat für die Wirthschaft einen weit größeren Werth, als von ersteren, und so ist der hier erlittene eigentliche Verlust leicht zu verschmerzen.

Also steht gegen die Hoffnung zu einem großen Gewinn im übelsten Fall der unbedeutendste Verlust; wer wird sich letzterem nicht gern unterziehen, um ersteren mit so vieler Wahrscheinlichkeit zu erlangen?

Was endlich vom Erdfloh oder sonst einem Zufall zernichtet werden sollte, kann im Herbst entweder nachgesäet, oder wenn mit den nöthigen Ackerinstrumenten nicht anzukommen wäre, nachgepflanzt werden. Zu diesem letzteren Behuf besäet man einige Beete mit Raps im Garten oder sonst an einem schicklichen Orte. Hiervon werden die größten und stärksten Pflanzen genommen, und nach einer Schnur, wie die Futtergewächse, solche Stellen ausgepflanzt. Auf jedem Quadratfuß kommt eine Pflanze, und die hierauf verwendete Mühe wird die Zukunft doppelt lohnen.

Vom Anbau des Tobaks.

So wie der Anbau von Handlungsgewächsen nur unter gewissen Bedingungen, und nur in Oekonomieen, welche zu einer höhern Kultur gebracht werden sollen, anwendbar ist, so kann auch der Anbau des Tobacks nur dann zulässig seyn, wenn bereits ein gewisser Grad höherer Kultur statt findet, oder die Mittel vorhanden sind, die entzogenen Kräfte dem Acker unmittelbar wieder ersetzen zu können. Solchen Wirthschaften nun läßt sich der Tobak vorzugsweise vor anderen Handlungsgewächsen nächst dem Rapsbau empfehlen.

Ohne besonders glückliche Lokalitätsverhältnisse bleibt in jeder Koppel- oder Dreifelderwirthschaft der Anbau solcher Gewächse stets n. htheilig. Wir wissen zwar, daß man nichts desto weniger die jetzigen Zeitumstände benutzt und vielen Tobak anbauet; aber die jährliche Abnahme solcher Güter in ihrer Kultur ist auch augenscheinlich. Man ist unbekümmert um die Zukunft, und sucht nur die Gegenwart zu benutzen.

So wie es allerdings Pflicht für den Wirth ist, sich mit seinen anzubauenden Produkten nach den Zeitverhältnissen zu bequemen, so sehr ist es auch Pflicht, seine übrigen wirthschaftlichen Einrichtungen dahin zu treffen, daß allen schädlichen Folgen daraus für die Zukunft vorgebeugt werde. An Mitteln hierzu kann und darf es nicht fehlen: ja selbst den Anbau der Handelsgewächse habe ich deßhalb vorgeschlagen, um die Kasse des Landwirths dadurch zu füllen. Die zweckmäßige Verwendung des hiedurch baaren Geldes wird den Acker überreichlich entschädigen, und den befürchteten Schaden in Vortheil verkehren.

Aber auch selbst für den Ackerbau ist der Tobak nicht ohne unmittelbaren Vortheil. Die sorgfältige Bearbeitung mit der Hacke ist vorzüglich beim Fruchtwechsel von sehr großer Wichtigkeit. Der Anbau findet in solchen Schlägen statt, die in der Fruchtfolge mit Winterkorn bestellt werden, da die Erfahrung lehrt, daß solcher klar bearbeitete Boden stets den lohnendsten Roggen producirt.

Es bedarf keiner umständlichen Beschreibung des Verfahrens beim Anbau des Tobacks, da es auch in Mecklenburg Menschen giebt, die sich ausschließlich damit beschäftigen, und hinreichende Erfahrung dazu besitzen. Nur solchen Wirthen, die ohne die erforderlichen praktischen Kenntnisse selbst im Großen dieß Geschäft betreiben wollen, mag Folgendes zu einiger Leitung dienen.

Der Tobak verlangt in der Regel einen guten schwarzen Mittelboden, jedoch wächst er auch nach einer zweckmäßigen Bestellung auf leichterem Acker. Strenger Boden kann nur dazu genommen werden, wenn derselbe durch Auffahren von hinreichendem guten Moder gemildert, und gehörig tief bearbeitet ist. Ein kalter und nasser Boden ist dem Tobak durchaus schädlich.

Das Umbrechen und Abgraben im Herbst ist dem Acker nothwendig, auch daß er in rauher Oberfläche den Winter über liegen bleibe. Er muß aber vorher gedüngt seyn. Gestatten die Umstände dieß Düngen im Herbste nicht, so ist es vor der zweiten Beackerung im Frühjahr uicht zu verabsäumen. Der Dünger muß kurz und von guter Beschaffenheit seyn; Ochsen- und Pferdedung ist der beste.

Bei gemergeltem Acker ist ein mäßiges Düngen hinreichend; widrigenfalls muß sehr stark gedüngt werden. Auf 10 Quadratruthen würde ein vierspänniges Hoffuder nicht zu viel seyn, denn der bessere und vollkommnere Wachsthum der Pflanze hängt, nächst der erforderlichen Wartung, in der Folge ganz davon ab.

Es bleibt ganz der Beurtheilung des Wirths anheim gestellt, wie viele Furchen der Acker im Frühjahr bis zur Pflanzzeit erhalten muß, um denselben ganz klar und rein zu bekommen. Dreeschland unterscheidet sich darin merklich gegen Stoppelland; ein jedes Mal darnach in gewisser Zwischenzeit vorzunehmendes Eggen wird dringend anempfohlen. Im Anfang des Juni wird die letzte Furche gegeben, und darnach unmittelbar gepflanzt.

Die Pflanzen werden angezogen. Man bedient sich dazu einer Art Mistbeete — in der Provinzialsprache Kutschen genannt — die von schwarzer vegetabilischer Erde und Pferdedung verfertigt sind. Der Saame muß früh genug gesäet, und die zarten Pflanzen, die gegen jede rauhe Witterung sehr empfindlich sind, wohl in Acht genommen, und vorzüglich des Nachts mit Strohdecken belegt werden.

Die Pflanzzeit fällt in die erste Hälfte des Juni. Die Witterung ist dabei wohl zu beobachten, denn die Pflanze darf in keinen ausgetrockneten Boden gebracht werden. Deßhalb pflanzt man gern nach einem durchdringenden Regen, oder wenn selbiger zu vermuthen ist. Bei trockener Witterung muß genugsam Wasser bey der Hand seyn, um die zu bepflanzende Stelle und die Pflanze selbst hinreichend zu begießen.

Jede Pflanze erhält zu ihrem gehörigen Wachsthum 2 Quadratfuß Land. Es werden zwei Reihen neben einander, und in einer Entfernung von zwei Fuß gepflanzt. Damit jede ihren bestimmten Raum einnehmen kann, kommen sie in schräger Richtung gegen einander, so daß in der Folge keine Pflanze mit ihren Blättern der anderen hinderlich ist. Beim Pflanzen läßt man eine kleine Vertiefung um jede Pflanze, damit das angegossene Wasser sich darin halten kann.

Damit die in der Folge vorkommenden Arbeiten ohne Beschädigung der Blätter verrichtet werden können, bleibt zwischen jedem Beet ein etwas breiterer Zwischenraum. Von hieraus geschieht die folgende Bearbeitung, wenn der Toback schon breite Blätter getrieben hat.

Fleißige Aufsicht und Wartung nach der Pflanzzeit kann nicht genug empfohlen werden. Die ausgegangenen Pflanzen müssen durch neue ersetzt, und dem Wachsthum der zurückgebliebenen durch fleißiges Begießen nachgeholfen werden. Kein Unkraut darf emporkommen, und ist deßhalb ein zwei- bis dreimaliges Behacken nothwendig. Die beiden zunächst an der Erde befindlichen Blätter werden abgebrochen; sie entziehen der Pflanze nur die Nahrung und nützen zu nichts, weil sie gewöhnlich zur Zeit der Reife verfault sind. Bei dem Behacken muß genaue Ordnung gehalten, und an jede Pflanze gleich viel Erde gebracht werden.

Wenn der Tobak eine gewisse Höhe erreicht hat, so fängt er an zwischen den Blättern und dem Stamme Nebensprossen hervorzutreiben. Diese müssen sorgfältig weggebrochen werden, weil sie dem ganzen Gewächs in seinem Wachsthum großen Nachtheil verursachen. Man nennt diese Arbeit das Geizen, und es ist solche um so nothwendiger, weil sie sowohl auf die Quantität als Güte des Tobaks einen großen Einfluß hat.

Zum Saamenerziehen läßt man einige der schönsten Stämme fortwachsen. Der so erzeugte Saame wird bis zum Frühling aufbewahrt. Dagegen werden den andern Pflanzen sämmtlich die Köpfe abgebrochen, wenn sie die erforderliche Höhe erreicht haben. Diese Arbeit wird das Köpfen genannt, und ist nicht mit einem Male vorzunehmen, sondern nach dem Maaße, als die Pflanzen in ihrem Wachsthum fortrücken.

In der Mitte des August fangen gewöhnlich die untersten Blätter an ihre grüne Farbe zu verlieren und werden gelb. Diese müssen abgenommen und in der Regel besonders aufbewahrt werden. Sie gehören zum Ausschuß. Das Untermischen dieser Blätter unter den guten Tobak ist zwar gewöhnlich, aber nicht selten verdirbt man sich dadurch den Preis, oder setzt sich beim Handel Unannehmlichkeiten aus.

In der Mitte des Septembers erfolgt gewöhnlich die Reife des Tobaks. Die Blätter gewinnen ein bräunliches Ansehen, werden kleberig, und die Ernte kann nun beginnen.

Nur die reifen Blätter dürfen abgenommen werden. Dieß sind die unten befindlichen; die oberen, die noch grün sind, läßt man bis zur erfolgten Reife sitzen. Das Abbrechen darf nicht eher unternommen werden, bis der Thau von den Blättern abgetrocknet ist, und jede Nässe ist zu vermeiden. Hinlängliche Leute und strenge Ordnung sind nothwendig. Keine Blätter dürfen zerrissen oder durchlöchert werden; auch müssen alle abgebrochenen Blätter nach einer Seite hingelegt werden, damit das Einbinden mit mehrerer Ordnung verrichtet werden könne. Gestatten es die Umstände, den Tobak uneingebunden in Körben oder sonstigen Behältnissen ins Trockene zu schaffen, so verdient dieß Verfahren den Vorzug. Im Großen dürfte es damit aber viele Schwierigkeiten setzen, und da ist das Einbinden in Strohbände und der Transport auf einem Wagen wohl das sicherste und leichteste Mittel; die Bunde müssen aber sofort im Zimmer aufgelöst werden, damit der Tobak sich nicht erhitzen und verderben kann.

Die oberen Blätter werden ebenfalls, sobald sie zur Reife gelangt sind, abgenommen. Aus diesen und den zuerst gebrochenen wird eine zweite Sorte formirt, die etwas schlechter ist und niedriger im Preise steht.

Die erste Arbeit, nachdem der Tobak ins Zimmer gebracht worden, ist das Aufziehen. Es geschiehet auf Bindfaden, mittelst einer dazu geeigneten Packnadel, und kann durch Kinder und alte Frauen verrichtet werden. Nur müssen einige Sachverständige zugegen seyn, die darauf sehen, daß die Blätter nicht allzu dicht gezogen, und keine dabei verdorben werden. Das Beste ist, dieses Geschäft im Akkord verrichten zu lassen.

Damit der Tobak ein recht schönes und braunes Ansehen bekomme, wird er Anfangs so dicht zusammengehängt, daß er anfängt zu schwitzen; jedoch darf er sich nicht zu sehr erhitzen, und gleich, nachdem er die gehörige Farbe bekommen, muß er weiter aus einander gehängt, und beständig frische Luft zugelassen werden. Zu diesem Behuf sind zwei verschiedene Behältnisse erforderlich. Das eine gegen jede Zugluft wohl verwahrt, wo der Tobak zum Schwitzen gebracht, das andere einer frischen Zugluft hinreichend ausgesetzt, wo er getrocknet wird. Zu dem letzteren kann jeder Boden gewählt werden, wo kein Rauch hinkommt. In der Regel muß sich jedoch ein besonderes dazu eingerichtetes Gebäude, wo diese Arbeit der Ordnung gemäß verrichtet werden kann, vorfinden.

Wenn der Tobak an einem guten trockenen und von Wind durchstreichenden Ort aufgehangen ist, so sind drei bis vier Wochen zuweilen hinreichend, um ihn gehörig zu trocknen; jedoch richtet sich dieß größtentheils nach der Witterung. Während des Trocknens muß er oft untersucht werden, ob er auch zu dicht an einander hängt, um dem Verschimmeln vorzubeugen. Auch muß wohl dafür gesorgt werden, daß der Tobak nicht mit einem Male zu stark abtrockne, sondern daß dieß nach und nach geschehen kann.

Das Abbinden wird erst dann unternommen, wenn die Blätter ganz trocken sind; doch müssen sie, wie sich ohnehin versteht, von der Beschaffenheit seyn, daß sie sich bearbeiten lassen ohne zu zerbrechen. Man wählt hierzu einen feuchten Tag, und bindet den Tobak dann in Bunde von 10 und 12 bis 16 Pfund. Kann oder will man ihn nicht sogleich verkaufen, so muß er auf einen trockenen Boden gebracht, und nicht zu hoch auf einander, auch von Zeit zu Zeit umgelegt werden. Jedoch würde man auch in dem Fall, wenn man nicht eher, als zum Frühjahr zu verkaufen willens wäre, und das Hängen des Tobaks keine Schwierigkeiten fände, denselben unabgebunden bis zum Frühjahr hängen lassen und das Abbinden dann erst unternehmen können, wenn der Tobak bereits verkauft und dem Kaufmann abgeliefert werden sollte.

Vom Hanf und dessen Anbau.

Es giebt wohl so leicht keine Wirthschaft, in welcher der Hanf oder die daraus verfertigten Geräthschaften nicht ein unentbehrliches Bedürfniß wäre, und dennoch verwendet man auf dessen Anbau sehr wenig Sorgfalt. Welche ungeheure Summen gehen nicht bloß für Seilerwaaren, welche die wirthschaftlichen Bedürfnisse erfodern, jährlich für unser Land verloren! Das Ausland muß dergleichen Bedürfnisse befriedigen, selbst dann, wenn politische Verhältnisse dieß erschweren, und die Herbeischaffung doppelt so kostbar, wie gewöhnlich, machen sollten.

Es würde indeß eben so unrecht seyn, den Hanfbau für Mecklenburg als Mittel zur Beförderung eines größeren merkantilischen Verkehrs empfehlen zu wollen, als es tadelnswerth wäre, den Anbau desselben ganz hintenanzusetzen. Unsere Verhältnisse sind nicht dazu geeignet, um den Hanfbau als Handelsspekulation zu betreiben, wohl aber zur Befriedigung unserer eigenen Bedürfnisse, wenn wir dabei diejenigen Regein und das Veifahren beobachten, was einen günstigen Erfolg verspricht.

Deßhalb darf auch die mehrere darauf zu verwendende Mühe denjenigen Wirth nicht abschrecken, der ohnehin mit Arbeiten überhäuft ist. Es ist hier von seinem unmittelbaren Vortheil die Rede; und er sucht durch die neue Einrichtung nur solche Ausgaben zu decken, welche die Zeitumstände ihm zur drückenden Last machen. Aendern sich die Zeiten, und wird der eigene Anbau weniger vortheilhaft, nun so ist auch in dem wirthschaftlichen Betrieb bald eine Abänderung zu treffen.

Ich bin es überzeugt, daß in vielen Wirthschaften, wo der Anbau dieses Gewächses geringen Vortheil gewährt, es weniger an der Kenntniß, als an dem thätigen und guten Willen des Wirthschafters liegt. Auch die beste Anweisung dazu würde hier nichts nutzen, wenn nicht die größeren Seilerrechnungen eine fühlbare Erinnerung hinterließen. Denjenigen, welchen der Gegenstand ganz fremd ist, will ich hier einige Regeln an die Hand geben, durch deren Befolgung er sich einen nicht unbeträchtlichen Vortheil verschaffen kann, und welche ich durch eigene Erfahrungen bewährt gefunden habe.

Der Hanf verlangt einen etwas starken, jedoch nicht zu bindigen, mäßig feuchten und tief bearbeiteten Boden. Auch Bruchländereien, wenn sie gehörig trocken gelegt und gut bearbeitet sind, können dazu genommen werden. Mit vielem Vortheil würde er in abgelassenen Karpfenteichen, wie man sie in Holstein findet, anzubauen seyn, vorausgesetzt, daß sich selbige in dem gehörig zweckmäßigen Zustande befinden. Die schönste

Ernte würde nie fehlen, und zu dem bessern Gedeihen der Karpfen in der Folge vieles beigetragen werden.

Bei uns würde der Hanf etwa in einer kleinen Nebenkoppel, oder in einem der Sommerschläge angebauet werden können. Man hüte sich aber ihn mehrere Jahre hinter einander auf die nämliche Stelle zu bringen. Auch diesem Gewächs ist der Wechsel so gedeihlich, als jeder anderen Fruchtart. Es muß zu seinem Anbau stark, und zwar den Herbst vorher gedüngt werden; sonst aber mit ganz kurzem Dünger vor der zweiten Beackerung im Frühjahr. Bei den zugebenden Furchen darf man sich an keine Regel binden, sondern das Hacken und hinreichende Eggen so oft wiederholen, bis der Acker ganz klar und rein ist. In der Mitte des Maimonats fällt die Saatzeit.

Zum vorzüglichen Gedeihen des Hanfes gehört unter andern auch guter, vollständiger und ganz reif gewordener Saame. Er muß von dem vorjährigen Einschnitt genommen und gut präparirt seyn. Deßhalb wird beim Ueberwerfen auf der Diele der Vorsprung abgenommen, und durch ein Handsieb gesichtet. Dieß Sichten oder Sieben ist um so nothwendiger, weil dadurch sämmtlicher Unkrautsaame aus der Saat geschafft wird. Billig sollte bei jedem Saamengetreide dergleichen Sieben nicht unterlassen werden.

Der Hanfsaame wird in offene Furchen gesäet. Dieß Säen muß unmittelbar nach dem Hacken geschehen, weil der Acker alsdenn noch frisch und nicht ausgetrocknet ist.

So auch das Eggen. Kann das Bestellungsgeschäft kurz vor einem Regen unternommen werden, so wird dieß auf das gute Aufgehen und Wachsthum der Saat einen sehr günstigen Einfluß haben. In sofern der Hanf bloß zu Seilerwaaren bestimmt ist, wird auf 50 Quadratruthen ein Rostocker Scheffel gesäet; sollte man ihn zu Leinwand bestimmen, so würde ein etwas stärkeres Säen von vielem Nutzen seyn.

Wenn der Acker hinreichend gedüngt, auch gehörig klar und gut bearbeitet ist, so wird der Hanf jedes aufgegangene Unkraut bald überwachsen und ersticken. Der mühsamen und kostspieligen Arbeit des Jätens, welche der Flachs erfordert, wird man dadurch größtentheils überhoben seyn. Indeß müssen diejenigen Unkrautspflanzen, die dennoch empor kommen sollten, alsbald ausgezogen werden.

Man unterscheidet das Geschlecht des Hanfs daran, daß der männliche keinen Saamen, sondern bloß gelbliche Blumen trägt, und einen feineren Stengel treibt; auch wird er früher reif. Die Merkmale der Reife sind, wenn die Blätter verwelken, die Blumen abfallen, und die Spitzen anfangen gelb zu werden. Alsdenn muß er vorsichtig und behutsam zwischen dem weiblichen oder saamentragenden Hanf weggezogen, in kleine Bunde gebunden, und im Wasser zur Röste gebracht werden. Man bringt diesen Hanf auch wohl auf die Thauröste, weil er dennoch beim Brachen mit dem weiblichen zugleich bearbeitet werden kann.

Die Ernte des weiblichen oder saamentragenden Hanfes fällt in die erste Hälfte des Septembers. Er bekommt alsdenn ein bräunliches Ansehen, die Saamenkapseln fangen an sich zu öffnen, und der Saame bekommt eine schwarzbraune Farbe. Er wird aufgezogen, Handvollweise mit kleinen unten stehenden Hanfstengeln zusammen gebunden, und aufrecht stehend in zirkelförmige, nicht allzugroße Haufen gestellt. Die Spitzen oder Saamenenden dieser Haufen werden mit einer hinreichenden, wohl zusammen gebundenen und befestigten Strohkappe versehen, damit sowohl der Saame von den Vögeln unbeschädigt bleibe, als der Hanf vor dem Durchdringen des Regens gesichert werde. Diese Haufen bleiben acht und mehrere Tage ungerührt stehen; der noch nicht ganz reife Saame erlangt dadurch seine gehörige Härte und Reife, wird ganz lose in den Kapseln, und der Hanf selbst zu der folgenden Bearbeitung geschickter gemacht.

Nachdem der Hanf dergestalt die gehörige Zeit gestanden, wird der Saame auf folgende Weise abgedroschen. Man nimmt ein hierzu passendes Laken, oder in Ermangelung dessen so viele Kornsäcke, daß ein Platz von einer halben Quadratruthe damit belegt werden kann. Weiber und Kinder mit guten Handknüppeln versehen verrichten nun das Dreschen, indem die Säcke bei den Hanfhaufen hingedeckt und der Hanf darauf gelegt wird. Werden diese beweglichen Dreschtennen nur öfter gewechselt und nach solchen Stellen verlegt, wo der zu dreschende Hanf nicht weit herbei zu holen ist, so gehet die Arbeit nicht allein sehr geschwind von Statten, sondern es ist dabei noch der Vortheil, daß lange nicht so vieler Saame verlohren geht, als bei dem Transport nach den Hofe geschehen würde.

Der Saame wird sofort gereinigt; der zur Saat bestimmte anfangs auf einem Boden dünne ausgebreitet, und wenn er ganz trocken ist, in Tonnen aufbewahrt; man muß ihn vor Mäusen zu sichern suchen. Der andere Hanfsaame wird an die Oelschläger und Stampfmüller verkauft, und daraus ein sehr gutes Oel, was zu mannigfaltigem Gebrauch dient, gepreßt.

Nachdem der Hanf gedroschen ist, bringt man ihn in die Wasserröste. Er wird in etwas stärkere Bunde gebunden, und in einem stehenden Wasser in Schichten oder Lagen kreuzweise über einander gelegt, damit das Wasser allenthalben gleich stark anzudringen und den Hanf zu berühren vermag. Die untere Lage muß von Stroh gemacht seyn, und die obere mit Gras, Soden und Steinen belegt werden. Uebrigens versteht es sich von selbst, daß der Hanf ganz mit Wasser bedeckt seyn muß.

Da das Rösten des Hanfes den Fischen nachtheilig ist, so darf es nicht in Fischteichen geschehen. Auch alle fließende Gewässer sind ihrer Härte wegen nicht dazu zu gebrauchen. Deßhalb ist die Anlegung eigener Röstgruben sehr nothwendig. Die Verfertigung derselben ist so leicht als einfach. Man gräbt nicht weit von einem fließenden Wasser eine hinreichend große Grube oder einen

Graben, läßt ihn voll Wasser laufen, und hemmt darauf den Zufluß. Das stehende Wasser wird nun bald von der Sonne erwärmt, und zum Rösten geschickt werden.

Eine genaue Aufsicht während der Röstzeit ist sehr zu empfehlen; er kann sehr leicht zu stark dabei angegriffen, und in einem Tage vieles versehen werden. Deßhalb ist er oft zu untersuchen, und wenn sich der Bast leicht von den Stengeln löset, sogleich aus dem Wasser zu bringen. Er wird bei der Röstgrube aufrecht hingestellt, damit das Wasser ablaufen kann.

Um den Hanf nunmehr zur ferneren Bearbeitung ganz trocken zu bekommen, wird er auf der Stoppel in Reihen auseinander ebreitet. Das öftere Umschlagen mit einem Harkenstiel darf dabei nicht versäumt werden. Bei gutem Wetter sind einige Tage hinreichend, ihn trocken ins Zimmer zu bringen.

Das Dörren geschieht auf die bekannte Art im Backofen, oder auch in der Dörrgrube. Auch das Verfahren beim Brechen und Schwingen ist bekannt; jedoch dürfte es sehr gut seyn, wenn sehr starker Hanf vorher auf einer Scheundiele einigemale übergedroschen, und dadurch zum Brechen biegsamer gemacht würde.

Da hier der Hanfbau nur in sofern empfohlen werden soll, als er die eigenen Bedürfnisse befriedigt, so genügt es ihn so weit zu bringen, daß ihn der Seiler verarbeiten kann. Die Zubereitung zur feinen Leinwand und Zwirn gehört nicht hierher. Ist der Hanf geschwungen, so ist er zu seiner Bestimmung geschickt, und er kann nunmehr dem Seiler übergeben werden. Für jedes Pfund gesponnener Waare oder Seilerarbeit, gleichviel ob es Stränge, Leinen oder Reife sind, habe ich sonst einen Schilling bezahlt. Jedoch hat der Seiler die Arbeit unter eigener Aufsicht verfertigen lassen, und dauerhafte Arbeit liefern müssen.

Vierter Abschnitt.

Von den vorzüglichsten Gegenständen des landwirthschaftlichen Betriebs.

Wenn der Wirth vorbeschriebener Maßen diejenigen Mittel zur Verbesserung seiner Felder ergriffen hat, die ihn die größtmöglichste Produktion derselben hoffen lassen; wenn er den beträchtlichen Ausgaben, die dazu erfordert werden, sich willig unterzogen, und schon die Bemerkung gemacht hat, daß der Ertrag seiner Felder viel reichlicher wie ehedem sich zeigt, so glaube er ja nicht, schon genug gethan zu haben, und halte nicht den größeren Ertrag seiner Fluren für unerschöpflich. Er vergesse nicht, daß jede Sache ihr Ziel habe, und nur thätig fortgesetztes Handeln von günstigen Folgen begleitet werde. Wie bald würden die durch den Mergel aufgelösten vegetabilischen Theile des Ackers vermöge der stärkeren Produktion verschwinden, wenn ihnen nicht wenigstens die unedleren Theile des Produkts in dem bestmöglichsten Zustande wieder zugeführt würden? Wie viele wurden durch die Meinung getäuscht, daß der Mergel ein ununterbrochen fortwirkendes Düngungsmittel sey, und daß der reiche Ertrag, welcher aus seiner zweckmäßigen Benutzung anfänglich floß, durch eine öftere Anwendung erneuert werden könne! — Ihre durch Verlust zu spät erlangte Erfahrung vom Gegentheil müsse uns zur Lehre und Warnung dienen.

Der Mergel ist, wie schon bemerkt worden, bloß dasjenige Mittel, wodurch die im Acker befindlichen vegetabilischen Körper schneller und stärker, wie durch irgend ein anderes Mittel geschehen kann, aufgelöset werden. So lange noch Vegetabilien vorhanden sind, dauert auch seine Wirkung; verlieren sich diese aber, so ist ein abermaliges Mergeln völlig unnütz. Also hat der Wirth besonders dahin zu sehen:

„daß höchstens die edleren Theile der erlangten größeren Produktion in ihrem natürlichen Zustande zum Verkauf gebracht; alles Uebrige aber in dem bestmöglichsten Zustande dem Acker wieder gegeben werde."

Diesem Grundsatz zufolge entsteht nun gleichsam ein fabrikmäßiger Betrieb in der Oekonomie. Nicht zufrieden mit dem Verkauf des größten Theils der edleren Produkte, sucht der Wirth auch noch durch die Verarbeitung der unedleren für sich den möglichst größten Vortheil zu ziehen. Kühe, Ochsen, Pferde, Schaafe und andere Vieharten, werden von ihm zu diesem Behufe benutzt, und es kommt nur vorzüglich auf die Art und Weise der Benutzung an, um daraus wirklich denjenigen Vortheil zu erlangen, welchen der beste Betrieb möglich macht.

Man kann über diesen Gegenstand nie bessere Anmerkungen machen, als auf einer Reise. Hier hat man Gelegenheit den Betrieb des Geschäfts unter so mancherlei Verhältnissen und Umständen zu sehen, so wie auch nebenher die verschiedenen Gründe zu prüfen, die der Wirth zur Rechtfertigung seines Verfahrens aufstellt. Es hat wahrlich viel Interessantes für den unparteiischen Beobachter, wenn er seine eigene Meinungen an einem Orte in der Ausführung bestätigt findet, an einem anderen aber das Gegentheil bei einer gleich zweckmäßigen und gleich vortheilhaften Bewirthschaftung.

Jede wohl eingerichtete Oekonomie muß allerdings einen Hauptgegenstand des Betriebs haben.

Glücklich ist dasjenige Land, wo der Landmann in der Wahl desselben nicht beschränkt ist, und glücklich ist der Wirth, der sich hierin weislich zu rathen weiß. Und warum soll es dem Landmanne nicht frei stehen, seine gewonnenen Produkte zum Vortheil des Guts und seinem eigenen Interesse selbst zu verarbeiten? Warum soll er gezwungen seyn, dasjenige, was er mit den beträchtlichsten Auslagen und dem größten Risiko errungen hat, dann einem andern zur weiteren Bearbeitung zu überlassen, wenn er Lust und Neigung hat diese selbst zu übernehmen? Mir scheint eine völlige Freiheit in diesem Stücke das erste Mittel zur Erweckung der Nationalindustrie, des Fleißes und Strebens nach höherer Kultur. Doch Ueberlegung und Vorsicht muß jeder anwenden. So wird z. B. nur derjenige eine Brennerei etabliren können, der Gelegenheit hat das Produkt derselben vortheilhaft abzusetzen; nur der muß eine Holländerei haben, dem die Nähe einer großen Stadt oder sonst günstige Umstände den vortheilhaften Absatz von Milch und Butter erleichtern; nur der kann eine Viehmastung ohne Brennerei einführen, der höhere Ackerkultur beabsichtigt, und diese schneller zu erreichen strebt; nur der wird eine veredelte Schäferei einzuführen trachten, dem örtliche Verhältnisse nicht entgegenstehen, und endlich ist nur Viehzucht, in dieser Hinsicht betrieben, da rathsam, wo sowohl Lokalität als merkantilische Verhältnisse begünstigend zusammentreffen.

Daß ein wohl gewähltes, wohl eingerichtetes und zweckmäßig betriebenes Nebengewerbe die Aufnahme einer Wirthschaft nicht allein zu befördern, sondern auch den Ertrag derselben sehr zu erhöhen vermag, dieß unterliegt keinem Zweifel. Aber nie verwandelt sich der Vortheil leichter in Nachtheil, wie hier, bei einer übel getroffenen Wahl oder unregelmäßigen Betrieb. Das Uebelste aber ist, daß man so gern den Grund des Mißlingens der Sache Schuld giebt, um sich zu rechtfertigen, und dadurch auch andere von ähnlichen Versuchen abschreckt.

Als eine sehr wichtige und einträgliche Einrichtung ist eine Brennerei zu empfehlen. Mit derselben läßt sich verbinden: Ochsenmastung, Hammelmastung, Holländerei, Schweinezucht u. s. w. Wer höhere Ackerkultur hervorzubringen trachtet, dem dient nichts zur Erreichung seiner Absicht besser, besonders da bei einer Brennerei selbst ein beträchtlicher Theil der edleren Früchte verbraucht, und dem Acker wieder zugeführt werden. Aber auch der aus dem Produkt erlangte Gewinn ist um so erheblicher, indem dadurch die höchsten Marktpreise des Getreides weit überwogen werden.

Wie indeß jede auch noch so nützliche Sache ihr Ziel haben muß, so verhält es sich auch hiermit. Was würde daraus entstehen, wenn jeder Landmann eine Brennerei anlegen wollte. Freilich ist in Mecklenburg weniger Nachtheil hieraus zu befürchten, sowohl wegen des starken Getreidebaues als auch wegen der großen Konsumtion des Branntweins, die durch Mangel und Theurung anderer geistigen Getränke veranlaßt wird; aber nachtheiliger und verderblicher wurden die vielen Brennereien da, wo der größte Theil der Aecker zum Weinbau diente, und wo ohnehin wenig Getreide gebauet wurde. Daher kam es, daß nicht selten bei dem größten Ueberfluß geistiger Getränke Mangel an Getreide und Brot entstand, und dadurch das empfindlichste Elend erzeugt wurde. Landesherrliche Verbote, aus Roggen oder Weizen Branntwein zu brennen, sollten nun diesem Uebel steuern; die Brennereien waren aber einmal eingerichtet, und die Wohlfahrt vieler Tausende von Menschen darauf begründet; die Noth wurde daher auch hier, wie in so manchen andern Fällen, die Triebfeder zur Indüstrie, und man suchte durch Benutzung eines andern Produktes sein bisheriges Nahrungsgewerbe fortzusetzen, ohne deßhalb den landesherrlichen Befehlen entgegen zu handeln.

Dieß waren die Kartoffeln. Die damit angestellten Versuche und ihr außerordentlicher Ertrag begünstigten die gefaßte Idee, und bald wurde der schönste Branntwein aus dieser Frucht gezogen. Ich habe auf einer Reise in die Rheingegenden dergleichen Branntwein getrunken, der schon einige Jahre alt, und so schön und stark war, daß er dem weißen indischen Rum nichts nachgab.

Da das Verfahren des Branntweinbrennens aus Getreide zu bekannt ist, so würde die Beschreibung desselben hier am unrechten Orte stehen. Ich übergehe es also ganz, um mit möglichster Genauigkeit das noch bis jetzt in Mecklenburg nicht so bekannte Verfahren bei einer

Kartoffelbrennerei

darzustellen.

Eine Brennerei, die auf Kartoffeln berechnet ist, muß allerdings größer, wie eine Getreidebrennerei eingerichtet werden. Das ungleich geringere Quantum an Branntwein, zumal wenn es an Absatz nicht fehlt, macht dieß nothwendig. Auch die Feuerung muß verhältnißmäßig höher in Anschlag gebracht werden. Diese ist aber, seitdem die Kartoffeln durch Dampf gebrühet werden, auch weniger kostbar wie ehedem, da sie im Wasser bei einer besonderen Feuerung gekocht wurden.

Ich übergehe die Beschreibung der Brennereieinrichtung als überflüssig. Jeder Bauverständige wird sie dem Lokale und sonstigen Verhältnissen anzupassen wissen. Meine Absicht geht nur dahin, das Verfahren bei dem Brennen selbst so genau wie möglich darzustellen. Da nun das Hauptgeschäft in Bearbeitung der Kartoffeln besteht, so habe ich eine Zeichnung von den Maschinen beigefügt, wodurch diese Arbeit auf die wohlfeilste

Art und mit dem wenigsten Zeitverlust verrichtet werden kann. Die Zeichnung stellt dar:

a) Die Dampfmaschine. Ein Gefäß in der Gestalt einer Tonne, und so groß, als es die Einrichtung der Brennerei erfordert, um darin zu jedem Einmeischen die erforderliche Quantität von Kartoffeln zu dämpfen. Sie ist von starken eichenen Stäben verfertigt, mit mehreren eisernen Ringen versehen, hat oben einen dicht aufpassenden Deckel, und unten an der Seite eine kleine Thür, um die gekochten Kartoffeln herauszubringen. Ganz unten in der Mitte des Bodens ist ein Loch, wodurch die bei dem Dämpfen aus den Kartoffeln fließenden wässerigen Theile abgeführt werden. Ferner befindet sich an der einen Seite unten eine kupferne Röhre, die sich in der Tonne nach oben hinaufschlängelt, und durchaus mit vielen Löchern versehen ist. Die Tonne ist über der Maschine, worauf die gekochten Kartoffeln klein gemacht werden, aufgestellt, so daß die in der Mitte befindliche kleine Thür sich gerade über den Rumpf derselben befindet. Beides ist so nahe bei der Distilirblase angebracht, daß der Helm derselben in die Röhre der Dampftonne reicht. In dieser Blase wird das Wasser zum Einmeischen gekocht, und bei dem Dampf dieses Wassers, indem derselbe durch den Helm der Blase in die Tonne geleitet wird, werden auch die Kartoffeln gekocht.

b) Die Kartoffelmühle. Ist eine quadratförmige Maschine; die Größe ergiebt der beigefügte Maaßstab. Ein oben angebrachter Rumpf nimmt die aus der kleinen Thür der Dampfstonne fallenden Kartoffeln auf; er stehet über zwei in der Mitte queer durchgehenden und nahe an einander liegenden Walzen; jede derselben ist hinten mit einem Kammrad versehen,

c) wovon die Kämme der linken Walze in die der rechten eingreifen. An der Walze linker Hand ist eine Kurbel, und indem diese rechtsum gedrehet wird, drehet sich vermittelst der Kammräder die andere Walze nach der linken Seite. Die im Rumpf befindlichen Kartoffeln müssen den schmalen Raum zwischen den beiden Walzen hindurch, werden dadurch zu einem Brey zermalmet, und fallen in das unten stehende Behältniß. Aus diesem werden sie in den Meischbottich geschüttet.

d) Ein breites Eisen mit einem kleinen hölzernen Handgriff, welches dazu dienet, die Walzen von dem anklebenden Kartoffelbrei jedesmal zu reinigen. Die Walzen werden dabei gedrehet, und dieß breite, vorne etwas dünne Eisen daran gehalten.

e) Ein kleiner eiserner Haken. Er wird gebraucht, wenn beim Durchmahlen der Kartoffeln etwa kleine Steine zwischen die Walzen gerathen sollten, diese damit herauszuholen.

Das Ganze ist sehr leicht und einfach, und wird ein jeder Zimmermann nach der Zeichnung leicht verfertigen können.

Ohne einigen Zusatz von Getreide würde man schwerlich die nöthige Gährung der Kartoffeln bewirken und genugsamen Branntwein bekommen. In denjenigen Ländern, wo das Brennen aus Weizen und Roggen verboten ist, nimmt man hierzu Malz von Gerste; wo aber kein landesherrliches Verbot entgegensteht, da kann man sich mit Vortheil etwas Roggen- oder Weizenschrots bedienen. Ein halber Scheffel dergleichen Schrot, mit einem halben Scheffel Malz, ist das mindeste Verhältniß zu 7 Scheffel Kartoffeln. Es kann mehr, aber nicht weniger dazu genommen werden.

Verfahren beim Kochen der Kartoffeln, dem Einmeischen und Anstellen der Berme.

Bevor man die Kartoffeln in die Dampftonne bringt, müssen sie gewaschen werden, jedoch ist dieß nur dann nothwendig, wenn viele Erde daran befindlich seyn sollte. Während nun dieß geschieht, wird auch der Kessel oder die Blase mit Wasser gefüllt, untergefeuert und der Blasenkopf aufgesetzt. Alle Oeffnungen des Kopfes und des Helmes müssen wohl verwahrt seyn, damit kein Dampf hindurch zu dringen vermag.

In der Zwischenzeit, bis das Wasser zum Kochen gebracht wird, schüttet man das Schrot und das Malz in den Bottich oder die Kufe, worin gemeischt werden soll, übergießt es mit zwei Eimern kochenden Wassers, und rührt es wohl durch einander. Nach ungefähr einer Viertelstunde, wenn die Kartoffeln mürbe sind, werden unter beständigem Umrühren abermal drei Eimer kochenden Wassers zugegossen, welches man „das erste Anbrühen" nennt.

Zu den gewissen Kennzeichen, daß die Kartoffeln gahr sind, gehört es: wenn die eisernen Bände der Dampftonne anfangen warm zu werden. Jetzt wird der Kopf abgenommen und der obere Deckel der Tonne geöffnet, damit ein Theil der Hitze und des Dampfes verfliegen möge. Bei dem Oeffnen der unteren Klappe fällt schon ein großer Theil der Kartoffeln von selbst in den Rumpf, die übrigen werden mit einem kleinen Haken hervorgeholt. Geschieht das Mahlen ohne Unterbrechung, so können durch zwei Menschen binnen 5 Minuten 7 Scheffel Kartoffeln zu einem feinen Muß verarbeitet werden.

Dieses Kartoffelmuß wird zu dem angebrüheten Malz und Schrot geschüttet, und so lange mit den Meischkellen durchgearbeitet, bis alles genau mit einander vereinigt ist. Wenn diese Arbeit geschehen ist, werden zu vorbenannter Quantität von $\frac{1}{2}$ Scheffel Malz $\frac{1}{2}$ Scheffel Schrot und 7 Scheffel Kartoffeln noch 8 Eimer kochenden Wassers unter beständigem Umrühren zugegossen, und dieß nennt man das zweite Anbrühen. In diesem Zustande bleibt alles einige Stunden ruhig stehen, worauf so viel Wasser zugeplumpt wird, als zur Füllung der Blase erforderlich ist, so daß die ganze Masse sich in einer Wärme befindet, welche der von frischer Milch gleich ist; man nennt dieß: „das Zukühlen," und alles ist bis zum Anstellen mit der Berme fertig.

Das erste und zweite Mal, wenn eingemeischt wird, nimmt man zum Anstellen so viele Bierhefen als nöthig sind, die gehörige Gährung zu bewirken. Um dieß kostbare Anstellen aber in der Folge zu vermeiden, verfertigt man die Berme folgendergestalt.

Man nimmt zwei hölzerne Gefäße, jedes von der Größe einer Biertonne. In eins derselben wird beim zweiten oder dritten Einmeischen eine Metze Gerstenmalz mit einem Eimer kochenden Wassers geschüttet und gut durch einander gerührt. Wenn nun in dem Meischbottich die Kartoffeln mit Schrot und Malz vorbeschriebener Maßen durchgearbeitet sind, werden von dieser Masse vor dem zweiten Anbrühen zwei Eimer (jeder Eimer zu 8 Kannen gerechnet), und aus der am vorigen Tage angestellten Kufe, welche sich um diese Zeit in der besten Gährung befindet, auch zwei Eimer in dieß Gefäß unter beständigem Umrühren gegossen. Dieß bleibt bis zum folgenden Tag zugedeckt stehen, und der einzumeischende Bottich wird hiermit angestellt. An diesem Tage bedient man sich des zweiten Gefäßes zu dem nämlichen Behuf; jederzeit müssen aber die Gefäße wohl gereinigt, mit kochendem Wasser ausgebrühet, und öfters mit etwas Haferstroh ausgebrannt werden.

Die Meische bleibt in der Kufe 48 Stunden stehen, nämlich 24 Stunden zum Gähren *), und 24 Stunden

*) Während des Gährens ist es durchaus nothwendig, die obere Rinde einige Mal zu durchbrechen und umzurühren, weil

zum Niederschlagen. Ist sie nach dieser Zeit völlig klar, hat eine schöne Weinsäure angenommen, und eine helle gelbe Farbe bekommen, so ist es Zeit sie auf die Blase zu bringen.

Was beim Ueberbrennen der Kartoffeln zu beobachten ist.

Reinlichkeit ist bei jeder Brennerei eins der nothwendigsten Erfordernisse, bei Kartoffeln aber um so mehr, weil sie hier auf die Quantität und Qualität des Branntweins einen großen Einfluß hat. Blase, Kopf, Helm und Schlange müssen demnach vor jedem Auffüllen wohl gereinigt werden. Weil es ziemlich in die Höhe kocht, so darf die Blase nur auf 3 Viertel angefüllt werden. Die Stücken der Kartoffeln fallen ihrer größeren Schwere halber auf den Boden der Blase, und können hier leicht ein Anbrennen verursachen; dieserhalb muß das Gut bis dahin, wo es zu kochen anfängt, beständig mit einer dazu verfertigten Meischkelle umgerührt und vom Boden weggebracht werden. Der Kopf wird nicht eher aufgesetzt, bis der Dampf schon anfängt aus dem Kessel hervorzusteigen.

Die Blase darf nicht allzustark gehen, und muß stets ganz egal im Gange erhalten werden, weil man sonst

der Weingeist sonst leicht erstickt, wodurch die ganze Masse denn ein verändertes, weißes und schleimigtes Ansehen bekommt. Auch der Branntwein, den man alsdann in weit geringerer Quantität erhält, hat ein trübes Ansehen, übeln Geruch und Geschmack. Ein solcher Branntwein lagert sich nie, und würde stets zu befürchten seyn, daß derselbe ganz verdürbe.

bei dem starken Steigen der Masse Gefahr laufen würde, daß der Kopf herabgeworfen würde.

Wie viel Lutter man laufen lassen muß, wird jeder Brenner leicht zu beurtheilen wissen. Das Distilliren richtet sich nach dem vorhandenen Lutter, und überhaupt nach der Einrichtung der Brennerei. An vielen Orten wird er zweimal übergebrannt, um, wie man sagt, ihm nicht allein jeden Beigeschmack zu benehmen, sondern ihn auch recht klar und dauerhaft zu machen. Mit diesem zweimaligen Ueberbrennen ist indeß immer einiger Verlust verknüpft, und sollte es auch nur die Kosten der stärkern Feuerung seyn; auch ist dieß dann ganz unnöthig, wenn alles gehörig rein gehalten, und die Kartoffeln gesund und von guter Beschaffenheit sind. Wenn man etwas gestoßene büchene Kohlen in die Distillirblase wirft, so erhält der Branntwein dadurch nicht allein die nöthige Klarheit, sondern auch einen angenehmen und lieblichen Geschmack. Will man etwas Kümmel hinzuthun, so ist es desto besser. Die Blase darf aber, wie es sich ohnehin versteht, nur so lange gehen, als der Branntwein klar läuft. Der Rückstand gehört zum Nachlauf, und wird das folgende Mal wieder mit abgeklärt.

In diesem Punkt wird es gewöhnlich von den Brennern versehen. Um die erforderliche Quantität zu bekommen, wird ein Theil des Nachlaufes mit zu Hülfe genommen, und dadurch das Produkt allemal im Grund verdorben. Ein solcher Branntwein hat einen übeln Geruch und Geschmack, ist der Gesundheit stets nachtheilig, und konservirt sich im Lager schlecht. Man versetze ihn lieber zur Vermehrung der Quantität, wenn kein Kümmel darunter ist, mit reinem Brunnenwasser, und man wird immer einen klaren und wohlschmeckenden Branntwein behalten.

Ungefähre Berechnung über den baaren Ertrag einer Kartoffelbrennerei.

Ein richtiges Verfahren und eine gute Gährung bestimmen hauptsächlich den Erfolg bei der Kartoffelbrennerei, und haben sowohl auf die Qualität als Quantität des Branntweins den größten Einfluß. Aber auch die Kartoffeln selbst sind so gut in Betracht zu ziehen, wie jede Getreideart, die zum Brennen verwendet wird. Je mehlreicher und konsistenter diese sind, um desto besser eignen sie sich dazu, und um so mehr Sorgfalt muß man auf den Anbau derselben wenden. Noch soll nach dem fast einstimmigen Zeugniß der Brenner das Wasser viel zu dem guten Erfolge beitragen. Daher untersuche man solches vorher, wo man eine Brennerei anzulegen gedenkt. Flußwasser hat mir immer das beste zu seyn geschienen.

Die mehrsten Berechnungen, die ich über den Ertrag einer Kartoffelbrennerei sah, stimmten dahin überein, daß der Berliner Scheffel zu $3\frac{1}{2}$ Kanne Branntwein anzuschlagen sey; hiernach würde der Rostocker Scheffel auf $2\frac{1}{2}$ Kannen oder 5 Pott zu stehen kommen. Ich habe aber auch Kartoffelbrennereien gesehen, zumal in den Gegenden des Mains, wo das dortige Maaß und Gewicht auf Rostocker gebracht, der Scheffel Kartoffeln zu 7 Pott vorzüglich schönen Branntwein berechnet wurde. Meinerseits bekenne ich es gern, daß, so lange ich die Sache praktisch betrieb und betreiben ließ, ich nie viel über 4 Pott erhalten habe.

Gesetzt aber auch, daß man von den Kartoffeln nicht mehr wie 4 Pott pro Scheffel Rostocker Maaß zu erwarten hätte, so würde dennoch der Betrieb vortheilhaft seyn. Von solchen Kartoffeln, die in der Wirthschaft selbst gebauet werden, kommt der Scheffel mit Inbegriff der Bestellungs- und Arbeitskosten höchstens auf 8 ßl. zu stehen. Der durch Verkauf zu erlangende höhere Preis wird schwerlich gegen den aus zweckmäßiger Benutzung des Abganges zu erlangenden Dünger im Vergleich zu stellen seyn; mithin bleibt die Nutzung selbst noch reiner Gewinn.

Ein Scheffel Kartoffeln soll also nur 2 Kannen Branntwein geben, und die Kanne mit 12 ßl. bezahlt werden, so ergiebt das Produkt schon 2 Drittel Profit, ohne die aus der Nutzung des Abganges fließenden Vortheile. Wer kann hiermit den Gewinn einer gewöhnlichen Brennerei bei Getreide vergleichen? Zwar ist die Einrichtung und Unterhaltung jener ungleich kostbarer, und der Vortheil würde geringer seyn, wenn die Kartoffeln für baar Geld angekauft werden müßten. In diesem Fall aber würde schon ein künstliches und widernatürliches Verhältniß eintreten, wornach kein Maaßstab zu nehmen ist.

Die Zeit, welche ich hier der Viehnutzung und Mastung wegen zum Betrieb der Brennerei bestimme, währt vom 1sten Sept. bis zum 1sten Juni, oder überhaupt 273 Tage. Es versteht sich ohnehin von selbst, daß eine wohl eingerichtete und gehörig betriebene Brennerei Tag und Nacht im Gange erhalten werden muß. Die Kessel bleiben dergestalt beständig in der Hitze, und die Feuerung wird weniger kostbar. Die Rauch- oder Lutterblase muß binnen 24 Stunden drei Mal abgetrieben werden.

Nehmen wir nun eine mäßige Brennerei, worin binnen 24 Stunden 21 Scheffel Kartoffeln, 1½ Scheffel Roggen oder Weizenschrot und 1½ Scheffel Malz verbraucht werden, so beträgt dieß auf die benannte Zeit von 273 Tagen, 5733 Scheffel Kartoffeln, 409½ Scheffel Schrot und 409½ Scheffel Malz. Den Preis der selbst gebaueten Kartoffeln werden wir am besten durch eine Vergleichsberechnung gegen Sommergetreide ausmitteln können, ohne uns auf die unzulässigen Marktpreise, die sich größtentheils auf augenblickliche Bedürfnisse beziehen, einzulassen. Wenn also 1 Scheffel Gersten 8 Scheffel wiedergiebt, so würden nach Abzug der Saat 7 zum Verkauf bleiben, und der Geldbetrag à 1 Rthl. — 7 Rthl. seyn. Auf dem nämlichen Raum welchen ein Scheffel Gerste zur Aussaat erfordert, werden gepflanzt 7 Scheffel Kartoffeln, zum 8ten Korn als den geringsten Ertrag gerechnet, sind 56, und nach Abzug der Saat 49 Scheffel. Diese auf obige 7 Rthl. und 1 Rthl. Bestellungskosten vertheilt, thut pro Scheffel noch nicht volle 8 Schillinge.

Vorausgesetzt, daß die Feuerung zweckmäßig und so holzersparend wie möglich eingerichtet ist, werden zum Abtreiben einer jeden Blase von vorbeschriebener Beschaffenheit, und in der Voraussetzung, daß diese nie aus der Hitze komme, höchstens 16 Kubikfuß Holz erforderlich seyn. Es werden 819 Rauh- und 273 Weinblasen abgetrieben, und 273 Mal Kartoffeln gedämpft; das Wasser hiervon wird zum Einmeischen benutzt. Die Feuerung ist also überhaupt für 1375 Blasen zu berechnen. Die Summe hiervon ergiebt 22000 Kubikfuß, und dieß beträgt, da ein Faden à 7 Fuß hoch, 7 Fuß weit und 3 Fuß lang ist, oder 147 Kubikfuß enthält, ungefähr 150 Faden. Da nun hierzu ein ansehnlicher Theil Stubenholz mitgenommen werden kann, so würde der Faden auf 5 Rthl. zu berechnen seyn.

Das Debet und Kredit einer solchen Brennerei verglichen, würde also folgenden reinen Ertrag ergeben:

5733	Schfl. Kartoff. à 2 Kannen —	11466 K.	
$409\frac{1}{2}$	" Roggenschrot à $7\frac{1}{2}$ Kanne —	3071 —	
$409\frac{1}{2}$	" Malz à $5\frac{1}{2}$ Kanne	2252 —	
	Summa	16789 Kann. à 12 ß.	4197 rtl. 12 ß
		Hiervon das Kredit	
5733	Schfl. Kartoffeln à 8 ß.	955 rtl. 24 ß.	
$409\frac{1}{2}$	" Roggen à 1 rtl.	409 — 24 —	
$409\frac{1}{2}$	" Gerstenmalz à 1 rtl.	409 — 24 —	
	Zinsen von dem Kapital des Gebäudes und der Geräthschaften à 4000 rthl. zu 5 pC. —	200 —	
	Abnutzung der Geräthschaften à 10 pC. von 2000 rthl. —	200 —	
	Lohn und Unterhalt eines Brenners	150 —	
	dito - dito von 3 Knechten à 80 rthl. —	240 —	
	Jährliche Reparaturen	30 —	
150	Faden Holz à 5 rthl.	750 —	
	Summa	— —	3344 rtl. 24 ß
		Bleibt reiner Gewinn	852 rtl. 36 ß

Wenn der reine Gewinn dieser Rechnung beim ersten Anblick wenig Reiz zur Einrichtung einer mit so vielen Auslagen verbundenen Anstalt darbieten, und aus der Berechnung einer Kornbrennerei vielleicht ein noch günstigeres Resultat hervorgehen sollte, so ist es nöthig zu erinnern, daß bei der Berechnung solche Grundsätze befolgt werden müssen, die den ausgemittelten Gewinn auch in der Wirklichkeit sichern. Eine Kornbrennerei, die das Getreide zu dem angenommenen Preis bezahlt, zieht wenigstens von jedem Scheffel eine Kanne Branntwein mehr, und verkauft selbigen um 1 Viertel theurer, als hier berechnet worden. Dieß ergiebt schon gleich ein ganz anderes Verhältniß, worauf aber deßfalls nicht Rücksicht genommen ist, weil die Kartoffeln zu einem so geringen Preis berechnet, auch weil die Produkte sämmtlich auf dem Gute gebauet, als keine Zinsen von dem sonst erforderlichen Betriebskapital angesetzt sind.

Was aber den Ertrag einer Kartoffelbrennerei noch vorzüglich erhöht, ist die daraus hervorgehende größere Mastung oder Viehnutzung. Eine Kornbrennerei, die 16380 Kannen Branntwein liefert, würde nur unter die mittelmäßigen gerechnet werden, und ungefähr 2700 Scheffel Getreide bedürfen; hier sind es aber incl. der Kartoffeln 6552 Scheffel. In vielen Kartoffelbrennereien will man den Rückstand der Kartoffeln und des Getreides als gleich annehmen; diese Meinung wird jedoch von der Erfahrung widerlegt. Nach Blasen gerechnet, kann es eher sich so verhalten, weil in diesem Zustande die wässerigen und mehligen Theile der Kartoffeln sich schon in einem Verhältniß befinden, demjenigen ähnlich, worin sich das Schrot zu dem Wasser im Meischkuben befindet.

Rechnen wir nun hiernach das Verhältniß der Kartoffeln zum Schrot, bei der Mastung wie 2 zu 1, so würden wir immer noch um 1 Drittel weiter reichen, als bei einer Kornbrennerei. Bei einer Kuhnutzung hingegen, wo die frische Milch stets ihren Abgang findet, und nicht verbuttert werden darf, wird das Verhältniß noch ungleich günstiger ausfallen. Rechnet man nun ferner in einer Kornbrennerei auf jeden täglich abzubrennenden halben Scheffel Getreide Rostocker Maaß einen Mastochsen, so würde dazu ein Scheffel Kartoffeln erforderlich seyn. In unserer berechneten Brennerei werden täglich 21 Scheffel Kartoffeln und 3 Scheffel Getreide abgebrannt, mithin würden 27 Mastochsen, die wir der runden Summe wegen auf 30 setzen wollen, aufgestellt werden können.

Die Brennerei nimmt am 1sten Sept. ihren Anfang, und gehet bis zum 1sten Juni, und also 9 Monate. Ein Ochse gebraucht um fett zu werden, versteht sich, wenn er vorher gut geweidet und den Sommer über nicht geschoben hat, 4 Monate. Die erste Mastung würde also um Weihnachten beendigt seyn. Es muß vorher dafür gesorgt werden, daß bei dem Abgange der ersteren, wieder 30 andere ihren Platz einnehmen können. Diese haben 5 Monate zur Mastung, und hierzu können nunmehr unbrauchbare, jedoch nicht gar zu alte und abgetriebene Zugochsen genommen werden. Der Ankauf derselben wird um diese Zeit leicht und wohlfeil zu beschaffen seyn, so wie das Fettwerden derselben in den 5 Monaten keinem Zweifel unterliegt.

Die ganze Mastung besteht also in 60 Ochsen; jeder zu 24 Rthl. Nutzung angeschlagen, ergiebt die Summe von 1440 Rthl., und mit dem Ertrag der Brennerei von 852 Rthl. baar und rein nach Abzug aller Unkosten 2292 Rthl. 36 ß. Wahrlich ein nicht geringer Gewinn von einem Geschäft, das nur eigentlich als Mittel angewandt wird, um ein weit wichtigeres in Aufnahme zu bringen.

Wer es der Lokalität oder sonstigen Ursachen wegen seinem Vortheil angemessener finden sollte, in der ersten Mastung statt der Ochsen Schweine auflegen zu wollen, der mag dieß unbedenklich thun. Es können 140 bis 150 Stück dazu genommen werden, nur bleibt es dabei eine Hauptrücksicht die Koben so einzurichten, daß der ohnehin schlechtere Schweinedünger nicht verloren gehe.

Damit die Absicht, einen größern und verbesserten Dunghaufen zu bekommen, durch dergleichen Einrichtung möglichst erreicht werde, wollen wir nunmehr sehen.

Was in Betreff der Ochsenmastung bei einer Kartoffelbrennerei zu beobachten sey.

Die zweckmäßige Einrichtung des Stalles ist ein Hauptererforderniß. Derselbe muß in der Regel mit dem Brennereigebäude zusammenhängen, oder doch nur in einer geringen Entfernung von demselben liegen. Eine mitten durchgehende Querdiele durchschneidet die in die Länge gehenden beiden Futterdielen gerade zur Hälfte. Das Vieh stehet zu beiden Seiten der Futterdielen und solchergestalt in 4 Reihen. Es frißt aus starken ausgehauenen eichnen Krippen, über welche die Rauffen angebracht sind, worauf ihnen das erforderliche rauhe Futter gelegt wird.

Die Ställe müssen mit Feldsteinen gepflastert, nach hintenzu etwas abhängig, und daselbst mit einer längsgehenden bedeckten Rinne, auch jeder Stand mit einem kleinen Rost versehen seyn. Eine solche Rinne führt zu dem auf die Mitte der Abtheilung quer durch den Stall gehenden Abführungskanal, und dieser reicht bis in die vor dem Stall angebrachte Mistgrube.

In der vorerwähnten großen Querdiele sind zwei mit Ziegeln ausgemauerte Tranklöcher, wovon jedes mit einer verdeckten Rinne versehen ist, welche bis in die Brennerei geht. Diese Vertiefung muß groß genug seyn, um sämmtlichen Trank, welchen die Brennerei in 24 Stunden liefert, fassen zu können. Der Stall selbst muß mit hinreichenden Fenstern und einem nicht zu niedrig gelegten Windelboden versehen seyn, damit man stets die erforderliche frische Luft sich verschaffen kann.

Die Mistgrube.

Die zweckmäßige Einrichtung derselben ist ebenfalls ein wesentliches Erforderniß. Sie wird in einer Entfernung von ungefähr 2 Ruthen von dem Gebäude angelegt, und zwar so, daß allem Zufluß von Regenwasser durchaus gewehrt wird.

Ihre Form richtet sich nach der des Gebäudes. Sie muß in der Regel doppelt mit Feldsteinen gepflastert seyn, damit die sich etwa unten ansammelnden flüssigen Exkremente hier keinen Ausweg finden. Die Seiten sind mehrere Fuß hoch mit einer kleinen Mauer umgeben, ungefähr so hoch als man glaubt, daß der Dung zu liegen kommen werde.

Nach der Seite des Gebäudes, und zwar da, wo die Abführungskanäle in die Grube gehen, befinden sich runde mit Ziegeln ausgesetzte Behälter, die oben zugelegt und mit einer Pumpe versehen sind. Mittelst dieser müssen die sich ansammelnden flüssigen Exkremente herausgeschafft, und durch angelegte Rinnen oder Eimer über den Mist hergegossen werden. Es muß den Futterern daher zur Pflicht gemacht werden, dieß Geschäft ordentlich und täglich zu verrichten; auch sorgfältig darauf zu sehen, daß der Mist eben gehalten und nicht von Schweinen durchwühlt werde.

Zum Behuf der Futterung selbst wird von den beiden in dem Ochsenstall befindlichen Tranklöchern täglich eins leer gefuttert, während das andere wieder gefüllt wird. Zur mehreren Erleichterung der Futterung bedient man sich einer beweglichen Pumpe; diese wird, wenn gefuttert werden soll, angelegt, und so der Trank durch eine Rinne in die Krippen geleitet. Der unten befindliche dicke Trank muß mit Eimern herausgefüllt, und gleichmäßig unter das Vieh vertheilt werden.

Die Zeit der Futterung muß genau bestimmt seyn, und nach der Uhr beobachtet werden. Die gewöhnliche Zeit ist Morgens, Mittags und Abends. Zum Nachtfutter bekommt jeder Ochse 10 Pfund gutes Heu, welches nach dem Abendfutter auf die Rauffen gelegt wird. Nachdem jedes Futter verzehrt ist, legt sich das Vieh gewöhnlich nieder, und jetzt muß es so viel wie möglich ungestört bleiben. Alles Gehen und Lärmen muß gänzlich aufhören.

Reinlichkeit ist das halbe Futter. Deßhalb darf auch kein Tag hingehen, wo nicht derjenige Trankbehälter, welcher leer gefuttert worden, nachgespült und mit Wasser gereinigt ist. Es erzeugen sich sonst schädliche Säuren, die oft der Gesundheit, wenigstens aber dem Gedeihen des Viehes nachtheilig sind. Eben so müssen stets die Krippen reinlich gehalten werden. Der Mist wird täglich des Morgens nach dem ersten Futter ausgetragen, und die Ochsen werden hierauf der Reihe nach gestriegelt und abgebürstet.

Auf 30 Mastochsen würden zwei Menschen zu diesem ganzen Geschäft erforderlich seyn. Werden diese Leute nur anfangs gehörig unterrichtet und angewiesen, so hat man weiterhin wenig Umstände davon. Alles geht in dem gewöhnlichen Gleise, und der Wirth hat die Freude, seine Ochsen mit jedem Tage zunehmen zu sehen.

Wie schon vorher bemerkt worden, darf das zur Mastung aufgestellte Vieh nicht zu alt und abgetrieben seyn; es muß entweder von einer Fettweide aufgekauft oder auch vorher mit Klee gut gefuttert worden seyn. Einen solchen Ochsen rechne ich beim Ankauf im Durchschnitt zu 40 bis 50 Rthl., und den Verkaufspreis zu 70 bis 80 Rthl. Gehen nun von solcher Summe die Zinsen von dem Kapital des Gebäudes und der Einrichtung von dem Ankaufskapital, so wie das Lohn und Unterhalt der beiden Leute ab, so wird der Ochse nur zu 24 Rthl. reiner Nutzung, wie vorhin geschehen, angeschlagen werden können. Das gefressene Heu wollen wir deßhalb nicht in Anregung bringen, weil sämmtlicher Dünger der Wirthschaft unentgeldlich zu Theil wird.

Unter allen Einrichtungen zur Ochsenmastung in Verbindung mit einer Brennerei, welche ich zu sehen Gelegenheit hatte, schien mir diejenige, welche ich in einer berühmten Wirthschaft im Oderbruche gefunden habe, den Umständen und der Lokalität nach am vortheilhaftesten betrieben zu werden.

Es wurden ebenfalls Kartoffeln angewendet; jedoch in geringerem Verhältniß zum Schrot, wie oben angegeben worden. Sie setzte jährlich an 30000 Kannen Branntwein ab, und gewährte einen reinen Gewinn von 2000 rthl.

Von dem Abgang dieser Brennerei wurden jährlich 100 Stück Ochsen fett gemacht und verkauft. Ihr Ankauf geschahe im Frühjahr, und zwar von den leichten Feldern der Provinz Pommern. Man konnte sie im

Durch-

Durchschnitt für 7 Louisd'or das Stück einkaufen. Freilich ist ihre körperliche Beschaffenheit, wenn sie ankommen, nicht die beste, wie ich mich selbst zu überzeugen Gelegenheit hatte. Wie klein und mager sie aber auch seyn mögen, so bekommen sie doch auf der äußerst fetten Weide des Bruchs gar bald ein anderes Ansehen, so daß sie unbeschadet ihrer Bestimmung noch den Sommer vor ihrer Aufstallung dazu benutzt werden, sämmtliche Ackerarbeiten zu beschaffen.

Sie werden alle zugleich aufgestallt. Das schöne Bruchheu, wovon auf diesem Gute an 800 Fuder gewonnen werden, muß das ersetzen, was ihnen etwa an genugsamen Trank abgehen sollte, so wie die lange Dauer der Mastung ebenfalls dazu beiträgt, die Ochsen in einen sehr schönen Zustand zu versetzen. Sie werden im Maimonate nach Berlin verkauft, und durch neuen Ankauf um diese Zeit sofort ersetzt. Der reine Gewinn aus solcher Mastung wird, ein Jahr ins andere gerechnet, nach Abzug aller Unkosten auf 2000 Rthl. gebracht.

Auch eine Hammelmastung habe ich bei dergleichen Brennerei gefunden. Sie werden sehr fett dabei, und bekommen viele und schöne Wolle. In der Nähe einer solchen Stadt wie Berlin spekulirt der Wirth auf dergleichen sehr richtig; denn in den Winter- und Frühlingsmonaten wird das fette Hammelfleisch sehr gesucht, und theuer genug bezahlt.

Kuhnutzung bei einer Kartoffelbrennerei.

Eben so sicher wie Ochsenmastung führt auch Holländerei in Verbindung mit einer Brennerei durch Vermehrung und Verbesserung des Düngers der beabsichtigten höheren Ackerkultur entgegen; deßhalb sind bei der Wahl nur die besonderen Verhältnisse als entscheidend zu berücksichtigen.

Ich meines Theils habe unter allen den zweckmäßigsten Betrieb einer solchen Kühnutzung auf einem der Stadt Frankfurt am Mayn zugehörigen Kämmereigute Guteleutehof beobachtet. Dieß war von dem Herrn Kammerherrn von Ferber, ehemals auf Vorwerck in Mecklenburg, von der Stadt Frankfurt in Erbpacht übernommen, und dieser hatte nach genauer Prüfung des Lokals eine Kartoffelbrennerei mit einer Kühnutzung verbunden angelegt, deren musterhafter Betrieb dem Besitzer ganz den beabsichtigten Vortheil gewährte. Im Sommer wurde sämmtliches Vieh auf dem Stalle gefuttert.

Ich werde dasjenige, was ich über diesen Gegenstand in meinem Tagebuche verzeichnet finde, im Auszug hier mittheilen.

Guteleutehof, bei Frankfurt am Mayn d. 26. Mai 1805.

„Auf der hiesigen Brennerei werden täglich *) 27 „Scheffel Rostocker Maaß Kartoffeln, $4\frac{1}{2}$ Scheffel „Roggen und $4\frac{1}{2}$ Scheffel Gerstenmalz abgebrannt. „Man beginnt damit im Septembermonat, so wie „die Kartoffeln aus der Erde gebracht sind, und

*) Zur Vermeidung aller Weitläufigkeit habe ich das dortige Maaß gegen den Rostocker Scheffel berechnet, und selbiges hier dergestalt angeführt.

„fährt damit so lange fort, bis die Stallfütterung „bei grünen Futtergewächsen ihren Anfang nimmt.

„Bis zum Ausgang des Decembermonats wer„den von dem Abgange der Brennerei eine Anzahl „von 70 bis 80 Stück Schweinen fett gemacht, „während welcher Zeit das Vieh mit den in großer „Menge gebaueten Futtergewächsen, als Kohlrabi, „Runkelrüben ꝛc. gut genährt wird. Nach dem Ver„kauf der Schweine bekommen aber die Kühe den „sämmtlichen Branntweinstrank.

„Für 100 Kühe und 12 Ochsen werden täg„lich 400 Pfund Stroh zu Häcksel geschnitten und „mit dem heißen Branntweinstrank, so wie er von „der Blase kommt, in dazu aufgestellten Behältern „eingebrühet. Dieß Einbrühen geschieht jedes„mal den Tag vor dem Verfüttern, damit die „Futterung erkalten, gehörig durchweichen, und „dem Viehe wohlschmeckender werden möge. Hier„von bekommen sie Morgens, Mittags und Abends „ein Futter; zur Nacht aber Stroh und von Weih„nachten an täglich einmal Heu. Nach der Quan„tität, die man von letzterem hat, wird auch dem „Vieh gereicht. Für gewöhnlich bekommt das „Haupt täglich 6 Pfund.

„Die gute Einrichtung des Viehhauses und „der Ställe, wo die Exkremente des Viehes sich „nicht sofort mit der Streu vereinigen, und selbi„ge schon den ersten Tag unbrauchbar machen, „verursacht, daß hier nicht die Hälfte Stroh zum

„Streuen erforderlich ist, wie bei der gewöhnli„chen Mecklenburgischen Einrichtung. Dagegen „würde aber unstreitig der Dung sehr verlieren, „wenn nicht durch schickliche Kanäle die flüssigen „Exkremente in der Mitte der Dungstätte verei„nigt, und mittelst einer hier angebrachten Pum„pe täglich mehrere Male über den Dunghaufen „verbreitet würden. Wo diese Vorsicht nicht be„obachtet wird, da muß es unter solchen Umstän„den allerdings schlechten Dung geben.

„Wie hoch die Nutzung der Kühe hier berech„net wird, habe ich wegen Abwesenheit des Herrn „Kammerherrn von Ferber nicht erfahren kön„nen; daß sie aber sehr ansehnlich seyn mußte, da„von überzeugte mich der gute Zustand des Viehes, „und die Zweckmäßigkeit der ganzen Einrichtung. „Das Vieh ist von vorzüglich schöner Raçe. Es „wird in der Gegend der Schweiz um 50 bis 60 „Frankfurter Gulden das Stück angekauft, und „kommt mit dem Transport bis Guteleutehof auf „70 Gulden (ungefähr 38 Rthl. N. 2 Drittel).

„Zur Futterung und Wartung der vorbenann„ten Kühe sind vier Menschen angestellt. Jeder hat „seine 25 Kühe, die er futtern, striegeln, putzen „und melken muß. Den Dung schafft er täglich „des Morgens zu einer bestimmten Zeit aus dem „Stalle, reinigt Krippen und Rauffen, kehrt das „Viehhaus auf seinem Antheil mit einem Besen, „und bestreuet es mit Sand.

„Es ist ein wahres Vergnügen solche Vieh-„häuser zu betreten. Neben der größten Rein-„lichkeit und Ordnung findet man das wohlgenähr-„teste Vieh, und der Anblick überzeugt schon, daß „es dem Wirthe die Rechnung nicht verdirbt.

„Die große Nähe der Stadt Frankfurt, die „nur eine Viertelstunde von hier entfernt ist, recht-„fertigt die ganze Einrichtung auf das beste, und „gewährt einen desto größeren Ertrag, weil wenig-„stens die Wintermonate sämmtliche Milch, so wie „sie von der Kuh kommt, von hier aus in die Stadt „um einen theuren Preis abgeholt wird. Noch „jetzt — den 26. Mai — wird keine Butter ge-„macht, sondern sämmtliche Milch frisch verkauft.

„Der ganze Viehstand wird im Sommer bei „Klee auf dem Stalle gefuttert. Mit der Stall-„futterung war so eben der Anfang gemacht, was „mir Gelegenheit gab, mich mit dem Verfahren „dabei bekannt zu machen.

„Das Feld wird in drei Schlägen bewirthschaf-„tet. Jeder derselben enthält 140 Morgen à 195 „Quadratruthen zu 16 Fuß, mithin ungefähr 420 „Scheffel Rostocker Maaß. Von diesen trägt ein „Schlag Winterkorn und ein Schlag Sommerkorn. „Unter Letzteres wird auf 90 Morgen rother Klee „gesäet, welcher den folgenden Sommer zur Stall-„futterung dient, und größtentheils 3 Mal ge-„schnitten wird. In der Regel werden diese 90 „Morgen zum Sommerkorn den Winter vorher

„gedüngt, theils um den Acker zum Klee mehr in „Kraft zu setzen, theils um des Düngens im Herbst „während der Bestellungszeit überhoben zu seyn. „Größtentheils wird das Winterkorn einfurchig in „die Pflugfurche der Kleestoppel gesäet.

„Ich bekenne es gern, nie einen Boden in „stärkerer Vegetation gesehen zu haben, wie hier „auf diesem Gütchen an den fruchtbaren Ufern „des Mayns. Der schon ausgeblühete Roggen „war von außerordentlicher Höhe bei sehr langen „und dicken Aehren, so wie der Weizen ein vor„treffliches Ansehen hatte. Den Klee schien nichts „zu übertreffen, er hatte das Feld mit seinen Blu„men bedeckt.

„Von vorbenannten 90 Morgen Klee wird „nicht allein der sämmtliche Viehstand von 100 „Kühen, 12 Ochsen, und 14 Pferden den Som„mer über auf dem Stalle erhalten, sondern au„ßerdem noch gegen 90 Fuder Kleeheu à 20 Cent„ner pro Fuder gewonnen.

„Die Kühe bekommen täglich drei Fuder grünen „Klee, wie sie mit vier Ochsen herangefahren wer„den können. Er wird sämmtlich geschnitten, und „anfänglich mit 1 Drittel Strohhäckfel vermengt. „In der Folge nimmt man weniger Häckfel, und „wenn der Klee erst hart wird, gar kein Stroh „mehr dazu. Die Ochsen und Pferde bekommen „ebenfalls den benöthigten Klee, geschnitten und „mit Strohhäckfel vermengt.

„Die zur Brennerei erforderlichen Kartoffeln „und nöthigen Futtergewächse fürs Vieh werden „auf 50 Morgen, als dem übrigen Theil des „Brachschlages, angebauet. Der Dung hierzu „wird den Winter über aufgefahren, und auf diesem Flächenraum wird die große Menge der erforderlichen Gewächse in solchem Ueberfluß gebauet, daß zuweilen noch ein Theil derselben „käuflich der Stadt überlassen werden kann." —

Wenn ich mit diesem Auszug aus meinem Tagebuche weiter gegangen seyn sollte, als es die Absicht erforderte, so wird mir dieß der geneigte Leser verzeihen. Die kurze Darstellung einer solchen musterhaften Wirthschaft führt zuweilen zu Ideen, die doch hin und wieder, auch fern von diesen gesegneten und von der Natur so begünstigten Fluren, bei uns einiges Gutes in der praktischen Anwendung stiften können.

Was kann uns bei einem großen Rapsbau, in einer solchen Futterung, das viele daran gewonnene Bulster nicht für bedeutenden Vortheil gewähren? Sollte denn die Art der Futterung und Behandlung des Viehes auch nicht bei uns zu erreichen stehen, und gleiche wohlthätige Wirkung, wie dort, hervorbringen?

Auch wir sehen ja das Vortheilhafte, Nothwendige in der Methode der dortigen Kleefutterung sehr wohl ein, warum sollen wir uns nicht derselben auch befleißigen? Wie manches Vieh, das im Anfange den noch weichen ungewohnten Klee begierig in zu großer Menge hinunterschluckt und daran den Tod findet, würde durch ein solches Verfahren erhalten werden, bei bedeutender Ersparung an Futter.

Was wir indeß nicht sobald, auch bei dem eifrigsten Bestreben, erreichen dürften, ist die große Fruchtbarkeit jenes Bodens, wodurch es möglich wird, von 90 Morgen Klee 270 Scheffel Rostocker Maaß Aussaat — den ganzen Viehstand zu erhalten, und noch überdieß in Ermangelung aller wilden Heuwerbung den Bedarf desselben für den Winter zu erlangen. Ich gebe es zu, daß ein milderes Klima vieles zu dieser Fruchtbarkeit beiträgt; aber eine Wirthschaft, die ohne alle fremde Beihülfe in sich selbst bestehen, und zu einem solchen Grade der Kultur gelangen soll, muß wahrlich mit vieler Energie betrieben werden. Auch hierüber ließe sich viel sagen; denn ich fand unter der arbeitenden Menschenklasse einen Fleiß und eine Thätigkeit, die eben so als Muster aufgestellt zu werden verdienten, wie ihre Oekonomieen.

Bisher war die Rede davon, wie mittelst einer Brennerei und der damit verbundenen Nebenzweige diejenigen Produkte, die zur Beförderung einer höheren Ackerkultur dienen sollen, durch eine zweckmäßige Verarbeitung vorher noch ansehnlichen Vortheil gewähren, ehe jene Absicht erreicht werden kann. Aber nicht alle Landwirthe befinden sich in der Lage, die Vortheile, welche eine Brennerei darbietet, benutzen zu können. Wem es seine individuelle Lage gestattet, hiervon vortheilhaften Gebrauch zu machen, und wer sich mit Einsicht dabei benimmt, der raubt dadurch seinem Nachbar gleichsam die Macht, seine weniger günstigen Umstände auf gleiche Weise zu benutzen. Unter solchen Umständen würde es ein zweckwidriges und unnützes Unternehmen seyn, mit Kostenaufwand das erringen zu wollen, was jenen durch Lokalität und günstige Verhältnisse von der Natur zu Theil ward. Lieber wähle man sodann:

Viehfutterung, Ochsenmastung, Hammel- und Schweinemastung bei behackten Früchten ohne Brennerei.

Läßt sich gleich die baare Einnahme dabei nicht ganz so hoch berechnen, wie dort, so sind damit auch wieder manche Vorzüge verbunden, die diesem Betrieb in der Regel einen größeren Werth geben dürften. Dahin gehört vorzüglich ein verbesserter Dunghaufen.

Wir haben bis jetzt noch keinen bessern Dünger als den, welcher aus einer Futterung des Rindviehes mit behackten Früchten gewonnen wird. Eine schnellere Auflösung der Vegetabilien kann durch andere Mittel bewirkt werden, aber eine fruchtbare Gährung, die der edleren Pflanze nur die aufgelösten Theile des Ackers in der größtmöglichsten Menge zuzuführen vermag, und noch für die Zukunft eine Menge vegetabilisch-animalischer Substanzen hinterläßt, kann nur durch den aus solcher Futterung hervorgehenden Dünger erreicht werden.

Und dieß ist es, was in den mehrsten Oekonomieen fehlt. Werden nicht selbst die durch den Mergel aufgelösten vegetabilischen Körper ohne dergleichen hervorgebrachte Gährung unwirksam bleiben? — Wie bedürftig sind nicht die Außenschläge großer Landgüter einer solchen Hülfe; und diese werden wahrlich bei zweckmäßigerer Behandlung einen bessern Ertrag liefern, und dem Wirth ein kräftiges Mittel abgeben, seine Einkünfte zu vermehren.

Ich gebe es jedem Wirthe zu bedenken, was eine Ochsenmastung oder Viehfutterung bei behackten Früchten auf einem vom Hauptgute entlegenen Vorwerk für Nutzen zu stiften vermag. Hier ist bekanntlich das Hauptaugenmerk ein guter Dunghaufen, und diesen kann man nur durch eine solche Futterung erlangen. Die aus vieljähriger Erfahrung hervorgegangene Ueberzeugung aber, daß nur dadurch reiche Ernten erzielt werden können, wird dazu beitragen, solchen Vorschlägen Eingang zu verschaffen, die diesem Bedürfnisse abzuhelfen im Stande sind.

Wie der Landwirth seine in Menge gebaueten Futtergewächse benutzen will, bleibt seiner Einsicht überlassen; nur muß es vermittelst des Rindviehes geschehen, sey es mit Mast- oder Zugochsen, mit Kühen oder jungem Viehe, gleichviel! Ein verbesserter Dunghaufen bleibt sein Hauptzweck, und der verbesserte körperliche Zustand des Viehes mag einstweilen bloß als Nebensache betrachtet werden. Diese wird dennoch nicht ohne wohlthätige Nebenwirkung bleiben, und immer einen ansehnlichen Vortheil abwerfen. Das Nutzvieh wird mit der körperlichen Zunahme einen ungleich größeren Ertrag an Milch und

Butter gewähren, und das junge Vieh, indem es bei einer solchen Futterung sich vervollkommnet, größer und dauerhafter wird, ersetzt durch seinen erlangten inneren Werth die gehabten Kosten mit bedeutendem Ueberschuß.

Ein redendes Beispiel hiervon habe ich zu Haselberg in der Mittelmark unfern dem Oderbruch gefunden. Es werden daselbst jährlich 200 Ochsen bei rohen gestampften und mit Strohhäcksel vermengten Kartoffeln fett gemacht. Nie habe ich fettere und schönere Ochsen gesehen. Der Ankauf derselben wird im Herbst aus Podolien und der Danziger Niederung beschafft, und kostet alsdenn das Stück im Durchschnitt ungefähr 12 Friedrichsd'or. Sie kommen gewöhnlich zu Ende des Novembermonats an, und die Mastung nimmt sofort ihren Anfang.

Das Verfahren dabei ist sehr einfach und zweckmäßig. Jeder Ochse bekommt täglich 8 Metzen oder ½ Scheffel Berliner Maaß *) Kartoffeln, klein gestampft und mit genugsamen Strohhäcksel vermengt. Diese Zubereitung des Futters geschieht den Tag vorher, und es bleibt die Nacht wohl durch einander gemengt in Haufen liegen, damit der Saft und Geruch der Kartoffeln sich mit dem Strohhäcksel wohl vereinigen, und dem Viehe wohlschmeckender werden kann. Zum Nachtfutter bekommt jeder Ochse 12 Pfund Klee oder Bruchheu, und zum Getränk reines Brunnenwasser.

Die Mastung währt vom Anfang Decembers bis Ausgang Aprils. Der gute Absatz in Berlin und die Nähe

*) Ungefähr 11 Metzen Rostocker Maaß.

dieser großen Stadt erleichtern den Betrieb, und erhöhen beträchtlich den daraus hervorgehenden Vortheil. Eine mehrjährige Mastungsbalance ergab denselben im Durchschnitt zu 24 Rthl. fürs Stück.

Was aber diesen ansehnlichen Gewinn noch beträchtlich erhöhet, ist die Art der Wirthschaftseinrichtung; die sehr weislich gewählt ist, und mit dem vortrefflichsten Erfolg geführt wird. Der Viehstand vom Rindvieh war bis auf die erforderlichen Wirthschaftskühe und Zugochsen beschränkt. Ein Schlag lieferte dafür hinreichendes Sommerfutter, wogegen die beiden andern, sonst zur Holländereiweide dienenden Schläge, der eine zu Kleeheu und der andere zu behackten Früchten, zur Mastung benutzt wurden. Auf die Weise konnten ohne Beeinträchtigung des Getreidebaues nicht allein eine Menge Futtergewächse und Kleeheu erzielt, und dadurch ein verbesserter Dunghaufen erlangt werden, sondern es blieb anch zum Ersatz der baaren Einnahme aus einer Holländerei die ungleich größere einer solchen Mastung.

Nach meinem Dafürhalten können die rohen Futtergewächse nicht besser als auf eine solche Art benutzt werden, und als Mittel zum Zweck betrachtet, ist eine solche Mastung wohl am mehrsten zu empfehlen. Freilich ließe sich dieß im allgemeinen aus jeder andern Futterung mit Rindvieh erwarten, allein ich kann aus Erfahrung versichern, daß der dergestalt aus einer Kuhnutzung hervorgehende Vortheil bei weitem nicht von der Bedeutung ist. Der körperliche Zustand der Kühe geräth allerdings in Aufnahme, die Nutzung steht aber nicht ganz damit im Verhältniß, und gewährt unmittelbar nicht den zu erwartenden Ertrag, obgleich ich auch auf der Weide von solchen mit Kartoffeln gefutterten Kühen jederzeit eine sehr beträchtliche Milchvermehrung gefunden habe. Gekocht und zu einem dünnen Brei mit angebrüheten Häcksel, haben die Kartoffeln eine ungleich stärkere Wirkung auf die Milchgefäße der Kühe und auf die Milch selbst. Da dieß aber im Großen der oft kostbaren Feuerung wegen nicht allenthalben auszuführen ist, so dürfte dieß Verfahren die allgemeine Meinung wohl nicht für sich haben; und es würde die Einrichtung einer Kartoffelbrennerei in Verbindung mit einer zweckmäßigen Kühnutzung den Vorzug erhalten.

Sehr vortheilhaft fällt dagegen die Benutzung der Kartoffeln in der Futterung mit Zugochsen oder jungem Viehe aus. Bei ersteren erspart man dadurch die weit kostbarere gewöhnliche Winterfutterung, die allerdings gegen die Ackerzeit nicht ohne erheblichen Körneraufwand beschafft werden kann, wenn anders der Ochse kraftvoll seine Arbeit verrichten und größerem Nachtheil vorgebeugt werden soll; bei dem jungen Vieh dagegen erlangt man den Vortheil, daß solches größer, dauerhafter und vollkommener wird, und nicht wie gewöhnlich dasjenige bei der Winterfutterung verliert, was es den Sommer über auf der Weide gewonnen hatte.

Daß dieses Vieh nicht so reichliches Kartoffelfutter erhalten darf wie das Mastvieh, versteht sich von selbst; bei den Zugochsen wird die Hälfte und bei jungem Vieh 1 Viertel von dem, was ein Mastochse erhält, hinreichend seyn. Uebrigens bleibt sich das Verfahren bei der Futterung ganz gleich, und ist dabei die größte Reinlichkeit und Ordnung die Hauptsache.

Wir wollen jetzt nur noch einige Blicke auf die mit einer Landwirthschaft zweckmäßig zu verbindende

Schäferei

richten. Der allgemeinen Meinung zufolge machten die unbebaueten Brachen der Koppelwirthschaft bisher die Haltung einer Schäferei nothwendig. Ohne besondere Abtriften war dieselbe aber oft sehr klein, und überstieg zuweilen nicht die Zahl von 5 bis 600 Stück. Natürlich mußte im Ganzen genommen der daraus hervorgehende Vortheil von eben so geringer Bedeutung seyn, so daß er oft nach Abrechnung der freien Station des Schäfers und der sonstigen Unkosten kaum die Ausgabe übertrug. Die schönsten Güter, welche durchgängig aus Boden der ersten Klasse bestanden, gewährten hier gegen die leichten mit Bocksbart bewachsenen Felder geringe Vorzüge; höchstens gab der Schäfer 10 Rthl. aufs Hundert mehr, machte aber auch dagegen in Hinsicht auf diesen außerordentlichen Pacht noch allerlei Forderungen, wodurch dem Eigenthümer die so vermehrte Einnahme doppelt wieder entrissen wurde. Schäfereien dieser Art konnten nie anders als nachtheilig für eine Wirthschaft seyn, die einen viel bedeutendern Vortheil aus der besseren Benutzung der Brache ziehen konnte. Bei dem

System der Wechselwirthschaft kann eine Schäferei nur als Hauptwirthschaftszweig existiren. Dieser Satz leidet nur seltene Ausnahmen. Außerdem müssen Lokalität und Beschaffenheit des Bodens, oder besondere Verhältnisse, als große Abtriften, Hütungsberechtigungen u. d. gl. zur Haltung einer Schäferei bestimmen.

Wenn aber die geringe Kultur und Beschaffenheit der Felder keinen ergiebigen Klee- und Graswuchs gestatten sollte, so würde allerdings die Haltung einer Schäferei nothwendig werden. Jedoch würde sich diese auf die Weideschläge beschränken müssen, indeß die Brachen nützlich mit zu den Kornfeldern gezogen, und so viele Futtergewächse gebauet würden, daß damit eine verhältnißmäßige Rindviehmastung bestritten werden könnte. Ohne eine solche Mastung würde man bei einer Schäferei auf solchem Boden bald eine nachtheilige Wirkung in der Ackerkultur wahrnehmen; denn jede Schäferei, wenn sie allein auf einem Gute beschränkt ist, und als solche den Hauptwirthschaftszweig desselben ausmacht, ruinirt solches, auch wenn es Boden erster Klasse besäße; was müßte sie daher isolirt auf einem Gute für Folgen erzeugen, das nur durch den kraftvollen Rindviehdung in Aufnahme gebracht werden kann.

Ich fürchte nicht, hier mißverstanden zu werden. Auf alle individuelle Lagen Rücksicht zu nehmen, ist unmöglich; aber so viel ist gewiß, daß man jede mit Ueberlegung getroffene Einrichtung dieser Art immer auf Lokalität und Gutsverhältnisse begründet finden wird. So werden am Rande des Oderbruches in der Mittelmark die auf der Höhe belegenen Felder auf das vortheilhafteste mit veredelten Schäfereien benutzt. Die große Vegetation des Bruchs, das vortrefflichste Heu und eine zweckmäßige Verarbeitung dieser Produkte ersetzt inzwischen durch den besten Rindviehdung alles hinlänglich, was ohnedieß solchen Feldern in ihrem Düngungszustande abgehen müßte. Ueberdieß tritt hier der besonders günstige Umstand ein, daß der erwärmende Schaafdünger mit großem Vortheil auf die kalten Stellen der Bruchfelder benutzt werden kann. — In einem großen Theile des Königreichs Sachsen, wo dem Gutsbesitzer ansehnliche Hütungsgerechtigkeiten auf den Feldern der Bauern zustehen, auch Letztere einem alten, meines Erachtens übeln, Herkommen gemäß zwischen jedem Ackerstücke, nach der Breite desselben, einen Rein von ½ bis 1 Ruthe breit unbebauet liegen zu lassen gezwungen sind, wovon ebenfalls der Gutsbesitzer das Hütungsrecht ausschließlich besitzt, können allerdings diese Vortheile nicht besser als durch die veredelten Schäfereien benutzt werden; um so mehr, da die im Lande befindlichen Fabriken den vortheilhaften Umsatz der Wolle erleichtern; dennoch sorgt man gleichfalls dafür, daß es an hinreichenden Futtergewächsen aller Art zur Winterfutterung des Nutz- und Mastviehes nicht fehlt. — Am Fuße des Harzes habe ich eine in allen Theilen vollständige Oekonomie gefunden, die bei einer in sehr hohem Grade betriebenen Wechselwirthschaft eine sehr bedeutende spanische Schäferei besaß. Indeß gaben die Gebürge des Harzes in einem Umkreis von mehreren Meilen nicht allein reichliche Weide für die große Schäferei, sondern ein ansehnlicher Theil der Niederung wurde noch zur Fettweide für Ochsen benutzt, indeß die Kühe und Pferde bei der Stallfutterung sich vortrefflich befanden, und sowohl im Sommer als Winter mit den aufgestallten Mastochsen den besten Dünger in hinreichender Quantität bereiteten.

Solche Verhältnisse lassen allerdings Ausnahmen zu, und es würde in solchen Fällen eben so fehlerhaft seyn, keine Schäferei zu halten, als es nachtheilig ist, dieß unter andern Umständen erzwingen zu wollen.

In Mecklenburg finden sich diese Begünstigungen selten; wo indeß eine günstige Gelegenheit sich darbieten sollte, da weiche der Wirth aus dem gewöhnlichen Geleise und folge den Fußstapfen berühmter Wirthe des Auslandes in der Veredlung der Heerde. Nichts belohnt den Fleiß und Unternehmungsgeist des Landmanns alsdenn besser, als die hierauf verwendete Sorgfalt. Nur muß man es bei der kostspieligen Einrichtung an Vorsicht und richtiger Erwägung aller Verhältnisse nicht fehlen lassen.

Ein spanisches Schaaf verlangt eine bessere Weide, bessere Behandlung, bessere Aufsicht und eine bessere Winterfutterung als ein gewöhnliches Land- oder Heideschaaf. Daß also die Weiden des Heidekrauts, der Tannenholzungen, des Bocksbarts, ausgebaueter Sandfelder sich hierzu nicht passen, vielweniger eine Winterfutterung bei Roggenstroh und verdorbenem Heu, versteht sich von selbst. Klee und besaamte Grasweide in den Schlägen, und die Auswahl unter den Gräsern der Ausweide im Sommer, so wie hinreichendes Erbsenstroh und Heu im Winter, sind nothwendige Erfordernisse. Stehen diese dem Wirthe nicht ganz zu Gebot, oder kann er sie sich durch Anbau nicht verschaffen, so wähle er lieber die gewöhnliche Landraçe, und suche diese zu verbessern, ehe er sich zu der Veredlung seiner Schaafe entschließt.

Auch eine sorgfältigere Behandlung sowohl auf der Weide als bei der Futterung erfordern die spanischen Schaafe. Sie sind überhaupt weichlicher Natur. Dem Schäfer darf es nicht einerlei seyn, wie und wo er hütet. Bei nasser und kalter Witterung dürfen sie des Nachts nicht in Horden zubringen, auch muß so viel wie möglich jeder durchdringende Regen vermieden werden. Große Hitze ist eben so nachtheilig; daher findet man in Sachsen auf denjenigen Feldmarken, wo dergleichen Schäfereien ihre Weide haben, eigne dazu erbauete Hütten in der Gestalt unserer Ziegelscheunen, jedoch mit etwas niedrigen Dächern. Hier werden die Schaafe sowohl in der strengen Mittagshitze als während eines Regenschauers untergetrieben. Alle Thäler und niedrige Stellen, wo sich Regenwasser versammeln kann, dürfen sowohl während als gleich nach einem Regenwetter nicht behütet werden, wenn man den hieraus entstehenden übelen Folgen für den Winter vorbeugen will. Wie viele Weide übrigens für ein spanisches Schaaf erforderlich ist, läßt sich hier nicht genau bestimmen, weil selbiges zu sehr von der Qualität derselben abhängt. Von guter Kleeweide und einem fruchtbaren Boden, sind 25 Quadratruthen à 16 Fuß Lb. M. nicht zu viel.

Bei der Winterfutterung darf es neben hinlänglichem Futter an guter Wartung nicht fehlen. Reinlichkeit und frische gesunde Luft in den Ställen sind vorzüglich nöthig. Die Rauffen müssen beweglich und zwischen zweien mit gebohrten Löchern versehenen Pfählen angebracht seyn, um die Rauffen mittelst kleiner eisernen Bolzen nach Erforderniß hoch und niedrig zu stellen. Unter der Rauffe befindet sich eine kleine ebenfalls bewegliche Krippe, aus einem tannenen Brette mit 3 bis 4 Zoll breitem Seitenbrette versehen, um das nöthige kurze Futter zu fassen. Bei jedem kurzen Futter wird die Rauffe in die Höhe gestellt, so auch denn, wenn das rauhe Futter eingelegt werden soll. Wenn sie dieß bekommen sollen, wird die Rauffe so weit niedergelassen, daß nur die Schaafe anreichen und fressen können, um dem Einsteigen derselben dadurch vorzubeugen. Die unten befindliche Krippe bringt hier auch noch den Vortheil, daß die im Stroh befindlichen Körner, welche während des Fressens ausfallen, darin aufgenommen werden, und nicht wie gewöhnlich für immer verloren gehen.

Zur guten Durchwinterung von 10 spanischen Schaafen rechne ich 8 Centner Roggenstroh, 8 Centner Erbsenstroh und 12 Centner Heu. Letzteres würde etwas vermindert werden können, wenn man zur Hälfte gut gewonnenes Kleeheu reichen, und mit dem Roggenstroh schneiden ließe. Die beste Futterung im Frühjahr für die säugenden Schaafe ist dergleichen fein geschnittener Häckſel mit ganz kurz gestampften Kartoffeln. Zwei Scheffel auf 100 Stück Schaafe pro Tag thun, wenn das Futter den Tag vorher ordnungsmäßig angemengt wird, außerordentliche Wirkung. Die Schaafe nehmen dabei sehr am Körper und an der Milch zu, und man erhält schöne, gesunde und starke Lämmer.

Ich habe dergestalt mehrere Winter hindurch 300 und mehrere Hammel fett gemacht, und diese zur Zeit des angehenden Frühlings sehr vortheilhaft nach Berlin verkauft.

Wie die Veredelung einer Heerde durch Zulassung spanischer Böcke geschieht; wie man diese sich aus schon veredelten Schäfereien verschaffen kann, ohne daß es nöthig ist, sie aus Spanien kommen zu lassen; wie im 9ten Jahr die dritte Generation eine völlig veredelte Schäferei darbeut, und aus dieser Generation schon Böcke zur Zucht genommen werden können; daß ein Erstling nicht vor dem zurückgelegten 32sten Monat zum Bock gelassen, auch in der Regel ein Schaaf nach einem Alter von 6 Jahren ausgemerzt werden muß, und wie das Alter der Lämmer und Schaafe genau an den Zähnen zu erkennen ist, dieß alles finde ich unnöthig hier näher zu berühren. Jeder Schäfer, der schon damit umgegangen und sich die gehörigen Kenntnisse praktisch erworben hat, wird dieß alles richtig beurtheilen, und einzurichten verstehen. Daß man aber nur einem solchen die Einrichtung vertrauen darf, ergiebt sich von selbst.

Ein gewöhnlicher Schäfer darf hier durchaus nicht zugelassen werden; denn ich habe nicht selten die Bemerkung gemacht, daß ein solcher, der schon ein reifes Alter erreicht und das sogenannte Meisterrecht errungen zu haben glaubt, immer ein geschworner Feind von veredelten Schaafen ist.

Fünfter Abschnitt.

Wechselwirthschaft.

In der Voraussetzung, daß die bisher weitläufig berührten Meliorationsmittel in dem Maaße angewendet werden, daß daraus sichtbare Spuren einer höheren Ackerkultur sich zeigen; daß der Wirth über die Wahl der Mittel entschieden hat, und darin nach Lokalität und Umständen verfahren ist; auch den größeren Kraftaufwand der Felder zu ersetzen, und einen gleichmäßig kraftvollen Zustand sich zu sichern vermag; in der Voraussetzung, daß der Acker durch eine mehrjährige Rotation der Koppelwirthschaft sich ohnehin in kraftvollem Zustande befindet, und der Boden von der Beschaffenheit ist, daß er die Anwendung der Regeln des Fruchtwechsels nicht allein mit Vortheil gestattet, sondern auch vermöge seiner natürlichen Beschaffenheit das Unternehmen begünstigt — unter diesen Voraussetzungen bringt der Uebergang zur Wechselwirthschaft unfehlbar den größtmöglichsten Nutzen. Wer verkennt hier die Möglichkeit, daß mittelst einer stärkeren Benutzung der Felder und der unbebaueten Brachen ein größerer Ertrag entstehen sollte? Wer wird es bezweifeln, daß ein solcher vermehrter Ertrag, indem er den Wohlstand des Wirths sichert, und ihn in den Zustand setzt, das angefangene Geschäft mit Nachdruck fortzusetzen, auch nicht dazu geeignet seyn sollte, die sicherste Gewähr für die Fortdauer dieser

Fruchtbarkeit zu leisten und zur höhern Industrie den Grund zu legen?

Unrichtig und im höchsten Grade falsch ist die Meinung, daß sich unter diesen Umständen durch jede andere Wirthschaftsart gleiche Vortheile erringen lassen. Wenn bloß von temporellen Vortheilen die Rede ist, so möchte dieß unter gewissen Bedingungen vielleicht möglich seyn; wenn aber auf die Dauer gesehen wird, so bin ich überzeugt, diese Absicht sey vorzüglich durch dasjenige Verfahren, welches die Wechselwirthschaft an die Hand giebt, zu erreichen.

Bei dem gewöhnlichen Gange der Koppelwirthschaft würde selbst dieser temporelle Vortheil manchen Unfällen und widrigen Ereignissen ausgesetzt seyn. Welchen Erfolg gewährt diese bei irgend gutem Boden, bei zweckmäßig angewandter Bestellung, und unter günstigem Einfluß der Witterung? Man sieht gewöhnlich dann die Felder in der ersten Düngungskraft mit einem dichten platten Lagerkorn überzogen, und die natürliche Folge davon ist, ein geringer Ertrag und schlechtes Produkt. Man bedenke, was ein gemergeltes, gedüngtes und wohl bestelltes Feld hervorbringen würde, und ob es nicht rathsamer sey, diese stärkere Vegetation durch zweckdienliche Verfügungen und Mittel zu benutzen, um sie für das Ganze gemeinnütziger zu machen. Mancher würde bei seiner glücklichen Lokalität dergleichen Melioration nicht nur unnütz, sondern sogar schädlich finden, wogegen andere im entgegengesetzten Fall, wenigstens durch Benutzung des Mergels, manche Nachtheile herbeiführen würden, wenn sie die bewirkte größere Auflösung der vegetabilischen Urstoffe ihrer Felder nur mit Getreidetrachten benutzen, und dadurch die Kräfte derselben erschöpfen wollten.

Die Wechselwirthschaft hält hier das rechte Gleichgewicht. Indem sie die Mittel lehrt, die stärkste Vegetation nur mit Vortheil zu benutzen, zeigt sie auch diejenigen, die den Acker in beständig kraftvollem Zustande zu erhalten vermögen. Der Boden wird nicht durch mehrere auf einander folgende Getreidetrachten erschöpft; die Futterkräuter kommen nicht in einen ausgebaueten Boden, und man wird von der Meinung zurückkehren, durch Jahre lange Ruhe die Kräfte des Ackers ersetzen zu müssen. Vielmehr folgen hier die Früchte so auf einander, wie es dem Zustand und der Beschaffenheit des Bodens sowohl als den Gewächsen selbst am dienlichsten ist.

Mit dieser Ansicht muß der Uebergang zur Wechselwirthschaft verbunden seyn. Ein günstiger Standpunkt sichert hier den beabsichtigten Erfolg. Dieser wird die entgegengesetzte Meinung am besten widerlegen, und niemand wird es sodann bestreiten können, daß unter solchen Umständen die in Thätigkeit gesetzten Gesammtkräfte des Ackers nur wohlthätig für den Eigenthümer und das allgemeine Beste wirken werden.

Widerlegung einiger Einwürfe gegen die Einführung der Wechselwirthschaft.

Es herrschen sowohl im allgemeinen noch viele irrige Meinungen über das wichtige System der Wechselwirthschaft, als dessen Anwendung im Einzelnen manchem Widerspruch unterworfen ist. Man sagt:

1) Ein vermehrter Getreidebau ist uns Bedürfniß, und dennoch sollen wir zu Gunsten der Futterkräuter und Gewächse die Aussaat verringern?

2) Unsere natürliche Heuwerbung ist hinreichend die Winterfutterung zu bestreiten, warum sollen wir zu diesem Behuf auf unsern Kornfeldern noch mehrere Gewächse anbauen?

3) Wir sollen sogar unsere Weideschläge mit bestellen, und unser Vieh auf dem Stalle futtern; wird nicht dieses in mißlichen Jahren verhungern müssen, wenn wir nicht das zur Winterfutterung bestimmte Futter mit zu Hülfe nehmen, und im Herbst unser Vieh verkaufen wollen?

4) Bei Weideschlägen und Brachen haben wir mit Unkraut und Unreinigkeiten des Ackers zu kämpfen, wie viel mehr wird dieß Statt haben, wenn diese ganz aufhören und die Felder beständig tragen sollen? —

5) Wird dadurch nicht selbst ein geringerer Körnerertrag erfolgen müssen?

6) Die Eintheilung unserer Felder selbst gestattet zum Theil die Einführung einer andern Wirthschaftsart nicht. Das Feld, welches A gehört, liegt in 6 Schlägen, B seins in 7. Das von C in 10. D hat eilfschlägige Wirthschaft und E 12 Schläge, womit er so weit gekommen ist, daß er beide Bra-

chen bedüngen kann, — und von dieser Eintheilung sollen wir zu derjenigen übergehen, welche die Wechselwirthschaft uns vorzeichnet? Ein anderes ist es mit einer Dreifelderwirthschaft, ein anderes mit unserer Schlageintheilung der Koppelwirthschaft diese Operation vorzunehmen u. s. w.

So lautet oft das Urtheil bei Mangel an hinreichender Kenntniß der Sache. Wir wollen im allgemeinen dergleichen Einwendungen beleuchten, und sehen, in wie fern sie das Gepräge der Gründlichkeit tragen.

ad 1. Was dem Landmann Bedürfniß ist, kann er nur durch einen wohl geordneten Fruchtwechsel erlangen, nämlich höhere Ackerkultur, Vermehrung der Produkte und Verbesserung des Viehstandes. Wer hat nicht die Bemerkung gemacht, daß ein besserer Dünger eine größere Produktion hervorbrachte? Wie sich dort jenes Stück im Getreide auszeichnet, wo der Ochsendung hingekommen ist, und dieser kleine Ort, worauf der Dung von den zur Wirthschaft gemästeten Kühen gefahren wurde; wahrlich, wenn alles Korn so stünde, so hätten wir dieses Jahr eine sehr reiche Ernte zu erwarten!" So spricht der Landmann, wenn er seine Saatfelder durchgehet, und er die Folgen der besseren Düngung erkennt. Warum verschafft er aber nicht überall seinen Feldern diesen Vortheil? „Ja wie ist das möglich! meine Ochsen bekommen allen Abgang beim Dreschen, alles Kurze, und dabei werden im Frühjahr Garben geschnitten; ließe ich alles Vieh so futtern, es bliebe keine

Garbe in der Scheune, und die wenigen Futtergewächse, die das Mastvieh bekam, waren im Garten angebauet; würde ich damit in den Schlägen einen Anbau im Großen betreiben wollen, so müßte ich wieder auf die Getreideaussaat Verzicht thun; das einzige Mittel wäre daher, solche in der Brache anzubauen." So spricht der Landwirth selbst der Wechselwirthschaft das Wort, und widerlegt dadurch den Einwand No. 1. Die Wechselwirthschaft schreibt zugleich solche Fruchtfolgen vor, wo immer die vorhergehende der folgenden den Acker in einem bestmöglichst vorbereiteten Zustande hinterläßt.

ad 2. Wohl dem Wirthe, der dieses zu sagen vermag; wohl ihm, daß er unter seinen vielen Mitgenossen von der Natur so besonders begünstiget wurde. Eine richtige Benutzung dieses Vorzugs setzt ihn in den Stand, mit größeren Schritten vorwärts zu eilen. Doch überhebe er sich nicht seiner Vorzüge, oder lasse sich durch unrichtige Meinungen auf Abwege führen, wodurch seine Lage bald eine andere Gestalt gewinnen kann. Ihm sey es erlaubt, von den strengen Grundsätzen der Wechselwirthschaft in so weit abzuweichen, als es seine individuelle Lage gestattet. Er benutze seine Ländereien durch Getreidebau, und wechsele neben Futterkräutern mit Handlungsgewächsen, so wird er dergestalt durch den Wechsel Vortheile erlangen, die ihm bei der gewöhnlichen Koppelwirthschaft nie zu Theil werden konnten.

ad 3. Die höchste Stufe, welche Wechselwirthschaft darbietet, ist: die größtmöglichste Produktion der Felder, verbunden mit der zweckmäßigsten Stallfutterung des sämmtlichen Viehbestandes. Daß dieser Erfolg nur als letztes Ziel der Bemühungen betrachtet werden darf, und er ohne besondere Nebenumstände nicht sogleich zu erlangen ist, versteht sich von selbst. Mißverständnisse mindern zwar den eigentlichen Werth einer erprobten Sache nicht, allein sie verbreiten falsche Ansichten, und schrecken manchen zurück. Wo findet sich aber die Regel, welche befiehlt, daß ein Uebergang zur Wechselwirthschaft sogleich mit ganzer Stallfutterung verbunden werden muß? Ihr erster Grundsatz ist die Aufnahme der unbebaueten Brachen in eine zweckmäßige Fruchtfolge. Durch Erzielung hinreichender Futtergewächse und deren Benutzung, durch Melioration der Wiesen, durch Mergeln und einen gehörigen Fruchtwechsel kann sich der Wirth nur eine höhere Ackerkultur erwerben, und dadurch zu der Stufe gelangen, die ihm eine vortheilhaftere Benutzung seiner bisherigen Weideschläge durch Frucht- und Wechselfolge und Futterung des Viehes auf dem Stalle zuläßt. Bei der Koppelwirthschaft waren nach dem gewöhnlichen Wege mehrere Rotationen hierzu erforderlich; jetzt lassen sich aber durch Hülfe des Mergels alle diese Vortheile in einem Jahre in dem Maaße erringen, als das Verfahren dabei zweckmäßig ist, und wie es der dritte Abschnitt angiebt, eingerichtet wird. Bei so bewandten Umständen und bei solcher Vegetation der Felder und Wiesen, wird es nicht zu befürchten stehen, daß auch in den schlechtesten Jahren das Vieh verhungern, oder verkauft werden muß. Selbst besondere Unglücksfälle als Hagelschaden, Schnecken- und Mäusefraß werden dieß nicht herbeizuführen vermögen, weil dem Wirth hier ungleich mehrere Hülfsmittel wie bei jeder andern Wirthschaftsart zu Gebote stehen.

ad 4. Nicht das Feldersystem und diejenige Bewirthschaftungsart, die dieses vorschreibt, verunreinigt den Acker, sondern eine mangelhafte Bearbeitung desselben kann allein die Schuld treffen. Wie müßte es sonst um den Acker der Dreifelderwirthschaft stehen? Was aber die Koppelwirthschaft in dieser Hinsicht durch Dreesch- und Brachschläge leistet, wird in der Wechselwirthschaft weit vollständiger durch die behakten Futtergewächse hervorgebracht. Die zweckmäßige Bearbeitung eines solchen Schlages ist unstreitig einer zwei- bis dreijährigen Ruhe vorzuziehen. Wer weiß es nicht aus Erfahrung, wie großen Nachtheil der Hederich der dritten Saat in der Koppelwirthschaft brachte, wer sahe nicht öfter diese Felder gelb blühen, statt daß sie mit einem dichten Dunkelgrün überzogen seyn sollten? Die unbezweifelte Ursache hiervon war, weil das Getreide in der dritten Düngungstracht nicht mehr Kraft genug im Acker fand, um den Hederich zu überwachsen. Wer hat unter sonst gleichen Umständen auf einem unter Dung befindlichen kraftvollen Wechselfelde den Hederich so die Oberhand behalten sehen? War dieß dennoch der Fall, so lag der Grund davon in der Bestellung, so wie ich stets die Bemerkung machte, daß nur solcher Acker mit Quecken durchwachsen war, der aus Unkunde oder Trägheit schlecht bestellt wurde.

ad 5. Ein richtig gewählter Fruchtwechsel nach den Regeln der Wechselwirthschaft wird stets einen größeren Körnergewinn hervorbringen, als wenn drei und mehrere Getreidetrachten auf einander folgten. Wir dürfen den Grund hiervon nicht aus physischen Ursachen herleiten; die Wahrheit dieses Satzes liegt theils in der Natur der Sache, theils ist sie zu fest auf Erfahrung gegründet, als daß sie noch einem Zweifel unterliegen sollte. Wer bemerkte nicht mit Wohlgefallen die schöne Roggensaat, welche in der Koppelwirthschaft auf Erbsen folgte; war solcher Roggen nicht stets der lohnendste? Würde man sich so gut von dem vortrefflichen Wachsthum und dem Lohnen der Gerste nach behakten Früchten haben überzeugen können, wahrlich man würde, wie dieß oft bei den Erbsen geschah, diese Früchte schon deßhalb angebauet haben, um solche vortreffliche Gerste, die oft einen dreifach höheren Ertrag als gewöhnlich brachte, zu erlangen. Wie viel gewinnt denn der Koppelwirth im Durchschnitt jährlich an Körnern? Ich beantworte dieß in Uebereinstimmung mit dem größern Theil praktischer Oekonomen — ungefähr das 6ste, höchstens 7te Korn, und frage nun: kann eine wohl geführte Wechselwirthschaft wohl weniger tragen? —

ad 6. Der Uebergang von der Koppel- zur Wechselwirthschaft ist sehr leicht. Eine Umänderung der Schläge ist nicht nothwendig, denn daß ganz besondere Ursachen vorhanden wären. In der Regel behalten sie ganz ihre alte Form, und ihre Anzahl bleibt die nämliche. Es läßt sich weit eher für die Anzahl der Schläge eine passende Fruchtfolge ausmitteln, als die Eintheilung nach dem Fruchtwechsel umformen zu wollen. An wie vielen Orten ist man nicht bereits dadurch wirklich zur Wechselwirthschaft übergegangen, daß man die Brache mit Buchweizen, Tobak, Kartoffeln und Leinsaamen bebauet, so daß nichts weiter fehlt, als die Beobachtung der Regeln, welche die Wechselwirthschaft sonst vorschreibt. So leicht wird es dem Dreifelderwirth nicht; dieser muß schon zur Eintheilung seiner Felder schreiten. Der Düngungszustand verursacht oft viele Hindernisse, und es gehört viel dazu, bei so bewandten Umständen die Absicht zu erreichen. Ich meinerseits würde hier, um sicherer zu gehen, erst eine Rotation der Koppelwirthschaft empfehlen, ehe der Uebergang zur Wechselwirthschaft unternommen würde.

Besondere Eigenschaften des Systems der Wechselwirthschaft.

Die Koppelwirthschaft hatte wie die Dreifelderwirthschaft ihre bestimmten Regeln, und in Befolgung derselben blieb dem Wirthe keine Wahl. Er mußte sie unbedingt in Ausübung bringen, wenn er nicht aus dem Geleise weichen und dadurch die vorgezeichnete Ordnung umstoßen wollte. Bessere Einsicht, Ueberzeugung, ja selbst die Nothwendigkeit mußte sich unter die allgemeine systematische Ordnung beugen, und mechanische Befolgung derselben blieb die einzige Bedingung für den praktischen Landwirth.

Was dergleichen Systeme in dem großen Zeitraume, wo sie herrschten, für Nachtheile hervorgebracht haben müssen, davon können wir allerdings keine Uebersicht haben, um so weniger da das Ganze hierauf berechnet, und jedes Individuum in bestmöglichster Befolgung die daraus zu erreichenden möglichst größten Vortheile zu erringen trachtete. Aber vieles blieb, selbst bei diesem allgemeinen Streben nach dem Besseren, unbenutzt, und viele Kräfte des Ackers schlummerten.

Die Wechselwirthschaft bietet dagegen dem thätigen Landwirth einen weit größeren Wirkungskreis dar. Sie beschränkt den Spekulationsgeist nicht, sondern muntert ihn vielmehr auf. Die Leichtigkeit, mit welcher man von dem Anbau einer Fruchtart zur andern überzugehen vermag, die Freiheit diesen Anbau den Zeitbedürfnissen anzupassen, die größere Mannichfaltigkeit der Wirthschaftszweige, unter welchen der Wirth seinen Verhältnissen gemäß wählen kann: dieß alles sind Vorzüge, die keiner andern Bewirthschaftungsart in dem Grade eigen sind.

Erwägen wir ferner die mit einem reellen Betrieb der Wechselwirthschaft verbundene Industrie, wodurch ein großer Theil der Produkte selbst fabrikmäßig verarbeitet, und neben dem daraus hervorgehenden baaren Gewinn selbst die Ackerkultur gehoben und auf eine höhere Stufe gebracht wird, so macht dieß einen großen Unterschied gegen eine Wirthschaft, deren Einnahme auf den Absatz roher Produkte berechnet, und deßhalb vom Zufall und sonstigen Umständen abhängig ist.

Seitdem unsere Häfen nicht mehr von Kauffahrteischiffen angefüllt sind, die uns für baares Geld solche Artikel zuführen, die wir uns selbst durch Anbau verschaffen konnten, empfinden wir drückend genug den Mangel derselben. Tobak, Hanf, Oel, Talg, alles steigt zu ungeheuren Preisen, indeß unsere Haupterzeugnisse so auffallend im Preise sinken. Wir werden uns solche selbst verschaffen, um dadurch eine Entschädigung für die Ausgaben derjenigen Artikel zu bewirken, deren Erwerb nicht so leicht in unserer Macht steht. Sollten in der Folge die Zeitumstände sich dahin ändern, daß der möglichst stärkste Kornbau erfordert würde, so befindet sich denn wahrlich keiner in so günstigen Umständen, dieses Erforderniß mit dem größten Nachdruck zu befriedigen, als der Wechselwirth. Es hängt ganz von seinem Willen ab, die Konjekturen der Zeit zu seinem Vortheil bestens zu benutzen.

Wenn der Landwirth dergestalt seine eigenen Bedürfnisse und die des Landes zu befriedigen sucht, wenn dadurch ansehnliche Summen in den jährlichen Ausgaben erspart werden, wenn er es möglich zu machen weiß, dadurch noch fremdes Geld herbeizuziehen, so spekulirt er als Landmann richtig, und benutzt die besonderen Vortheile der Wechselwirthschaft mit unfehlbarem Erfolge.

Allgemeine Grundsätze der Wechselwirthschaft.

1) Die Brachen werden sofort in die Fruchtfolge der Schläge hineingezogen.

Sowohl bei der Dreifelder- als Koppelwirthschaft waren die Brachen oft die Ursache vieler Verwirrung; manche Umänderung der Schlageintheilung wurde dadurch

durch veranlaßt, und dennoch blieb der Vortheil, den man damit bezweckte, sehr zweifelhaft. Man denke sich das Fehlerhafte der zehnschlägigen Eintheilung, welche man größtentheils auf Boden der ersten und zweiten Klasse antrifft, wogegen die siebenschlägige oft und größtentheils auf leichten, sandigen Feldern Anwendung findet. Die zehnschlägige Eintheilung hat zwei Brachen, mithin ein Fünftel des ganzen Feldes in unbebauter leerer Fläche; die siebenschlägige nur ein Siebentel: ist dieß nicht ein offenbarer Mißgriff? Die Art, wie man dem Uebel, nachdem es sich fühlbar gemacht hatte, abzuhelfen suchte, entsprach nicht der Absicht und erzeugte öfters noch größere Nachtheile. Uebel getroffene Wahl der Früchte, verspätete Bestellung und Störung der festen wirthschaftlichen Ordnung, waren die gewöhnlichen Folgen davon. Mancher rasche Entschluß zu einer gänzlichen Umänderung der Eintheilung hob zwar dergleichen Mißverhältnisse, war aber mit nicht geringen Schwierigkeiten und Minderung der Einnahme verknüpft. Bei alle dem glaubte man Brache halten zu müssen, um gutes Winterkorn zu bauen. Wie dieses Winterkorn größtentheils beschaffen war, wissen wir aus Erfahrung; diese aber lehrt auch aus angestellten kleinen Versuchen, daß eine größere Benutzung möglich ist, und diese Möglichkeit sucht der Wechselwirth zu erreichen.

2) Die Hälfte der in Kultur stehenden Felder soll mit Futterkräutern und behackten Früchten bestellt, und nur die andere Hälfte zum Getreidebau verwendet werden.

Der größere Kraftaufwand, der im Betrieb der Wechselwirthschaft erfordert wird, macht es dem Wirthe zur Pflicht, auf den Ersatz desselben die nöthige Sorgfalt zu verwenden. Zu diesem Zwecke bauet er Futterkräuter und Futtergewächse in der erforderlichen Menge. In der Nähe einer großen Stadt würde er bei einer Viehnutzung durch den Absatz der reichlicher gewonnenen Milch unstreitig größere Vortheile finden, als wenn er die mit Futtergewächsen bestellten Felder zum Getreidebau benutzen wollte. Einen andern würde der Vortheil, den er aus einer Mastung sich verschaffen kann, bewegen, hierauf seine ganze Aufmerksamkeit zu richten, und für Mecklenburg dürfte es mitunter von der größten Wichtigkeit seyn, wenn mehrere Landwirthe sich entschlössen, Viehzucht zu ihrem Hauptaugenmerk zu machen. Auf jeden Fall gewinnt die Ackerkultur, welchen Weg man auch einschlagen will, mittelst des daraus hervorgehenden bessern Düngers. Indeß gestatten hinreichende natürliche Heuwerbung, und die Anwendung der in Abschnitt I. und II. benannten Meliorationsmittel, eine Abweichung von der Regel. Die zu Grünfutter und Heu bestimmten Wicken können auch zur Reife gelassen werden, wenn Lokalität und Zeitumstände einen größern Getreidebau vortheilhaft machen sollten.

3) Es dürfen nie zwei Halmfrüchte auf einander folgen, sondern es muß stets eine Schoten- oder Futterfrucht eingeschaltet werden.

Dieser Grundsatz hat Bezug auf den vorigen, und fordert nur insbesondere, daß ein beständiger gleichförmiger Wechsel zwischen Futter- und Halmfrüchten beobachtet wird. Indeß hat auch die Erfahrung hier eine Ausnahme bewährt. Gerste nach in die Kleefurche gesäetem Weizen ist fast allemal die schönste und lohnendste. Verhältnisse, die es zulassen, von diesem Erfahrungssatze Gebrauch zu machen, können unter gewissen Umständen sehr vortheilhaft benutzt werden. Sie gewähren dem Landmanne stets freie Wahl in dem Betriebe wirthschaftlicher Geschäfte, und in Hinsicht der vorhin bemerklich gemachten Benutzung der sonst zum Grünfutter bestimmten Wicken bekommt der Wirth zwei Schläge mehr zum Getreidebau, durch deren zweckmäßige Benutzung er sich eine größere Getreideaussaat bei der Wechselwirthschaft verschaffen kann, als er es bei irgend einer andern Wirthschaftsart im Stande ist.

4) Der Dung wird in solche Schläge gebracht, deren Früchte entweder grün abgemähet, oder mit der Hacke bearbeitet werden.

Es bedarf wohl keiner genauen Darstellung, wie sehr der Acker dadurch verunreinigt wird, daß mehrere Halmfrüchte nach der Düngung auf einander folgen und zur Reife gelassen werden. Sämmtliches Unkraut befindet sich mit dem reifen Saamen unter dem reifen Getreide. Es gehet alle Klassen der Bearbeitung und Konsumtion mit durch, ohne für seine künftige Existenz das Geringste zu verlieren. Es wird gedroschen, verfuttert, kommt auf den Misthaufen, und wird von hier wieder auf den Acker gefahren. Wenn hier gleich ein ansehnlicher Theil im ersten Aufkeimen durch eine zweckmäßige Beackerung zerstört wird, so bleibt doch noch immer genug zurück, um für die Folge nachtheilig werden zu können. Selbst die durch den Dünger im Acker hervorgebrachte Gährung entlockt mancher schlummernden Unkrautspflanze ihren Keim, und treibt ihn bald in hohe Sprossen. Unter dem Schutze des Getreides kann nun dieses Unkraut bis zur völligen Saamenreife gelangen, und dieß ist wohl die vorzüglichste Ursache, warum die Koppelwirthschaft mit so vielem Unkraute zu kämpfen hat. Es läßt sich sonst mit einiger Wahrscheinlichkeit keine andere Ursache hiervon angeben, da man glauben sollte, daß nach einer dreijährigen Ruhe und nach Bearbeitung der reinen Brache die Unkrautskeime gänzlich vertilgt seyn müßten. Dagegen sind die Mittel zur Vertilgung des Unkrauts und der Reinigung des Ackers bei der Wechselwirthschaft weit zweckmäßiger. Die behackten Früchte folgen nach der stärksten Düngung, mithin wird dieser Schlag auch am stärksten vom aufschießenden Unkraute heimgesucht werden. Oeftere Bearbeitung mit zweckmäßigen Instrumenten wird solches aber nicht allein unterdrücken, sondern auch den letzten Keim davon ausrotten. Die grün abzumähenden Wicken haben ebenfalls, da sie in die erste Düngung kommen, hierauf einen günstigen Einfluß; nur ist dabei der Unterschied, daß das aufgeschossene Unkraut zwar durch das frühere Abmähen am Saamentragen behindert, aber nicht so, wie bei den behackten Früchten, mit der Wurzel gänzlich vertilgt wird.

5) Die Winterbestellung muß möglichst früh, und spätestens bis zu Ende des Septembermonats, beschafft werden.

Man macht es der Wechselwirthschaft zum Vorwurf, daß das Wintergetreide bei ihrem Betriebe weniger gerathe. Aber auch diese Beschuldigung trifft sie mit Unrecht. Ist vom Strohertrage die Rede, so möchte es etwas Wahrscheinliches für sich haben, aber nie wird ein gehörig bestelltes Winterfeld der Wechselwirthschaft dem der Koppelwirthschaft an Körnerertrage nachstehen. Meine eigenen hierüber gemachten Erfahrungen, verbunden mit der so vieler andern Wechselwirthschaft treibenden Wirthe, haben bei mir hierüber eine feste Ueberzeugung begründet.

Wird der Wechselwirth seine Einrichtung so im voraus treffen, daß er neben der Getreideernte, falls diese sich, wie es seit einigen Jahren der Fall gewesen, etwas verspäten sollte, die Bestellung seiner Winterfelder zweckmäßig und zur rechten Zeit beschaffen kann, so wird der Erfolg der Möglichkeit entsprechen. Jede Fruchtart, worauf bei der Wechselwirthschaft Wintergetreide folgt, stellt dem frühern Bestellungsgeschäft kein Hinderniß entgegen. Soll die Wintersaat in die Kleefurche gebracht werden, so kann diese schon im Anfang des Septembers umgepflügt, und die Bestellung, die größtentheils einfurchig geschieht, in der Mitte dieses Monats beschafft seyn. Der Raps, so wie die zu Grünfutter bestimmten Wicken haben spätestens in der Mitte des Juli den Acker geräumt, und nun steht bis zur Bestellung der zweckmäßigsten Bearbeitung desselben nichts im Wege. Folgt die Wintersaat nach Erbsen, so muß man nur frühreife Saat wählen, damit in der Mitte des August die Erbsenernte beendigt seyn kann; worauf sodann bis Ende Septembers die beste Bestellung beschafft werden kann. Auch bei den reifen Wicken würde dieß der Fall seyn, obgleich ich statt ihrer größtentheils, und in so weit es die Umstände gestatten, Erbsen empfehlen möchte.

6) Die im Frühjahre zu bestellenden Sommerschläge müssen vor dem Winter in rauhe Oberfläche gelegt, und dadurch für die atmosphärischen Einwirkungen empfänglicher gemacht werden.

Die Wichtigkeit dieses Verfahrens sahe man von jeher ein. Bei der Wechselwirthschaft wird es auch vorzüglich dadurch nützlich, daß es neben dem unmittelbar damit verbundenen Vortheile das größere Bestellungsgeschäft im Frühjahr erleichtert. In so weit es die wirthschaftlichen Arbeiten des Mergel- und Dungfahrens im Winter gestatten, muß der Acker in rauher Oberfläche liegen bleiben; so weit sich nun diese Arbeiten erstrecken, wird er im Spätherbst mit der Egge überzogen. Dergleichen Winterarbeiten müssen so viel wie möglich bei trockenem Frostwetter verrichtet werden, um das Zerfahren des Ackers und alle daraus entstehenden Nachtheile möglichst zu verhüten.

7) Die edlern Futterkräuter und Grasarten müssen in einen kraftvollen Boden gebracht werden.

Auch das gereicht dem System der Koppelwirthschaft zum gerechten Vorwurf, daß es die Ansäung der edlen Futterkräuter und Grasarten nur in einen ausgebaueten Boden verlegte. Die Folge davon war im Ganzen sehr bedeutend. Man berechne genau die Nutzung, die aus solcher Weide hervorging, im Vergleich derjenigen, die bei einem andern Verfahren möglich war, und man wird das Nachtheilige jener Weide nicht verkennen. Daher werden bei der Koppelwirthschaft an 250 bis 300 Quadratruthen zur Weide einer Kuh erfordert, die dennoch eine geringere Nutzung gewähren, als bei einer wohl betriebenen Wechselwirthschaft eine halb so große Ackerfläche.

Gut genährtes Vieh giebt guten Dünger, und dieser hebt die Kultur des Ackers. Dies erfordert aber als Grundlage eine gute Weide und Winterfutterung, und mit diesem Erforderniß eben hebt die Wechselwirthschaft an.

8) Es muß möglichst dahin gestrebt werden, eine ganze Stallfutterung des Viehes einzuführen.

Wenn gleich der Wirth hiernach vorzüglich trachten muß, so ist doch Stallfutterung kein durchaus nothwendiges Erforderniß der Wechselwirthschaft; nur eine erlangte höhere Ackerkultur kann diese fest begründen. Günstige Ausnahmen, wo dies durch andere Mittel erreicht wird, können hier nichts widerlegen, und wenn der Bewohner des Oderbruches in dieser Hinsicht keine Schwierigkeiten kennt, so hat der Bewohner der Höhe desto größere zu bekämpfen.

Daß die Wechselwirthschaft am besten einen guten Fortgang sichert, ergiebt sich aus dem ganzen Zusammenhange der Einrichtung und der Geschäfte. Selbst unvorhergesehenen Unfällen kann sie mittelst ihrer größern Hülfsmittel besser begegnen, und mit geringern Aufopferungen unschädlich machen; überdieß treten auch solche Unfälle seltner ein. Wie oft trat dagegen bei der Koppelwirthschaft der Fall ein, daß das auf Stallfutterung berechnete Zugvieh wegen Mißrathen des Klees in Verlegenheit kam; selbst die Erhaltung des Nutzviehes wurde durch das Zurückbleiben des Klees und der angesäeten Gräser in den Weideschlägen der Gegenstand vieler Besorgnisse und Nachtheile für den Wirth. Alles ging aber aus der Einrichtung des Ganzen hervor. Der Klee konnte auf einem ausgebaueten Boden nicht den Wachsthum und Nutzen haben, wie auf kraftvollem Boden, und der in einer wohl eingerichteten Wechselwirthschaft nie entstehen kann.

Gleichwohl giebt es zu jetzigen Zeiten Oekonomen, die die Stallfutterung auch ohne Befolgung des Fruchtwechselsystems für möglich und nützlich halten, und sie als das einzige Mittel, die Ackerkultur zu heben, anpreisen. Es bedarf aber wohl keiner nähern Auseinandersetzung, wie trüglich und fehlerhaft diese Ansicht ist, zumal in Anwendung auf den ganzen Viehbestand. Man will die erste Kraft des Düngers, ohne davon einen hinlänglichen Vorrath zu besitzen, zu Futterkräutern verwenden, um durch Konsumirung derselben jährlich eine größere Quantität Dünger zu erlangen. Aber welche wichtige Hindernisse stellen sich hier entgegen! Sowohl der dadurch für den Augenblick verminderte Körnerertrag würde den Wirth in manche Verlegenheit setzen, als auch der ebenfalls verminderte Strohgewinn. Was würde aber endlich ein Mißrathen der Futterkräuter in einem Jahre dann für Nachtheile erzeugen, wenn keine Hülfsmittel vorhanden wären, den Verlust zu ersetzen? Die ungünstigen Folgen solcher Zufälle wären für eine Oekonomie nicht zu berechnen.

Es ist dennoch allerdings leichter zu sagen, daß die Ackerkultur durch Stallfutterung gehoben werde, als die Art und Weise anzugeben, solche bestmöglichst in Ausführung zu bringen.

Der Uebergang zur Stallfutterung kann allerdings Statt haben, ohne daß gerade die höchste Ackerkultur erreicht sey. Man kann mit 200 Quadratruthen Futterkräutern für die Kuh den Anfang machen. Wer nur 150 Quadratruthen gebraucht, ist schon ziemlich vorgerückt. Je weniger aber unter dieser Zahl erforderlich ist, desto sicherer ist der Beweis einer höhern und vortrefflichen Kultur.

9) Die Handlungsgewächse dürfen nicht in größerm Maaße angebauet werden, als es die Umstände und die Kultur des Ackers gestatten.

Bei der Abhandlung über den Anbau solcher Gewächse ist schon hinlänglich dargethan, daß in einer Wirthschaft, deren Ackerkultur erst gehoben werden soll, der Anbau von Handlungsgewächsen nicht zu empfehlen ist. Wir wollen diese ja auch nur hauptsächlich deßhalb anbauen, um unsern eigenen Bedürfnissen abzuhelfen, und nicht nothgedrungen dem Ausländer in die

Hände zu fallen; wir werden sodann auch Mittel genug übrig behalten, die dadurch entzogenen Kräfte dem Acker unmittelbar wieder zu ersetzen.

Je günstiger übrigens dergleichen Nebenverhältnisse sind, je größern Beitrag sie zur Erreichung der Hauptabsicht darbieten, um desto sicherer können auch die Zeitumstände durch den Anbau von Handlungsgewächsen benutzt werden. — Dagegen aber unterliegt es gerechtem Tadel, wenn Felder, die nach den Regeln der Koppelwirthschaftsweise bestellt werden, deren Saatfolgen bestimmt sind, und die ohnehin Mangel an Dung, an Winterfutter ꝛc. haben, zum Nachtheile des Getreidebaues mit Handlungsgewächsen bestellt werden. Gewöhnlich geschieht dieß von Pächtern. Der aus dem Anbau von Tobak zu erlangende Vortheil scheint zu bedeutend, als daß man nicht seine ganze Aufmerksamkeit darauf verwenden sollte; und dem Mangel an Winterfutter vorzubeugen, wird lieber einiges Vieh, dessen Nutzung ohnehin nicht groß ist, abgeschafft. — Wie steht es aber um die Kultur der Felder für die Zukunft? Doch was kümmert dieß den Pächter, dessen Pachtjahre zu Ende gehen, ehe die nachtheiligen Folgen dieses Verfahrens fühlbar werden! —

Von der Bodenart.

Nicht jeder Boden eignet sich mit gleichem Erfolg zum Fruchtwechsel, und damit aller Irrthum hierbei vermieden werde, will ich hier denjenigen benennen, welcher für den vorliegenden Zweck entweder ganz oder zum Theil passend ist.

Zur Vermeidung aller Weitläufigkeiten, welche die Klassifikation jeder Bodengattung erfordern würde, will ich hier nur die allgemeine und gewöhnliche Eintheilung des Bodens zum Grunde legen.

Nach dieser Eintheilung ergeben sich drei Klassen. Unter der ersten verstehen wir einen schweren, bindigen oder zusammenhaltenden Boden, unter der zweiten einen Mittel=, und unter der dritten einen leichten und sandigen Boden. Die besondere Beschreibung dieser Bodenarten glaube ich um so mehr übergehen zu können, als ich hier zu Landwirthen rede, die davon hinreichende Kenntniß besitzen, und deshalb keine nachtheilige Verwechselung zu befürchten ist.

Der Boden erster und zweiter Klasse mag also fürs erste der Gegenstand einer höhern Benutzung durch den Fruchtwechsel seyn, und zwar bei ersterer mit dem Bestreben zur ganzen Stallfutterung, bei letzterer aber mit einstweiliger Beibehaltung des Weideganges fürs Nutzvieh. — Daß einzelne Stellen der Schläge hierbei nicht in Betracht kommen oder eine Umänderung veranlassen können, versteht sich ohnehin, doch erleichtern solche die Ausführung.

Unter der dritten Ackerklasse wird hier der Sandboden verstanden; aber nicht Flugsand, welcher ohnehin von aller Kultivirung ausgeschlossen bleiben sollte. Diesen bestimmte die Natur zum Holztragen, und wir haben doppelte Ursache, dieser Bestimmung zu folgen, da auf gutem Boden die Holzungen so sehr mitgenommen sind, und uns in der regelmäßigen Bearbeitung dieses

Bodens für unsern Fleiß und unsere Industrie noch ein sehr ausgedehnter Wirkungskreis bleibt.

Keinesweges soll aber hiermit gesagt seyn, daß ein Sandboden gänzlich der Wohlthaten des Fruchtwechsels entbehren solle. Mir selbst sind dergleichen Grundstücke bekannt, die vermöge ihrer günstigen Lage und anderer Verhältnisse, so wie durch Kenntniß und Thätigkeit des Wirths, zu einer bedeutenden Kultur erhoben wurden, so daß allerdings mit vielem Erfolg die Fruchtfolge eingeführt werden konnte; dergleichen Fälle gehören unter die besondern Ausnahmen, die jeder Wirth ohnehin zu benutzen verstehen wird. Hier aber ist nur die Rede von großen Landgütern in sandigen Gegenden. Der bloße Anblick solcher unabsehbaren Sandflächen zeugt hinlänglich von der einstweiligen Unmöglichkeit, die zum Fruchtwechsel erforderliche Kultur schnell herbeizuführen, um so mehr, weil es in solchen Gegenden sogar an den gewöhnlichen Mitteln fehlt, den Acker für die reelle Benutzung durch Koppelwirthschaft in den erforderlichen Zustand zu versetzen.

Die Einrichtung einer Kartoffelbrennerei, Mastung u. s. w. könnte in Verbindung der in Abschnitt 1. und 2. berührten Meliorationsmittel zwar vieles in dieser Hinsicht leisten; bedenken wir aber, daß diese wohlthätigen Mittel vielen nicht zu Gebote stehen dürften, und daß selbst ihre Anwendung nur allmählig die beabsichtigte Wirkung herbeiführen würde; erwägen wir, daß bei dergleichen Gütern sich öfters beträchtliche Flächen finden, die entweder gar nicht benutzt werden, oder doch nur einige kümmerliche Saaten liefern können, und daß ein solcher Boden aus wichtigen Gründen der Ruhe mehrerer Jahre bedarf, so werden wir finden, daß bei solchen Gütern noch vieles zu leisten übrig bleibt, ehe sie dahin gelangen, alle Vortheile zu verschaffen, die nach den Grundsätzen der Koppelwirthschaft zu erreichen möglich sind.

Fruchtfolge.

Eine zweckmäßig gewählte Fruchtfolge muß dem Wechselwirth eben so wichtig seyn, wie dem Koppelwirth die Feldeintheilung. Es beruht darauf der mehr oder minder glückliche Erfolg, und ein Mißgriff ist in dem einen oder andern Falle von gleich übler Wirkung.

So viel Nachtheil aber auch aus einem unrichtig eingeführten Wechsel der Früchte entstehen kann, so muß doch die Wahl jedem Wirthe überlassen bleiben. Lokalität, Verschiedenheit des Bodens, Eintheilung der Schläge, Größe des Guts und dessen besondere Verhältnisse, wilde Heuwerbung, die Mittel zur Melioration, Zwangdienste, Hütungsgerechtigkeiten, selbst politische Ereignisse, haben hierauf einen mehr oder minder bedeutenden Einfluß. Der Wirth hat nach seiner eigenthümlichen Lage alles wohl in Betracht zu ziehen und bei seiner Wahl zu berücksichtigen.

Je richtiger dieser nun alle hierher gehörige Gegenstände zu würdigen weiß, und je sicherer er in der Anwendung der Mittel ist, um so leichter wird die Wahl ihm werden.

Ich werde in der Folge zwar mehrere Fruchtfolgen namhaft machen, indeß ist dabei mehr die Absicht, die Regeln solcher Fruchtfolge und den Uebergang dazu von der Koppelwirthschaft darzustellen, als dergleichen Wechsel selbst empfehlen zu wollen. Zur Darstellung solcher allgemeinen Regeln wähle ich folgenden zwölfjährigen Wechsel auf einem Boden erster Klasse mit der Ansicht, die er beim Uebergange von der Koppelwirthschaft gewähren würde. Der Turnus ist für das Zugvieh auf ganze, und für das Nutzvieh auf halbe Stallfutterung eingerichtet.

1) behackte Früchte in starker Düngung.
2) Gerste mit Klee.
3) Mäheklee. Im Herbst einfährig mit Weizen.
4) Weizen, einfährig in der Kleestoppel.
5) Wicken zu Heu oder Grünfutter in starker Düngung.
6) Raps, Tobak rc.
7) Wintergetreide.
8) Sommergetreide.
9) Erbsen in halber Düngung.
10) Roggen mit Klee zur Weide
11) Weideklee.
12) Hafer.

Dieser zwölfjährige Wechsel vereinigt in sich größtentheils die Regeln solcher Fruchtfolgen, die für unsere Oekonomie anwendbar sind. Unter gewissen Modifikationen würde er zur Grundlage dienen können zu den verschiedenen Eintheilungen, eine selbst auf einem Mittelboden passende Fruchtfolge auszumitteln; wenigstens dürfte er zu diesem Geschäfte die Idee an die Hand geben.

In vorstehender Fruchtfolge befinden sich vier Schläge mit Winterkorn, vier mit Sommergetreide und vier zum Behuf der Futterung. Zur Winterbestellung fallen vier, zur Sommerbestellung aber sechs Schläge. Nr. 1, 5 und 9 werden gedüngt. Die Regeln einer wohlgeordneten Frucht- und Wechselfolge sind theils in der Erfahrung begründet und daher bekannt, theils durch mehrere neuere Schriftsteller so genau auseinandergesetzt, daß es hier einer speciellen Wiederholung nicht bedarf. Jedoch können sie auch nicht ganz hier übergangen werden, und deßhalb mögen folgende Erfahrungsresultate diese Lücke füllen.

ad 1. Die Düngung zu behackten Früchten muß sehr stark seyn. Auf 50 Quadratruthen kommen vier bis fünf große vierspännige Hoffuder, und zwar vom besten Dunghaufen.

Dieß starke Düngen hat sowohl auf den Wachsthum der Futtergewächse selbst, als auf das Gedeihen der folgenden Früchte einen großen Einfluß. Der unter dem Dung befindliche Unkrautsaame wird zwar mit auf den Acker gebracht, aber durch die Bearbeitung dieser Gewächse vertilgt, und so die Vegetation des Ackers für die edlern Gewächse gewonnen.

ad 2. Die Gerste muß nach behackten Früchten dünner wie gewöhnlich gesäet werden; etwa auf 80 Quadratruthen ein Scheffel Rostocker Maaß. Der kraftvolle Zustand des Ackers, die Reinheit desselben und der Umstand, daß alle Kräfte dadurch vereint auf die edlere Pflanze wirken können, macht, daß sie stets einen großen Ertrag liefert. Von 60 Quadratruthen habe ich zwischen 15 bis 18 Scheffel gebauet.

ad 3. Der Klee nach dieser Gerste und auf solchem Boden hat stets vor anderm den Vorzug. Er zeichnet sich durch größern und stärkern Wachsthum aus. Im Jahr 1802, wo auf dem größten Theile der Felder der Klee kaum sichtbar war, behielt der auf dem Kartoffellande gebauete Klee in allen übeln Witterungsperioden beständig eine grüne Farbe, und ob er gleich durch den letzten Frost im Frühlinge gelitten zu haben schien, so kam er doch bald wieder zum Vorschein, und trieb so stark, daß er drei Mal gemäht werden konnte, und 100 Quadratruthen zwei starke vierspännige Fuder Kleeheu gaben. Dagegen war aller übrige Klee fast total ausgewintert. — Als Ursache hiervon gebe ich an, daß der im Frühjahr gesäete Saame in solchem kraftvollen Boden nicht allein sofort aufgeht, sondern auch die Pflanze vor dem Winter sich gehörig bestaudet, und die Wurzeln in dem lockern Erdreich sich recht ausbreiten können. Ich habe bei der folgenden Beackerung Kleewurzeln gefunden, die $1\frac{1}{2}$ Elle lang, und mit unendlich vielen Nebenzweigen und Fasern umgeben waren.

ad 4. Der lockere und gährende Zustand des Ackers unter dem im üppigsten Wuchse stehenden Klee würde hier eine öftere, als einfährige, Beackerung unnütz, ja sogar durch das Heraufbringen des untergepflügten jungen Klees, schädlich machen. Die Erfahrung lehrt, daß der in der Kleestoppel einjährig gesäete Weizen im Körnerertrag stets den Vorzug hat. Nur muß, wie es sich ohnehin versteht, und wie auch hier vorausgesetzt wird, der Acker von Unkraut ganz rein, und von Klee dicht beschattet seyn, auch mit keinem Vieh betrieben werden.

ad 5. Jetzt erfolgt wieder eine starke Düngung, und nach derselben Wicken, zum Abmähen in der Blüthe. Auch hier wird die mit dem Dung hervorkommende Unkrautspflanze vor der Saamenreife abgehauen und vernichtet. In der Mitte des Julimonats ist diese grüne Wickenernte beendigt, und es erfolgt darauf im Monat August die Rapsbestellung.

ad 6. Der Raps ist ein in unseren Oekonomieen zur Zeit wenig bekanntes Oelgewächs. Man scheuete dessen Anbau im Großen, weil man glaubte dadurch den Acker zu entkräften, und an der folgenden Frucht zu verlieren. Ich lasse das Wahre oder Falsche dieser Meinung dahin gestellt seyn, so viel aber hat mich Erfahrung gelehrt, daß der Weizen nie besser, als nach einer wohlgerathenen Rapsfrucht geräth. Ob nun die dichte Beschattung des Erdreichs, der beständig lockere und gährende Zustand desselben, oder der Umstand, daß der Raps vermöge seiner langen Wurzeln einen beträchtlichen Theil seiner Nahrungsstoffe aus dem Acker hervorholt, zu dieser günstigen Mischung beiträgt, gehört nicht hierher zu untersuchen, da uns das Resultat vieljähriger Erfahrungen hierüber genügt. Anders verhält es sich dann, wenn aus Mangel an hinreichender Düngung, guter Bestellung, oder in Folge eines unrichtigen Verfahrens der Raps mißräth, und den Acker in unreinem und verwildertem Zustande hinterläßt; dann dürfte der Einfluß auf die folgende Winterfrucht weniger günstig seyn.

ad 7. Der Weizen gedeihet, wie vorhin erwähnt ist, in dieser Fruchtordnung vortrefflich. Ich habe stets einen hohen Ertrag gehabt; das edlere Produkt ist gleichfalls besser und vollkommener, als das nach der reinen Brache erzeugte. Dieß Letztere hat bei weitem nicht die Qualität, und verliert auch in der Scheffelzahl.

ad 8. Gerste ist hier als eine zulässige Abweichung von der Regel in der Voraussetzung aufgeführt, daß es an einer sehr beträchtlichen wilden Heuwerbung nicht mangele. Wo diese fehlt, da dürfte dergleichen Abweichung ohnehin nicht zulässig seyn; statt dessen würde die Fruchtfolge ad 9. hier schon eintreten, und dergestalt in No. 10. und 11. zwei Kleeschläge zur Weide darstellen, die alsdenn um so nöthiger seyn dürfte, weil auf einen größeren Heugewinnst in den Schlägen Rücksicht genommen werden müßte.

ad 9. Jetzt folgt die dritte etwas schwächere Düngung, und nach derselben, Erbsen. Sämmtliche Dungfuhren fallen also im Winter und Frühjahr. Je stärker die Erbsen empor wachsen, und je dichter sie die Oberfläche des Ackers beschatten, um desto besser und vortheilhafter ist es für den Acker und die folgende Fruchtart. Deßhalb ist der Erfahrungssatz, daß Erbsen nach frischem Dung gesäet so stark ins Stroh wachsen, hier so vortheilhaft, und der geringe Ausfall, der, nach einer nicht erwiesenen Meinung, im Korn sich finden soll, wird dadurch ganz gedeckt.

ad 10. Nach den in frischen Dung gesäeten Erbsen folgt nun Roggen, der im Frühjahr mit Klee zur Weide besäet wird. Schon bei der Dreifelder- und Koppelwirthschaft ergab sich das Vortheilhafte dieser Fruchtfolge, und deßhalb wurden die Brachen bei ersterer so oft mit Erbsen und die abtragenden Schläge der Letzteren mit Roggen, wenn Erbsen voraufgingen, bestellt.

ad 11. Dieser Klee ist in der zweiten Tracht nach der Düngung gesäet, und es wird dessen vorzüglichem Wachsthum nichts entgegen stehen. Deßhalb wird ein weit kleinerer Flächenraum als gewöhnlich zur Weide einer Kuh zu veranschlagen seyn. Bei ganzer Stallfutterung und sehr starker Heuwerbung möchte dieser Schlag noch vielleicht mit Wicken zur Reife und mit Bohnen bestellt werden können.

ad 12. Hafer. Dieser auf die Pflugfahre gesäete Hafer, wird, wenn die Bestellung zur rechten Zeit geschieht, den gewöhnlichen Haferertrag bei weitem übersteigen. Und was endlich an Unreinigkeit durch die letzten Fruchtfolgen sich angesammelt haben möchte, wird durch die nunmehr folgenden behackten Früchte wieder vertilgt und ausgerottet werden.

Der Wirth eines zwölfschlägigen Koppelfeldes, der kaum seine beiden Brachen bedüngen kann, dürfte die erforderliche, zum Theil starke, Düngung von drei Feldern im ersten Augenblick ziemlich widersinnig finden; diesen verweise ich aber auf den Standpunkt, von welchem ich den Schritt zur Wechselwirthschaft angerathen habe. Wo aber Mergel und Dung gemeinschaftlich wirken, da bedarf es einer so starken Düngung nicht.

Regeln der Bestellung.

Ohne eine genaue Befolgung derjenigen Regeln, nach welchen die Geschäfte der Ackerbestellung zu bestreiten sind, zerfällt oft die sicherste Erwartung, und die getäuschte Hoffnung giebt Anlaß zu mannichfaltigen Beschwerden, und zur Erzeugung ungünstiger Vorurtheile.

Was würde der kultivirteste Garten hervorbringen, wenn er in der Bestellung vernachlässigt oder diese zu unrechter Zeit unternommen würde?

Bei dem ganzen System der Wechselwirthschaft bleibt die Handlungsweise des Wirths übrigens unbeschränkt, und jede regelmäßige Wahl ihm unbenommen, aber in Hinsicht der Ackerbestellung muß er sich strenge ihren Regeln unterziehen. Unter ganz besondern Umständen dürfte jedoch einige Abweichung nicht ganz unzulässig seyn, die aber der Wirth mit vieler Klugheit und Vorsicht, und möglichst geringer Verletzung der Regel auszuführen suchen muß.

Wir wollen deßhalb die vorhin bemerkte Fruchtfolge in der Bestellung durchgehen, und die Regeln, welche dabei zu beobachten sind, etwas näher erörtern.

1. Behackte Früchte in starker Düngung.

Die behackten Früchte sind von so mancherlei Art, daß es einer speziellen Benennung derjenigen Sorten bedarf, von denen hier die Rede ist. Dahin gehören Kartoffeln, Runkelrüben, Kohlrabi in der Erde, und auch wohl die großen weißen Wasserrüben.

Zu den drei ersteren Gewächsarten muß der Acker im Herbst gestreckt, und im Spätherbst zum Behuf der im Monat März zu beschaffenden Dungfuhren einige Male der Länge nach mit den hölzernen Eggen überzogen werden.

Der im Winter abgefahrene Dung wird in Mieten gesetzt, und erst im Monat April kurz vor der Wendfurche aus einander gebracht. Doch kann der im Monat März gefahrne Dung der Zeitersparung und der mehreren Arbeiten halber sofort auseinander gefahren werden.

Die Wendfurche muß in der Mitte des April 5 bis 6 Zoll tief gegeben, und mit dieser der Dung untergeackert werden. Vor dieser Zeit bis zu Anfang des Mai muß der Acker rein und gut abgeegget seyn. Das Eggen muß bei trockener Witterung geschehen, und es ist so viel möglich dahin zu sehen, daß es nicht mit einem Male, sondern zur Vertilgung des aufkeimenden Unkrauts nach und nach geschehe.

Zu Anfang des Maimonats bekommt der Acker die Saatfurche, und bis zum 8ten dieses Monats müssen sämmtliche Kartoffeln gepflanzt seyn.

Es giebt mehrere Methoden, die bei dem Pflanzgeschäft beobachtet werden; ich kenne aus eigener Erfahrung aber nur zwei derselben, und diese sind

1) das allgemeine bekannte Pflanzen hinter dem Hacken, und

2) das weniger bekannte Pflanzen in Reihen.

Im erstern Fall halte ich für besser, sich des Pfluges zu bedienen, und die Kartoffeln nicht tiefer wie vier Zoll zu legen, vorausgesetzt, daß die Wendfurche überall 6 Zoll tief gegeben wurde. Sie müssen in den Reihen 1½ Fuß, und die Reihen selbst 2 Fuß rheinländisch aus einander gelegt werden. Pflüger und Pflanzer sind hierin genau zu belehren. Der Acker bleibt nach dem Pflanzen in rauhen Furchen liegen.

Sollte unter Begünstigung der Witterung der im Acker befindliche Unkrautsaame durch den frischen Dung schneller hervorgetrieben werden, als die Kartoffeln zum Vorschein kommen, so kann der Acker einige Male mit hölzernen Eggen überzogen, und dieses so oft es nöthig scheint wiederholt werden. Sind die Kartoffeln endlich alle zum Vorschein gekommen, so wird der Acker mit nicht zu schweren hölzernen Eggen hinreichend abgeeggt. Dieses Eggen, welches das Unkraut zerstört, und die Kartoffeln in den Stand setzt, diesem Feind den Vorsprung abzugewinnen, ist für die Folge von der größten Wichtigkeit. Alles Unkraut, was nach diesem hervorkommt, wird durch die bekannten Geräthschaften des Schaufel- und Behäufpfluges (Kartoffelhacken) bei zweckmäßiger Anwendung ganz vertilgt werden können.

Bei der zweiten Methode, die Kartoffeln in Reihen zu pflanzen, wird der Acker unmittelbar nach der Saatfurche glatt geeggt und folgendergestalt bepflanzt.

Man verschafft sich zwei Leinen von der Dicke einer gewöhnlichen Hak- oder Eggeleine, und von beliebiger Länge, etwa zu 2 bis 300 Fuß. In jeder derselben werden mit möglichster Akkuratesse in einem Zwischenraum von 2 Fuß 2 Zoll rheinländisch (indem die Kartoffeln so weit aus einander gepflanzt werden müssen) kleine Stückchen Tuch angebracht oder eingeklemmt; jede dergestalt bereitete Leine wird nun auf zwei, ungefähr 3 Fuß lange Stecken dergestalt aufgewunden, daß jeder die Hälfte faßt.

Ueber das zu bepflanzende Stück wird die eine dieser Leinen in der Mitte queer übergezogen, und an beiden Enden mit Stecken oder kleinen Pfählen befestiget. Dieß ist nothwendig, damit hiernach die Pflanzleine in der erforderlich gleichmäßigen Richtung gehalten werden könne.

Die zweite Leine, nach welcher gepflanzt wird, muß in gerader Richtung über die erstere gezogen werden, dergestalt, daß sie nach dieser auf allen Seiten einen ganz geraden Winkel formirt. Sie wird in ihrer Mitte an die in der Parallelleine befindlichen Zeichen mittelst eines Steckens fest gestochen, an beiden Enden gerade gezogen, und mit den daran befindlichen Pfählen befestiget.

Jetzt kann mit dem Pflanzen angefangen werden, die Kartoffeln werden gerade unter die an der Pflanzleine befindlichen Zeichen gelegt.

Bei diesem Geschäft sind die dazu erforderlichen Frauen paarweise anzustellen, so daß eine das Loch sticht, die andere die Kartoffeln hineinwirft; und damit hierbei keine Irrung vorgehen, und Zeichen unbepflanzt bleiben können, bemerkt jede der Frauen, welche Löcher sticht, die von ihr zu bearbeitende Länge an der Leine mit einem kleinen Band oder einem andern beliebigen Zeichen.

Ist die Reihe bepflanzt, und die Leine soll weiter gerückt werden, so wird auf beiden Enden die Breite mit einem 2 Fuß 2 Zoll langen Stöckchen abgemessen, jedoch muß auch bei diesem Abmessen genau beobachtet werden, daß der kleine Stock jedes Mal an der Leine einen geraden Winkel macht. Man kann sich auf den Enden viel nach den an der Parallellinie fest gesteckten Stöcken richten, und hiernach die nöthige Verbesserung leicht treffen.

Sind bei dem Geschäft des Fortstechens keine Leute besonders angestellt, so können dieß auch die Pflanzer verrichten; nur müssen diejenigen, denen dieß übertragen wird, an den Enden arbeiten, und einige Löcher weniger zu bepflanzen haben. In der Mitte können ohne weiteres die Pflanzer das Fortstechen verrichten.

Bei regnichter Witterung läuft gewöhnlich die Pflanzleine zusammen, und bei gutem Wetter dehnt sich selbige aus. Dieser Umstand darf keine Irrung hervorbringen, und jeder Aufseher wird ihn durch Aufmerksamkeit leicht unschädlich für das Geschäft machen können. Uebrigens ist das Pflanzen während eines anhaltenden Regenwetters aus manchen Gründen zu widerrathen.

Läuft das zu bepflanzende Stück in einen Winkel aus, so bleibt nichts desto weniger die Parallelleine zur Richtschnur, und wird die Pflanzleine alsdann so weit aufgewunden, als erforderlich ist. Damit aber durch Umänderung der Zeichen keine Zögerung entstehe, müssen kleinere Winkel ohne solche Umänderung mit Aufmerksamkeit bepflanzt, bei größeren aber die Zeichen in der Geschwindigkeit zusammengerückt werden, so wie im entgegengesetzten Fall bei größerer Breite umgekehrt zu verfahren ist.

Die Quantität der in jedes Loch zu werfenden Kartoffeln kann um so weniger genau bestimmt werden, da diese nicht von ganz gleicher Größe sind; inzwischen ist das Verhältniß von 7 Quadratruthen (à 16 Fuß) zu 1 Scheffel Kartoffeln Rostocker Maaß am angemessensten, und dieß deßwegen im Allgemeinen anzunehmen. Man hat also mit einem Scheffel Kartoffeln 448 Löcher zu bepflanzen, und hiernach ist leicht wahrzunehmen, ob beim Einlegen das rechte Maaß beobachtet wird, oder nicht.

Mit 14 Frauen, wovon 12 pflanzen und 2 die Kartoffeln zutragen, können täglich 100 Scheffel mittlerer Sorte ausgepflanzt werden.

Nach meiner Erfahrung hat von diesen beiden Pflanzmethoden im Ertrag keine vor der andern Vorzüge, sondern der ganze Vortheil bei dem Pflanzen nach der Leine besteht vorzüglich darin, daß der Häufelpflug in beiden Richtungen sowohl in der Länge als Queere angewendet werden kann. Wenn übrigens dadurch dem Wachsthum des Unkrauts Abbruch geschieht, so wird dieß dagegen wieder bei dem ersten Aufkeimen begünstigt, weil hier die Egge nicht mehr, wenigstens nicht mit gleichem Vortheil angewendet werden kann. Deßhalb habe ich die Kartoffeln, unmittelbar hinterm Pflug gelegt, stets reiner als die nach der Leine gepflanzten befunden. Der Ertrag war stets bei beiden Arten ziemlich gleich; nur zeigten die öfteren Bearbeitungen mit dem Kartoffelpflug für die Folge sich sehr wohlthätig. Gewöhnlich schien auf einem nach der Leine gepflanzten Kartoffelfelde das Unkraut ganz ausgerottet zu seyn.

Eine neue Erfahrung, die ich in Ansehung der Kartoffeln gemacht habe, besteht darin, daß ich zu Anfang des Juni das Kraut der in den ersten Tagen des Maimonats gepflanzten Kartoffeln bis auf einige Schößlinge abgeschnitten, diese Stechlinge verpflanzt, und davon eine sehr reiche Ernte erhalten habe. Eine Quadratruthe hatte 105 Pfund Kartoffeln gegeben.

Runkelrüben und Kohlrabi

werden in der Mitte des Maimonats gepflanzt. Die angezogenen Pflanzen werden bis dahin die erforderliche Größe erreicht haben. Sie werden ebenfalls nach der Pflanzleine in Reihen, 2 Fuß rheinländisch auseinander, jedoch in sehr lockerm und gut zubereitetem Boden gepflanzt. Letzterer bekommt deßhalb in der Regel bei der Bestellung eine Furche mehr, als das Kartoffelland.

Spätstens müssen diese Gewächse aber zu Ende des Mai gepflanzt seyn.

Weiße Wasserrüben.

können vom 1sten bis 6ten Juni gesäet werden. Auf 50 Quadratruthen kommt 1 Pfund Saame. Der Acker dazu wird zu Anfang des Mai stark gedüngt, und bekommt eine drei bis vierfurchige Bestellung; er wird nur in verschiedenen Zwischenräumen und zwar dann geeggt, wenn der Acker anfängt Unkraut hervorzutreiben. Vor dem Säen wird der Acker ganz glatt geeggt, und wenn der Saame ausgestreuet ist, mit leichten hölzernen Eggen überzogen. Kann dieß Geschäft kurz vor einem Regen unternommen werden, so wird dieß nicht nur großen Einfluß auf ein gutes Aufgehen des Saamens haben, sondern auch der Beschädigung durch den Erdfloh vorbeugen.

2. Gerste mit Klee.

Das Kartoffelland wird im Herbst gehackt, und dabei die etwa im Acker gebliebenen Kartoffeln aufgesammelt; es bleibt den Winter über in rauher Oberfläche liegen.

Im April bekommt dieser Acker, nachdem er vorher geeggt worden, die zweite Furche, wird abermals gut geeggt, worauf in der Zeit vom 12ten bis 24sten Mai die Saatbestellung erfolgt. Die Gerste wird nur sehr flach untergehackt, etwas dünner wie gewöhnlich, etwa auf 70 Quatdratruthen 1 Rostocker Scheffel gesäet, und sofort geeggt. Der Kleesaame wird auf den glatt geeggten Acker à 70 Quadratruthen 3 Pfund egal ausgesäet, und mit leichten Eggen bezogen. Bei Mittel- und leichterem Boden ist jedoch das Walzen nicht zu versäumen.

Ich habe in verschiedenen Jahren von dieser Gerste das 21ste und 22ste Korn geerntet. Die geringere Aussaat kommt dabei allerdings in Betracht; aber auch bei 50 Quadratruthen pro Scheffel Aussaat würde sich das 15te Korn und drüber ergeben. Von sehr vortrefflicher Wirkung habe ich es befunden, die Saatgerste einen Tag vor dem Aussäen mit Wasser anzufeuchten, oder zu waschen. Liegt sie alsdann nur 12 Stunden im Haufen, so quellen die Körner an, und man hat bei sofortigem Unterackern nicht zu befürchten, daß sie ungleich keimt und aufläuft. Der große Einfluß, den ein so gleichmäßiges Aufgehen auf den künftigen Wachsthum und Ertrag hat, ist jedermann aus Erfahrung bekannt, und es bleibt zu wünschen, daß das Waschen der Saatgerste vor dem Säen eben so allgemein würde, wie das Einkalken des Weizens.

3. Klee

zu einem zwei bis dreimaligen Mähen, nachdem die Witterung seinen Wachsthum begünstiget. Er wird nach behackten Früchten stets einen schönen und freudigen Wachsthum erlangen. Ich habe von 100 Quadratruthen 23 Centner gut getrocknetes Kleeheu gewonnen.

4. Weizen.

Die Kleestoppel darf nach dem letzten Schnitt nicht mit Vieh betrieben werden, sondern der junge Kleeaufschuß, und wenn er auch schon ziemlich herangewachsen seyn sollte, muß untergepflügt werden. Der Haken ist hier in der Regel nicht anzuwenden. Bis zur Mitte des Septembers muß das Pflügen möglichst bei trockener Witterung beschafft seyn, und es ist sehr gut, wenn er so 8 und mehrere Tage liegen kann, um sich gehörig zu senken. Sollte indeß das Pflügen durch andere Umstände sich verspäten, und dadurch der Fall eintreten, daß die Bestellung unmittelbar dem Pfluge folgen müßte, so ist ein vorheriges Walzen dieser locker liegenden Pflugfahre durchaus nothwendig. Vor dem Säen wird der Acker mit zweispännigen eisernen Eggen einmal der Länge nach überzogen, hierauf der Weizen gesäet, und mit kleinen Eggen hinreichend eingeeggt. Das ganze Geschäft muß spätstens bis Michaelis beendigt seyn.

Von so bestelltem Weizen habe ich stets einen vorzüglichen Ertrag sowohl in Körnern als Stroh gehabt. Im Durchschnitt einer Reihe von Jahren, unter günstigen und ungünstigen Verhältnissen, auf starkem und mittlerem Boden, zähle ich das 9te Korn, und er zeichnete sich durch seine Güte stets so aus, daß in der Stadt immer einige Schillinge mehr dafür über den Marktpreis bezahlt wurden. Auch das Gewicht von solchem Weizen übertraf das von dem nach reiner Brache gesäeten.

5. Wicken zu Heu in starker Düngung.

Die Weizenstoppel wird im Herbst umgehackt, oder, nach dem landwirthschaftlichen Ausdrucke, gestreeckt. Da der Dung den Winter über hier in Mieten, und mit Anfang des Frühlings gleich aus einander gefahren werden muß, so ist im Spätherbst ein einmaliges Ueberziehen mit hölzernen Eggen zu beobachten. Auf einem ungemergelten Boden ist die Düngung von fünf vierspännigen Hoffudern auf 50 Quadratruthen nicht zu stark; auf einem gemergelten Acker wird dagegen die Hälfte mehr als hinreichend seyn. In der ersten Hälfte des April wird der Dung in der Wendfurche untergeackert, worauf nach einem hinreichenden Eggen beim Ausgang dieses Monats mit der dritten Furche die Bestellung erfolgt. Bei der Bestimmung zu Heu ist die Bestellung mit einem Male, bei der zu Grünfutter aber in verschiedenen Zwischenräumen zu beschaffen. Sie werden sämmtlich in die offene Furche gesäet, und mit der Egge eingeegget. Auf Mittelboden dürfte eine zweifahrige Bestellung vor der dreifahrigen den Vorzug haben.

Nach einer solchen Bestellung wird ein befriedigender Ertrag nie entstehen, wenigstens habe ich davon keine Erfahrung. Ich will hier nicht den Ertrag einiger Jahre, wo ich von 100 Quadratruthen zwei starke Bauernfuder Heu, jedes zu 13 Centner, erhielt, sondern nur den Mittelertrag, der nie unter 1 Hoffuder à 16 bis 18 Centner ausfiel, anführen. Ich habe diese Wicken auch häufig zur grünen Futterung benutzt; weil dabei aber der Klee zu Hülfe genommen wurde, so habe ich hierüber keine besonderen Resultate sammeln können.

6. Rapssaame.

Spätstens in der Mitte des Juli muß das Wickenfeld leer seyn, und sofort der Haken darauf gebracht werden. Das Umhaken ist möglichst zu beeilen, und der Acker wird gewiß sehr mürbe und locker seyn. Eiserne und hölzerne Eggen sind bei trockener Witterung dergestalt anzuwenden, daß der Acker bis zum Ausgang des Juli ganz klar und rein geeggt seyn muß. Die Saatfahre wird vom 1sten bis 8ten Aug. gegeben, und nun die Bestellung nach dem im dritten Abschnitt bemerklich gemachten Verfahren unternommen.

Mehrere Versuche, die ich zwischen Raps in reiner gedüngter Dreeschbrache, und zwischen solchem, wo Wicken zu Heu voraufgegangen waren, anstellte, bestätigen völlig, daß diese Vorfrucht dem Acker keine Kraft entziehet, die auf das Gedeihen des Rapses einigen Einfluß haben könnte. Ich habe nicht nur keinen Unterschied im Allgemeinen bei dergleichen Versuchen gespürt, sondern wohl gar gefunden, daß der Rapssaame nach der Vorfrucht größer und vollkommner war. Von 100 Quadratruthen habe ich 16 bis 18 Scheffel Ertrag gehabt; auf gemergelten Feldern aber diesen Ertrag bis 24 Scheffel und darüber erhöhet gefunden.

7. Weizen und Roggen.

Gleich nach der Rapsernte muß der Acker in rauhe Oberfläche gelegt werden. Größtentheils wird dieß noch vor der Ernte geschehen können. Im August bleibt er ruhig liegen, und erst im September erfolgt die fernere Bearbeitung mit dem Haken und der Egge. In der Regel sind zwei Furchen nach der Rapsernte hinreichend zur folgenden Bestellung; Umstände können aber auch eine dritte Furche nothwendig machen. Eine fleißige Bearbeitung mit der Egge ist dringend zu empfehlen. Das Wintergetreide wird nach der gewöhnlichen Art in offene Furchen gesäet, und mit hölzernen Eggen eingeeggt. Die Bestellung dieser Wintersaat ist spätstens bis zu Ende des Septembers oder in den ersten Tagen des Oktobers zu beschaffen.

Sowohl meine eigene, als die Erfahrungen anderer stimmen darin überein, daß es nächst der Gerste nach behakten Früchten fast keine Fruchtfolge giebt, die stets so gleichmäßige, sichere und günstige Resultate liefert, wie namentlich der Weizen in der Rapsstoppel. Ich habe auch unter den ungünstigsten Verhältnissen nie weniger als das 9te Korn von solchem Weizen gehabt.

8. Gerste.

Diese Gerste wird ganz nach der Methode bestellt, die bei der Koppelwirthschaft seit so vielen Jahren bekannt ist, und die der Mecklenburger größtentheils auf eine so musterhafte Art beschafft. Sie steht hier als eine Ausnahme von der Regel, die nur in Folge vieler wilden Heuwerbung zulässig wird. Die Bestellung dieser Gerste geschieht spätstens bis zu Ende des Mai.

9. Erb-

9. Erbsen in gewöhnlicher Düngung.

Diese Erbsen werden auf jeden Fall in zwei Fahren bestellt. Die erste wird im Herbst als Streeckfurche, jedoch etwas tiefer und zwar so gegeben, wie es gewöhnlich bei solchem Acker geschieht, der im Frühjahr nur noch eine Fahre bekommt. Der Dung wird den Winter über in Mieten auf dem Acker, und kurz vor der Bestellung aus einander gefahren und gestreuet, deßhalb darf im Spätherbst ein leichtes Beziehen des Ackers mit hölzernen Eggen nicht unterbleiben. Es kommt auf die Umstände und Beschaffenheit des Ackers an, ob die Erbsen untergeackert oder in offene Furchen gesäet werden müssen. In den mehrsten Fällen dürfte die Unterackerung vorzuziehen seyn.

Die Bestellung geschieht im Anfang des Aprils, und dieß Geschäft darf ohne besonders ungünstige Witterung nicht bis über die Hälfte dieses Monats hinausreichen. Uebrigens müssen diese Erbsen von der frühreifen Art seyn, deren Ernte in die Mitte des August fällt.

10. Roggen.

Die Erbsenernte muß in der Regel spätstens bis zu Ende des August beendigt seyn. Ohne Rücksicht auf andere wirthschaftliche Geschäfte, wird der Acker unmittelbar nach der Ernte gehackt, ohne vorher vom Vieh betrieben zu werden. Ist er nicht gar zu schwer und übel zu bearbeiten, so möchte zur Bestellung eine Fahre hinreichen. Die Bearbeitung darf so wenig während eines Regens als gleich nach demselben, wenn der Acker schmierig ist, vorgenommen werden. Bis zur Mitte des Septembers, spätstens bis zum 18ten, muß diese Saatbestellung vollendet seyn.

Der Klee wird im ersten Frühling und zwar dann gesäet, wenn der Acker noch die Winterfeuchtigkeiten in sich enthält. Es versteht sich, daß er nicht tief senn darf, in diesem Fall wäre das Säen nach einem Nachtfrost vorzunehmen. Sollte noch hin und wieder etwas Schnee liegen, so schadet dieß nicht, oder doch weniger, als wenn dieß Geschäft verspätet würde.

11. Klee.

Dieser Klee kann entweder zur Weide, zum Mähen, oder zur Saat genommen, auch im Herbst so lange behütet werden, als es die Umstände gestatten.

12. Hafer.

Im Spätherbst kommt der Pflug auf die Kleestoppel. Sie wird in gehöriger Tiefe, etwa 4 Zoll, untergepflügt, bleibt denn bis zum Frühjahr liegen, wird in der letzten Hälfte des Aprils mit zweispännigen eisernen Eggen in der Länge einmal bezogen, und dann mit Hafer besäet. Nach der Saat folgt die eiserne Egge zum zweiten Mal und hierauf die hölzerne. Hat man kleine einspännige eiserne Eggen, so wird das Eineggen mit diesen besser verrichtet werden können. Die Bestellung von diesem Hafer muß bis zu Ende des Aprils geschehen seyn.

Es ist nicht zu verkennen, daß der Mecklenburger in der Ackerbestellung vor vielen Ausländern einen beträchlichen Vorsprung hat. Ich zweifle, daß es bessere Bestellungsmethoden geben kann, als man sie auf den Koppelfeldern findet. Der Koppelwirth leitet daraus allein den mehrern oder minderern Ertrag ab *). Ich

*) Wo bleibt aber dieser Ruhm bei manchem von denjenigen Wirthen, die den ersten Schritt zur Wechselwirthschaft bereits gethan haben? — Wahrlich das Verfahren derselben bei der Bestellung steht mit der früheren im auffallendsten Widerspruch. Man kann nichts elenderes sehen. Man findet die behackten Früchte von Unkraut überwachsen, also für den Acker das erste und nothwendigste Bedürfniß ist die Reinigung und ohne diese sind alle wohlthätigen Folgen für die Zukunft verloren. Im Herbst wird er bei dem strengsten Boden nicht gestreeckt, und ist daher im Frühjahr einem Fels ähnlich. Die Bestellung der Gerste erfolgt öfters in der Mitte des Juni, und weil um diese Zeit gewöhnlich trockene Witterung fällt, kommt kaum die Hälfte zum Vorschein. Der Klee wird im Herbst mit allem Vieh, selbst beim heftigsten Regenwetter behütet und vom Vieh zertreten, und der Ertrag kann deßhalb nur gering ausfallen. Aus Mangel an Arbeitern müssen die vorhandenen sämmtlich bei den Erntegeschäften angestellet werden, und weil diese sich verspätet, bleibt die so nöthige Ackerarbeit spät bis in dem September ausgesetzt. Die um diese Zeit gewöhnlich einfallende regnichte Witterung kann nun nicht mehr vermieden werden. Da wird Klee, Raps- und Erbsenland vorgenommen wie es fällt, naß oder trocken. Es zögert mit der Saatzeit doch noch lange genug, denn kaum kann zu Ende des Septembers der Anfang damit gemacht werden; ja ich habe gesehen, daß noch in der Mitte des Novembers auf gut Glück bestellt wurde. — Ueberdieß wird eben so wenig an das Mergeln gedacht, als an die Verbesserung der Wiesen. Man ist mit einmal zu dem Fruchtwechsel übergesprungen, in dem Wahne, daß dieser alle Fehler decken und alle Mißverhältnisse herstellen müsse. Es fehlt bei so bewandten Umständen an Dung, und nun wird entweder sehr schwach, oder auch wohl gar nicht gedüngt. Die Folge ist: schlechtes Getreide und viel Unkraut. Die Unreinigkeit des Ackers nimmt endlich überhand, der Kornertrag

habe auch bei Aufstellung der vorstehenden Regeln, nicht sowohl die Bestellung selbst als die Beobachtung der rechten Zeit berücksichtiget. Oft werden hiergegen die unverantwortlichsten Fehler begangen, und man findet nicht selten das Bestellungsgeschäft um 8 bis 14 Tage verspätet. Die mühsamste Bearbeitung vermag denn das Versäumte nicht zu ersetzen. Die Ursache hiervon liege nun worin sie wolle; immer sind die Folgen die empfindlichsten. Diesen bei Zeiten vorzubeugen, wie es leicht geschehen kann, wende man alle Sorgfalt an. Kein erdenklicher Vorfall darf eine Störung hervorbringen, kein Hinderniß darf groß genug seyn, um dieses wichtige Geschäft nur einen Tag zu verspäten.

Besondere Vorbereitungen auf den Uebergang zur Wechselwirthschaft.

Man glaubt gemeinhin schon genug gethan zu haben, wenn man der Wechselwirthschaft blindlings beigepflichtet und den Uebergang zu derselben gewählt hat. Man wähnt dabei, in dem gewöhnlichen Geleise alle Vortheile erlangen zu können, die man nur je in der Vorstellung mit dieser Veränderung verbunden hatte, und um derentwillen man solche unternahm. Kurz man beabsich-

wird immer geringer, und — jetzt befindet sich der unvorsichtige Wirth plötzlich am Rande eines Abgrundes, in welchen er sich entweder stürzen, oder wenn er noch Kräfte genug hat, zur Koppelwirthschaft wieder zurückkehren muß. Und nun trifft die Schuld das trügerische System der neuen Schule, und alle Lehrer derselben!! —

Anmerkung des Verfassers.

tigt ohne Anwendung zweckdienlicher Mittel unmittelbaren Gewinnst.

Die Wechselwirthschaft ist es aber nicht, die dem Wirth einer zerrütteten Wirthschaft und eines ausgebaueten Feldes zu dem verlorenen Kredit wieder zu verhelfen vermag, wenn dieser nichts weiter thut, als zu derselben überzugehen; sie ist nicht das wohlthätige Wundermittel, das den andringenden Gläubigern sofort einen Wall entgegenstellt, den sie nicht zu übersteigen vermögen; nicht das Füllhorn der Ceres, das den Ueberfluß spendet, während der Wirth mäßig die Hände in den Schooß schließt. — Nein, es gehört mehr dazu, um alle die Vortheile zu erringen, die eine solche Wirthschaft verheißt.

Neben der früher gedachten Wiesenmelioration, der möglichst stärksten und zweckmäßigen Anwendung des Mergels, dem richtigsten Betrieb wohl gewählter Wirthschaftszweige darf der Wirth nur bei den hierzu erforderlichen Auslagen mit der thätigsten Anstrengung das angefangene Werk betreiben, um eines glücklichen Erfolgs sicher zu seyn; aber solchem verspricht auch die Wechselwirthschaft alle Vortheile, die sie in sich vereint.

Eine, um $\frac{1}{5}$, $\frac{1}{6}$tel oder $\frac{1}{7}$tel, auch wohl noch mehr vergrößerte Ackerbestellung, erfordert mehr Zugvieh. Ein Wirth, der hierauf nicht Rücksicht nimmt und diesem Bedürfniß nicht vorher abzuhelfen sucht, thut besser bei dem alten Leisten zu bleiben. Im andern Fall giebt er nur Zeugniß, daß es ihm entweder an Mitteln oder an

Einsicht fehle; das eine ist so übel wie das andere, und solchen Wirthen ist nicht besser zu rathen, als ihre Wirthschaftsführung einsichtsvolleren Männern anzuvertrauen.

Der vermehrte Getreide- und Futtergewächsanbau erfordert auch bei der Bearbeitung mehrere Menschen. — Diese sind allerdings, wenn wirklicher Mangel daran ist, nicht sobald herbei zu schaffen, wie ein Gespann Pferde und Zugochsen; allein bis zum wirklichen Mangel ist es damit bei uns noch lange nicht gekommen. Da nämlich die allgemeine Einführung des Fruchtwechsels nur allmählig zu erreichen steht, so werden sich auch die Menschen in dem dazu erforderlichen Maaße schon anfinden. Erwägen wir nur die große Menge Menschen, die sich in den Städten fast ohne Verdienst in den dürftigsten Umständen befinden, und daß diese gern ihren Wohnort verlassen werden, wenn sie anderwärts Arbeit und Verdienst finden; sehen wir ferner auf die vielen Menschen, die sich selbst auf den Dörfern im eigentlich mäßigen Zustande befinden, so wird das Bedürfniß der benöthigten Menschen gewiß kein unüberwindliches Hinderniß mehr scheinen. Herr August Karbe hat dieß in seinem geschätzten Werke sehr richtig und überzeugend dargestellt.

Beim Uebergang zur Wechselwirthschaft werden ferner auch sachkundige Wirthschafter erfordert; diese zu erlangen, dürfte wohl die mehrsten Schwierigkeiten haben.

Unter der großen Anzahl junger Leute, die sich dem Fache der Oekonomie gewidmet haben, das heißt: wenn sie die sogenannten Lehrjahre überstanden zu haben glauben, herrscht Egoismus im höchsten Grade. Man will selbst wirthschaften, oder Inspektor werden, ohne sich einen richtigen Begriff von den damit verbundenen Fähigkeiten machen zu können, vielweniger sie selbst zu besitzen. Solche Wirthschafter aber, die diese Benennung in der That während einer vieljährigen Praxis unter der Direktion des Gutsbesitzers oder Pächters sich erworben haben, würden schwer zu überreden, vielweniger zu überzeugen seyn, daß es eine bessere Wirthschaftsart geben könne, als die von ihnen bisher geführte. Sie glauben darin die größten Fortschritte gemacht zu haben, und stützen sich auf eine vieljährige Erfahrung, die ihrer Meinung nach so begründet ist, daß sie keinem Zweifel mehr unterliegt! Man sollte doch, sagt ein solcher, dem seligen Amtmann N. N., dem ich 16 Jahre gedient, mit solchen Neuerungen gekommen seyn, und was hat der Mann sich für ein großes Vermögen zusammen gewirthschaftet. — Nein, ich bin es überzeugt, daß, wer nur seine Sache versteht und das Feld so bestellt, daß er viel Korn bauet, der ist am besten daran, und wird nicht nöthig haben zu solchen unnützen Neuerungen seine Zuflucht zu nehmen! —

Inspektoren hingegen, die selbst durch geprüfte Kenntnisse zu der unbeschränkten Wirthschaftsführung eines Guts gelangt sind, glauben nur durch Thatsachen alles dasjenige widerlegen zu dürfen, was aus dem gewöhnlichen Geleise weicht. Sie stellen ihre musterhaft bestellten und mit dem besten Getreide bedeckten Felder zum Gegenbeweis auf, und glauben das Höchstmögliche dadurch erreicht zu haben. Kann durch Wechselwirthschaft eine größere Vegetation hervorgebracht werden? fragt lächelnd der Inspektor A den Pächter B, seinen Nachbaren. Nein, erwiedert dieser, ich lobe mir ebenfalls unsere Art zu wirthschaften! — Aber Nachbar, Sie wissen, ich habe eben so schönes Korn aufzuweisen, und dennoch kann ich die Pacht bei den jetzigen Preisen nicht herausbringen; hätte ich dieß Jahr nicht die 10 Stück Mastochsen, die ich mit Kartoffeln und Schrot fett machte, und um einen so schönen Preis an den Berliner Schlächter verkauft, und den Tobak gehabt, den ich nach Lübeck verfuhr, wahrlich ich hätte an der Pacht viel zusetzen müssen! —

So drängt sich diesem ein fühlbares Bedürfniß auf, was jenen nicht beunruhigt. Der Inspektor glaubt genug zu thun, recht viel Getreide zur Stadt zu fahren, was kann er dafür, daß die Last um 50 Rthl. unter dem gewöhnlichen Preise stehet? Dieß ist die Ursache, warum das von ihm bewirthschaftete Gut so wenigen Ertrag gebracht hat, und dieser Grund dient ihm zu seiner persönlichen Beruhigung.

Ganz anders verhält es sich mit dem Pächter; dieser muß die Pacht zahlen, und dieß ist für ihn der Bewegungsgrund, sich auf mehrere und zwar solche Erwerbzweige zu legen, die ihn außer dem gewöhnlichen Ertrag baar Geld zuführen und seine Einkünfte vermehren.

Mit solchen Menschen ist es nun allerdings schwer, eine Sache zu betreiben, wo eine aus Ueberzeugung hervorgehende Mitwirkung von so großer Bedeutung ist. Ja trifft die Wahl gerade einen solchen, der mit Unkunde und Widerstreben auch noch das mit verbindet, so wird ohne eine strenge Ansicht dem Betrieb manches Hinderniß in den Weg gelegt, und dadurch der günstige Erfolg öfters verhindert.

Indeß giebt es auch hier sehr rühmliche Ausnahmen, und diese wird der unternehmende Wirth gehörig zu benutzen wissen. Nur Fleiß und guter Wille wird erfordert, um einem solchen Menschen bald die Ueberzeugung zu verschaffen, daß ein reeller Betrieb der Wechselwirthschaft mit unleugbarem Vortheil verbunden sey, und diese Ueberzeugung wird von günstigen Urtheilen begleitet bald die erwünschte Thätigkeit rege machen.

Dafür werde aber solchen Menschen denn auch eine besondere Achtung zu Theil. Nichts schmerzt den Mann von Gefühl mehr, als wenn er zurückgesetzt, und in dem, was er leistet, verkannt wird. Mit Beihülfe eines solchen Mannes, wird man denn auch, wenn das Zutrauen dergestalt gegenseitig begründet ist, mit wahrscheinlicher Aussicht auf Erfolg alles unternehmen können. Man wird stets auf seinen thätigen Beistand rechnen können, und jeden Verlust, der aus einer rückgängig gewordenen Unternehmung entstehen dürfte, wird er wie seinen eigenen ansehen, und deßhalb demselben möglichst vorzubeugen suchen.

Daß hier übrigens von solchen sogenannten Wirthschaftern gar nicht die Rede seyn kann, die sich von den Posten eines Vorreiters, Kutschers, Bedienten rc. zum Posten eines Wirthschafters oder Inspektors empor zu schwingen gewußt haben, versteht sich von selbst. Kann man solchen Leuten zuweilen die praktischen Kenntnisse eines Hackerknechts nicht absprechen; so fehlt ihnen doch gewöhnlich der richtige Ueberblick und Beurtheilung; diese ist es aber, worauf es bei einer regelmäßigen Wirthschaftsführung am meisten ankommt.

Sechster Abschnitt.

Uebergang von der Koppel- zur Wechselwirthschaft.

Aus dem, was bisher über das System der Fruchtfolge gesagt ist, werden wir bei richtiger und unbefangener Ansicht die Ueberzeugung erlangen, daß einer solchen Wirthschaftsführung vor der bisherigen der Vorzug gebühre, daß sie auch durch die mannigfaltigen Erwerbzweige mehr Geld verschaffe und in Umlauf bringe.

Ich würde bei den jetzigen bedrängten Zeiten wahrlich einer der ersten seyn, jede neue mit Ausfällen und Kosten verbundene Feld- und Schlageintheilung, so wie den Uebergang zu einer andern Wirthschaftsmethode, zu widerrathen; hier aber, wo von einem Wirthschaftssystem die Rede ist, das jede Eintheilung der Felder in unverändertem Zustande läßt, wo mit verhältnißmäßig geringem Kostenaufwand die größten Vortheile zu erringen sind, und wo der größtmöglichste Ertrag des Grundstücks erreicht werden kann: unter diesen Verhältnissen muß der Wunsch immer allgemeiner werden, daß dieses wohlthätige Mittel bald allgemeinen Eingang finden möge.

Wie mancher Wirth äußerte schon gegen mich, daß er seinen Dung kaum zu lassen wisse, daß er deßhalb soviel Lagerkorn baue, weil er seine Brachen so stark düngen müsse; — wie viele Güter sind mir nicht bekannt, wo beide Brachen regelmäßig alle Jahr bedüngt werden; wenn aber auch gutes Korn darnach gebauet wird, kann dieß allein den Bedürfnissen jetziger Zeit abhelfen? Warum, frägt man, sollen wir unsere Wiesen verbessern; da wir ohnehin Heu im Ueberfluß haben; warum sollen wir Mergel fahren und uns beträchtlichen Auslagen unterziehen, wir haben ja hinreichenden Dung für unsere Felder, und bauen Getreide in Menge! — Ich frage aber dagegen: was stehet solchen Wirthen im Wege, ihre glücklichen Verhältnisse höher und zweckmäßiger durch Wechselwirthschaft zu benutzen? —

Die Anschaffung eines Betriebskapitals, was sich so reichlich verzinset und so große Vortheile für das Ganze gewährt, kann kein unüberwindliches Hinderniß abgeben. Es wird dazu schon Rath werden, selbst dann, wenn aller Kredit fast verloren seyn sollte. Selbst der Wirth eines ganz verschuldeten Grundstücks wird in diesem Fall Hülfe bei seinen Gläubigern finden, weil diesen durch solche Wege die einzige Möglichkeit bleibt, ihre Kapitale für die Zukunft sicher zu stellen.

Ja ich finde in diesem Unternehmen für die Gegenwart das einzige Rettungsmittel. Ueber die Zukunft hängt ein dichter Schleier, wodurch noch zur Zeit keines Menschen Auge zu dringen vermag. Was könnte uns auch ein Blick in die Zukunft nutzen? was könnte uns die beste Aussicht für Trost gewähren, wenn uns bis dahin der Strom allgemeiner Vernichtung unserm Wirkungskreise entrissen hätte? — Wer für eigene Erhaltung sorgt, sorgt auch für seine Nachkommenschaft.

Was ich bisher über Fruchtfolgen gesagt habe, ist gleichsam als allgemeine Vorschrift anzusehen, nach welcher der Zuschnitt geschehen muß. Wer diesen richtig trifft, und wessen natürliche Verhältnisse von der Beschaffenheit sind, die bemerklich gemachten Verbesserungsmittel mit leichterer Mühe sich zu verschaffen, der verliere nicht die kostbare Zeit mit Versuchen, nicht mit langwierigen Vorkehrungen, nicht mit furchtsamen Bedenklichkeiten. — Er handele rasch, und suche auf dem kürzesten Wege den vorgeschriebenen Standpunkt zu erreichen. Dagegen empfehle ich Vorsicht allen denjenigen, die sich ähnlicher natürlicher Begünstigungen nicht zu erfreuen haben, und welche die erforderlichen Hülfsmittel mit größrern Schwierigkeiten sich verschaffen müssen. Gewöhnlich sind die Wirthe unter solchen Verhältnissen die bereitwilligsten und thätigsten; um so mehr aber ist diesen die nöthige Vorsicht nicht genug zu empfehlen.

Ein jeder sieht leicht, daß es unmöglich ist, ganz genaue Details hier aufzustellen und auf jede individuelle Lage Rücksicht zu nehmen; deßhalb kann ich auch hier nur einen allgemeinen Leitfaden, und mein unmaßgebliches Dafürhalten mittheilen, unter der Voraussetzung, daß jeder einsichtsvolle Wirth darnach die Anwendung auf seine besondern Verhältnisse leicht zu treffen wissen werde.

Schon im vorigen Abschnitt habe ich angeführt, daß die Grundsätze des Fruchtwechsels, ohne ganz besondere Ausnahmen, fürs erste nur auf einem Boden der ersten und zweiten Klasse anzuwenden seyn würden. Ich habe das Ziel vorgesteckt, welches man unter solchen Verhältnissen zu erreichen trachten müsse, und einen zwölfjährigen Fruchtwechsel nebst den Grundsätzen und Regeln seines Betriebs aufgestellt; woraus ein jeder leichtlich bei vorkommenden Fällen die passende Anwendung abnehmen kann. Jetzt werde ich noch versuchen, für die erwähnten Bodenarten, nach ihrer jetzigen Eintheilung einige passende Fruchtfolgen in Vorschlag zu bringen, und den Uebergang dazu jedes Mal nach einer tabellarischen Ansicht darzustellen.

Benutzung eines Bodens der ersten Klasse durch den Fruchtwechsel.

Thonboden, so wie der ganz schwere und bindige Lehm, darf in dieser Klasse nicht oben an gestellt werden. Was mit einer milden Bodenart sofort unternommen werden kann, das erreicht man bei jenem erst durch Jahre lange Anstrengungen. Ein solcher Boden muß erst durch stärkeres Düngen, durch Mergel und Moder in seiner bindenden Kraft gemildert, und zu einem mehr gleichmäßigen Ertrage gebracht werden. Wer weiß es nicht aus Erfahrung, wie vielen widrigen Zufällen die Bearbeitung eines strengen Lehmbodens ausgesetzt ist; nasse oder trockene Witterung ist gleich schädlich bei der Bestellung, und bei der Saat richtet ein trockener Nordwind oft die größte Verheerung an.

Nichts desto weniger ist einem solchen Boden leicht zu helfen, und er ersetzt denn reichlich die darauf verwendeten Kosten. Die Natur steht mit dem Fleiß im Bunde; und sollte auch eine ganze Rotation, oder noch länger erforderlich seyn, um zur ganzen Stallfutterung zu gelangen, so darf man doch des Erfolgs gewiß seyn. Uebrigens wird der Wirth eines solchen Feldes seinen Vortheil wahrzunehmen wissen, und durch einstweilige Einziehung der Brachen in die fruchttragenden Felder und Beibehaltung der Weide fürs Nutzvieh, der eigentlichen Absicht entgegen arbeiten.

Der Boden also, welcher dieser Klasse zugezählt werden kann, begreift in sich:

1) allen milden, mit lösenden Erdtheilen geschwängerten Lehm, und

2) die erste Art aus der gewöhnlich so genannten zweiten Klasse, oder einen durchgängig guten Mittelboden, einen Boden, der bei hinlänglicher Düngung sich zum Weizen- und Gerstenanbau eignet. Jedes Landgut, mit solchem Boden versehen, ist nach gleichen Grundsätzen zu behandeln. Das frühere Gelangen zum Ziele hängt sowohl von günstigen Nebenverhältnissen, als von dem zweckmäßigen Verfahren ab; wilde Heuwerbung und deren Vermehrung leistet die thätigste Beihülfe.

Die Anzahl der Schläge, oder die Feldeintheilungen der Landgüter ist sehr verschieden. Man findet sie von 6, 7, 10, 11 und 12. Was unter und über diese

Zahlen geht, kann nicht bedeutend seyn, und wo ja eine 13 oder 14 schlägige Wirthschaft sich finden sollte, da wird erstere in 6 und 7 und letztere in 2 Mal 7 zu bewirthschaften seyn. — Um die Idee zum Uebergange bei Weidegang und Stallfutterung gleichmäßig an die Hand zu geben, will ich bei jeder Feldeintheilung auf beides Rücksicht nehmen. Dabei versteht es sich jedoch, daß vom Zugvieh, sowohl an Ochsen als Pferden, um so weniger beim Weidegang die Rede seyn kann, als schon bei einer wohl geführten Koppelwirthschaft diese Viehjarten beständig auf dem Stalle gefuttert werden. — In der Regel kann und darf eine ganze Stallfutteruug erst dann eingeführt werden, wenn sämmtliche Schläge gemergelt sind. Deßhalb wird vorher eine Rotation beim Weidegang nothwendig, und auf die größere Kultur, welche dadurch erreicht werden wird, ist der vorgeschlagene Fruchtwechsel berechnet.

A.

Fruchtfolge für 6 Schläge, bei Stallfutterung des Zugviehes und Weidegang des Nutzviehes.

Schlag. Nr. 1. Die eine Hälfte: behackte Früchte. Die andere Hälfte Raps.

Nr. 2. Die eine Hälfte Gersten. Die andere Hälfte Weizen mit Klee.

Nr. 3. Mäheklee zum 1sten Schnitt. Dann Weide.

Nr. 4. Weide bis Johannis. Dann Brache.

Nr. 5. Winterkorn.

Nr. 6.

Nr. 6. Die Hälfte Erbsen und Hafer. Die andere Hälfte Wicken zu Heu oder Grünfutter.

Anmerk. In Nr. 1. wird zu behackten Früchten stark gedüngt.

Nr. 4. wird von Johannis an zur Hälfte gemergelt, ganz gedüngt und mit Winterkorn, namentlich der gemergelte Theil mit Weizen, bestellt.

Nr. 6. wird die Hälfte zu Erbsen und Hafer bestimmt, nicht gedüngt. Die andere Hälfte zu Wicken wird jedes Mal den Herbst und Winter über gemergelt, und im Frühjahr nicht zu stark gedüngt. Dergestalt wird jährlich 1 Schlag gemergelt. Wer diese Arbeit stärker betreiben will, der kann bis Johannis schon Nr. 4. als Dreesch befahren, nur muß zur Schonung der Weide dieß möglichst bei nasser Witterung vermieden werden. Auch geben die Schläge Nr. 2. auf den Theil, wo die Gerste hinkommt, und Nr. 6., wo Erbsen gesäet werden, den Winter über dazu sehr gute Gelegenheit.

In vorstehender Fruchtfolge befinden sich:

- 2 Schläge mit Winterfrucht,
- 2 Schläge mit Sommerfrucht,
- $\frac{1}{2}$ Schlag mit Mäheklee,
- 1 Schlag zur Weide und
- $\frac{1}{2}$ Schlag zur Brache.

Die beiden Winterschläge sind bestellt: 1 mit Weizen, $\frac{1}{2}$ mit Roggen und $\frac{1}{2}$ mit Raps. Die Sommerschläge tragen: $\frac{1}{2}$ Gersten, $\frac{1}{2}$ behackte Früchte, $\frac{1}{2}$ Erbsen und Hafer, und $\frac{1}{2}$ Wicken zu Grünfutter oder Heu. Würde nun jeder Schlag 3 Last Aussaat (die Last zu 5000 Quadratruthen gerechnet) enthalten, so fallen nach den vorhin bemerklich gemachten Regeln in die Sommer- und Herbstbestellung

	einfurchig	
a) Weizen Nr. 2. zweifurchig $\frac{1}{2}$ Schlag .	3	Last
b) Weizen Nr. 5. dreifurchig $\frac{1}{2}$ Schlag .	$4\frac{1}{2}$	—
c) Roggen Nr. 5. dreifurchig $\frac{1}{2}$ Schlag .	$4\frac{1}{2}$	—
d) Raps Nr. 1. zweifahrig $\frac{1}{2}$ Schlag .	3	—
e) Streckfahre Nr. 1. einfahrig $\frac{1}{2}$ Schlag	$1\frac{1}{2}$	—
Streckfahre Nr. 5. einfahrig 1 Schlag	3	—
Summa	$19\frac{1}{2}$	Last

Davon kommen

auf die Zeit von Johannis bis 1. Sept. 3 Monate	$10\frac{1}{2}$	Last
auf den Monat September . .	$4\frac{1}{2}$	—
auf den Monat Oktober . . .	$4\frac{1}{2}$	—
Summa	$19\frac{1}{2}$	—

In der Frühlings- und Sommerbestellung fallen auf die Monate April und Mai

f) behackte Früchte: in Nr. 1. zweifurchig $\frac{1}{2}$ Schlag . .	3	Last
g) Gersten in Nr. 2. zweifurchig $\frac{1}{2}$ Schlag	3	—
h) Erbsen, Hafer und Wicken in Nr. 6. zur Hälfte ein- die andere Hälfte zweifahrig 1 Schlag . . .	$4\frac{1}{2}$	—
Summa	$10\frac{1}{2}$	Last.

Zur Stallfutterung des Zugviehes und zu Heu, dienen

$\frac{1}{2}$ Schlag oder $1\frac{1}{2}$ Last Aussaat mit Klee.

$\frac{1}{2}$ Schlag oder $1\frac{1}{2}$ Last Aussaat mit Futterwicken zur Weide des Nutzviehes.

1 Schlag oder 3 Last Aussaat. Die Kühe kommen nicht in die Nachtkoppel, sondern werden des

Nachts in den Stall gebracht, wo ihnen Abends und Morgens ein Grünfutter gereicht wird.

Abzudüngen sind:

6 Last Aussaat, wovon aber 3 gemergelt sind, und nur ein Drittel der sonst gewöhnlichen Dungung bedürfen.

B.

Fruchtfolge für 6 Schläge bei ganzer Stallfutterung.

Schlag Nr. 1. halb behackte Früchte, die andere Hälfte Raps.

Nr. 2. halb Gersten, die andere Hälfte Weizen mit Klee.

Nr. 3. Mäheklee.

Nr. 4. Weizen.

Nr. 5. halb Erbsen, halb Gersten und Hafer.

Nr. 6. halb Roggen, halb Wicken zu Grünfutter.

Anmerk. Nr. 3. wird im Septembermonat gepflügt und auf der Pflugfurche mit Weizen bestellt.

Nr. 4. macht hier zur Hälfte mit Gersten eine zulässige Abweichung von der Regel.

Weil nur die Hälfte des Schlages mit behackten Früchten bestellt wird, diese aber unter andern die Reinigung des Ackers befördern helfen sollen, so ist damit bei jeder Rotation zu wechseln.

In dieser Fruchtfolge befinden sich $2\frac{1}{2}$ Schläge mit Winter-, $2\frac{1}{2}$ Schläge mit Sommerfrucht, und 1 Schlag mit Klee. Da die Art der Bestellung von der vorhergehenden in einigen Punkten abweicht, so füge ich solche unter Voraussetzung der aufgestellten Regeln hier bei, und so fallen in die Sommer- und Herbstperiode:

a)	Weizen Nr. 2. zweifurchig ½ Schlag .	3	Last
	Weizen Nr. 4. einfurchig 1 Schlag .	3	—
b)	Roggen Nr. 6. zweifurchig ½ Schlag .	3	—
c)	Raps Nr. 1. zweifahrig ½ Schlag .	3	—
d)	Streeckfahre Nr. 1. einfahrig ½ Schlag	1½	—
	Desgleichen Nr. 4. einfahrig 1 Schlag	3	—
	Desgleichen Nr. 5. einfahrig ½ Schlag	1½	—
	Summa .	18	Last

Davon kommen

auf die Zeit vom 1sten Juli bis 1. Sept.	6	Last
vom 1. Sept. bis 8. Oktober . .	6	—
vom 8. Okt. bis gegen Martini .	6	—
Summa .	18	Last

Frühjahrsbestellung vom 1. April bis 1. Juni.

e)	Kartoffeln Nr. 1. zweifahrig ½ Schlag	3	Last
f)	Gersten Nr. 2. zweifahrig ½ Schlag .	3	—
	Gersten Nr. 5. zweifahrig ½ Schlag .	3	—
g)	Erbsen und Wicken Nr. 5 und 6. einfahrig 1 Schlag	3	—
	Summa .	12	Last

Zur Stallfutterung bleiben

1 Kleeschlag oder 3 Last Aussaat

½ Schlag mit Wicken oder 1½ Last Aussaat 4½ Last

und Futtergewächse für den Winter von 1½ Last Aussaat.

Uebergang zum sechsj

	Schlag 1.	2.	3.	4.
1810	Brache	Winterkorn	Sommerkorn	Somme mit K
1811	Winterkorn	$\frac{1}{2}$ beh. Früchte $\frac{1}{2}$ Erbsen	Sommerkorn mit Klee	Kle
1812	$\frac{1}{2}$ beh. Früchte $\frac{1}{2}$ Erbsen	$\frac{1}{2}$ Gersten $\frac{1}{2}$ Winterkorn mit Klee	Klee	Klee bis dann B
1813	$\frac{1}{2}$ Gersten $\frac{1}{2}$ Winterkorn mit Klee	Klee	Klee bis Joh. dann Brache	Winterk
1814	Klee	Klee bis Joh. dann Brache	Winterkorn	$\frac{1}{2}$ Erb $\frac{1}{2}$ Wicke Grünfu
1815	Klee bis Joh. dann Brache	Winterkorn	$\frac{1}{2}$ Erbsen $\frac{1}{2}$ Wicken zu Grünfutter	$\frac{1}{2}$ beh. Fr $\frac{1}{2}$ Ra
1816	Winterkorn	$\frac{1}{2}$ Erbsen $\frac{1}{2}$ Wicken zu Grünfutter	$\frac{1}{2}$ beh. Früchte $\frac{1}{2}$ Raps	$\frac{1}{2}$ Gers $\frac{1}{2}$ Weizen Klee

Fruchtwechsel sub Lit. A.

5.	6.	Anmerkung.
Weide	Weide im Herbst gehackt	Koppelwirthschaft
eide bis oh. dann Brache	½ Wicken zu Grünfutter ½ Hafer	1stes Jahr der Wechselwirthschaft
nterkorn	½ Roggen oder Hafer ½ Wicken zu Grünfutter	NB. in Nr. 6. kann statt Roggen oder Hafer auch Sommerraps genommen werden, nach Wicken zu Grünfutter wird Raps gesäet.
Erbsen Wicken zu rünfutter	½ beh. Früchte ½ Raps	
h. Früchte Raps	½ Gersten ½ Weizen mit Klee	
Gersten Weizen it Klee	Klee	
Klee	Klee bis Joh. dann Brache	Ende der 1sten Rotation.

Uebergang zur

	Schlag 1.	2.	3.	4.
1816	Winterkorn	½ Erbsen ½ Wicken zu Grünfutter	½ beh. Früchte ½ Raps	½ Erbs ½ Weizen Klee
1817	½ Erbsen ½ Wicken zu Grünfutter	½ beh. Früchte ½ Raps	½ Gersten ½ Weizen mit Klee	Klee
1818	½ beh. Früchte ½ Raps	½ Gersten ½ Weizen mit Klee	Klee	Weize
1819	½ Gersten ½ Weizen mit Klee	Klee	Weizen	½ Erbs ½ Gersten Hafer
1820	Klee	Weizen	½ Erbsen ½ Gersten und Hafer	½ Rogg ½ Wicken Grünfut
1821	Weizen	½ Erbsen ½ Gersten und Hafer	½ Roggen ½ Wicken zu Grünfutter	½ beh. Fr ½ Rap
1822	½ Erbsen ½ Gersten und Hafer	½ Roggen ½ Wicken zu Grünfutter	½ beh. Früchte ½ Raps	½ Gerst ½ Weizen Klee

htfolge ſub Lit. B.

5.	6.	Anmerkung.
Klee erbſt mit eizen	Klee bis Joh. dann Brache	Letzte Fruchtfolge der 1ſten Rotation.
eizen	Winterkorn	Anfang der 2ten Rotation gedüngt werden in dieſem Jahr Nr. 1. zur Hälfte Nr. 2. ganz.
Erbſen rſten und afer	½ Erbſen ½ Wicken zu Grünfutten	gedüngt werden Nr. 1. Nr. 5. zu Erbſen und Nr. 6. zu grünen Wicken.
oggen icken zu ünfutter	½ beh. Früchte ½ Raps	erſte Ordnung in der 2ten Rotation.
. Früchte Raps	½ Gerſten ½ Weizen mit Klee	
erſten eizen mit Klee	Klee	
Klee	Weizen	Ende der 2ten Rotation.

An Getreideaussaat hat diese Fruchtfolge:

Weizen	$4\frac{1}{2}$	Last
Roggen	$1\frac{1}{2}$	—
Rapssaamen . . .	$1\frac{1}{2}$	—
Gerste	2	—
Hafer	1	—
Erbsen	$1\frac{1}{2}$	—
Summa .	12	Last

Bis zu Ende der 1sten Rotation müssen alle Schläge gemergelt seyn. Die Kultur des Ackers und der Ertrag desselben wird um vieles erhöhet seyn, und der Wirth sich in Stand befinden, nunmehr zur ganzen Stallfutterung und zu der sub Lit. B. verzeichneten Fruchtfolge übergehen zu können.

In dieser Fruchtfolge sind der Regel nach jährlich nur $1\frac{1}{2}$ Schläge zu bedüngen, nämlich $\frac{1}{2}$ Schlag zu behackten Früchten und $\frac{1}{2}$ Schlag zu grünen Futterwicken; beides in sehr starker Düngung. Mit einer ganz schwachen Düngung werden die Erbsen in der 5ten Düngungstracht sehr gern vorlieb nehmen, und sollte denn noch Dung übrig bleiben, so wäre dieser zum besseren Gedeihen des Klees auf den Rapsacker vor der Winterbestellung zu beschaffen.

Sollte übrigens der Acker sich nicht dazu eignen, zwei Mal Weizen, bloß nach der Einschaltung von Klee zu tragen, so kann statt dessen Roggen genommen werden. Ich habe zwar dabei nie einen Unterschied bemerkt, vielmehr den Weizen nach der Kleestoppel fast immer besser, als den vorhergehenden befunden.

Sowohl bei der 6= als 7schlägigen Eintheilung ist es nicht zu vermeiden, mehrere Fruchtarten in einen Schlag zu bringen, und dadurch den Wechsel gewissermaßen zu vergrößern. Wegen der mancherlei anzubauenden Getreidearten, der Düngung, der Futterkräuter, und namentlich der behackten Früchte halber, ist bei solcher Feldeintheilung, wo nur eine Brache bei der Koppelwirthschaft Statt findet, dergleichen Vervielfältigung nicht zu ändern. Sollte das Lokale dabei Hindernisse aufstellen, so müssen diese entweder klüglich beseitigt, oder eine andere angemessene Fruchtfolge gewählt werden.

Eben so macht die Verschiedenheit der Bestellung der einen oder anderen Fruchtart es nothwendig, bei jedem Wechsel sowohl die zu beschaffende Winter= als Sommersaat, und zwar nach einzelnen Jahren namhaft zu machen. Jeder praktische Landwirth wird sich hiernach das erforderliche Zugvieh an Ochsen und Pferden leicht berechnen können; so wie die Weide und das zu haltende Nutzvieh, und ob beides nach wirthschaftlichen Principien mit der Sommer= und Winterfutterung und der erforderlichen Düngung, im richtigen Verhältniß stehe. Für jede Fruchtfolge hier eine solche Berechnung beizufügen, würde nicht allein zu weitläuftig werden, sondern auch deßhalb größtentheils ohne Nutzen seyn, weil auf dergleichen Berechnungen eine mehr oder minder starke Heuwerbung großen Einfluß hat. Ich werde in der Folge bei einer Vergleichsberechnung über diesen Gegenstand ein Mehreres zu erwähnen Gelegenheit haben; dort werden auch die besonderen Verhältnisse näher bestimmt, und hiernach die Berechnung angelegt werden.

C.

Fruchtfolge für 7 Schläge bey Stallfutterung des Zug- und Weidegang des Nutzviehes.

Nr. 1. ½ Brache, ½ Wicken zu Grünfutter.
Nr. 2. ½ Weizen, ½ Raps.
Nr. 3. ½ Erbsen, ½ Weizen.
Nr. 4. ½ beh. Früchte, ½ Erbsen.
Nr. 5. ½ Gersten, ½ Roggen mit Klee.
Nr. 6. Mäheklee, Weideklee.
Nr. 7. Weide.

Jeder Schlag ist hier zu zwei verschiedenen Fruchtarten berechnet; beide bezeichnen ihrer Folge nach einen zweckmäßigen Wechsel. Ich habe mich über die Ursachen dieser getheilten Fruchtfolge vorhin bereits erklärt; die vorzüglichste gründet sich auf die Größe der Mecklenburgischen Landgüter. Wie viele findet man nicht, die in jedem Schlag 4 und mehrere Last Aussaat haben, und daraus ergiebt sich die Unmöglichkeit, einen solchen Schlag bei der gegenwärtigen Lage und Verfassung durchgehends mit behackten Früchten zu bestellen. — Vorzüglich solcher Güter wegen ist die Fruchtfolge getheilt und dadurch das Ganze zweckmäßiger und ausführbarer gemacht. Landgüter von geringerem Flächeninhalt können sich der ersten oder zweiten Fruchtfolge ganz bedienen, nur dürfen alsdann in der letzteren die behackten Früchte in Nr. 4. nicht wegbleiben, so wie es Grundsatz bleibt, auch in Beibehaltung der ganzen Fruchtfolge, bey jeder Rotation mit diesen Gewächsen zu wechseln.

Wegen des Mergelfahrens ist in der ersten Rotation die Beibehaltung der halben Brache nothwendig. Die erste Hälfte, die im Frühjahr mit Wicken bestellt wird, wird im Winter gemergelt. Wer diese Arbeit weiter als auf einen Schlag ausdehnen will, der findet in Nr. 3. und 4., wo die Erbsen hinkommen, jedoch nur den Winter über hinreichende Beschäftigung. Hafer ist in der Fruchtfolge nicht verzeichnet; dieser kann aber erforderlichen Falls, entweder in Nr. 3. statt Erbsen, oder in Nr. 5. statt Roggen einen guten Platz finden. Da übrigens diese beiden Fruchtarten an ihrem rechten Platz stehen, mithin einen ergiebigen Ertrag versprechen, so dürfte der Hafer leicht anderweitig herbei zu schaffen seyn.

In der Voraussetzung, daß jeder Schlag 3 Last Rostocker Maaß Aussaat — 15000 Quadratruthen — enthält, befinden sich in vorstehender Fruchtfolge:

a) an Getreideaussaat

Weizen in Nr. 2. und 3.	3 Last.	
Roggen in Nr. 5. .	$1\frac{1}{2}$ —	
Raps in Nr. 2. .	$1\frac{1}{2}$ —	
Gersten in Nr. 5. .	$1\frac{1}{2}$ —	
Erbsen in Nr. 3. und 4.	3 —	Summa $10\frac{1}{2}$ Last

b) zur grünen Futterung des Zugviehes und zu Heu

Klee in Nr. 6. .	$1\frac{1}{2}$ Last	
grüne Wicken Nr. 1.	$1\frac{1}{2}$ —	Summa 3 Last

c) Weide für das Nutzvieh Nr. 6. zur Hälfte und Nr. 7. ganz .	$4\frac{1}{2}$ Last
d) zur Winterfutterung an beh. Früchten	$1\frac{1}{2}$ —
e) an Brache zum Behuf des Mergelns	$1\frac{1}{2}$ —
Summa .	21 Last

Ge-

Gedüngt werden jährlich

Nr. 1. und Nr. 4., wovon nur zu Wicken und behackten Früchten etwas stärker, zu Erbsen und zur gemergelten Brache in Nr. 1. aber nur ganz schwach, etwa zwei Fuder à 50 Quadratruthen gedüngt werden darf.

Zur Winterbestellung fallen inclusive der Brachbearbeitung $7\frac{1}{2}$ Last, und zur Frühjahrsbestellung wieder $7\frac{1}{2}$ Last Aussaat. Die zu beschaffenden Fahren sind:

a) Winterbestellung.

Nr. 1. Brache mit Weizen $\frac{1}{2}$ Schlag dreifahrig	$4\frac{1}{2}$	Last
Nr. 2. Raps $\frac{1}{2}$ Schlag, zweifahrig .	3	—
Nr. 3. Weizen $\frac{1}{2}$ Schlag, zweifahrig .	3	—
Nr. 5. Roggen $\frac{1}{2}$ Schlag, zweifahrig .	3	—
Streeckfahre		
Nr. 2. zur Hälfte, Nr. 3. ganz, und Nr. 4. zur Hälfte, einfahrig . .	6	—
Dreesch		
Nr. 7. ganz	3	—
Summa .	$22\frac{1}{2}$	Last.

Davon fallen in die Zeit

vom 24sten Juni bis 1. Sept.	$7\frac{1}{2}$ Last		
vom 1. Sept. bis 8. Okt..	6 —		
vom 8. Okt. bis 16. Nov.	9 —	.	$22\frac{1}{2}$ —

b) Frühjahrsbestellung.

Nr. 1. Wicken $\frac{1}{2}$ Schlag zweifahrig .	3	Last
Nr. 3. Erbsen, $\frac{1}{2}$ Schlag einfahrig *) .	$1\frac{1}{2}$	—
Summa .	$4\frac{1}{2}$	Last

*) Zu den Erbsen ist im Herbst schon eine Streeckfahre gegeben, sie werden also zweifahrig bestellt. Dieß einfahrig be-

	Transport	$4\frac{1}{2}$ Last
Nr. 4. beh. Früchte $\frac{1}{2}$ Schlag, zweifahrig		3 —
— Erbsen $\frac{1}{2}$ Schlag, einfahrig	.	$1\frac{1}{2}$ —
Nr. 5. Gerste $\frac{1}{2}$ Schlag, zweifahrig	.	3 —
	Summa .	12 Last.

D.

Siebenjährige Frucht- und Wechselfolge bey ganzer Stallfutterung.

Schlag Nr. 1. $\frac{1}{2}$ behackte Früchte, $\frac{1}{2}$ Raps.
Nr. 2. $\frac{1}{2}$ Gerste, $\frac{1}{2}$ Weizen mit Klee.
Nr. 3. Mäheklee.
Nr. 4. Weizen, $\frac{1}{3}$ Roggen.
Nr. 5. Gerste und $\frac{1}{2}$ Erbsen.
Nr. 6. Erbsen und $\frac{1}{2}$ Hafer.
Nr. 7. Roggen und $\frac{1}{2}$ Wicken zu Grünfutter.

Anmerk. Bei sehr weniger wilden Heuwerbung würde diese Fruchtfolge dahin zu ändern seyn, daß ein halber Schlag zu Wicken oder Kleeheu zu benutzen bliebe. In Nr. 5. kämen dann Erbsen, Nr. 6. Roggen und Hafer, und Nr. 7. ganz mit Wicken zu Grünfutter. Alsdenn würde dem Wirth bei reichen Heuernten noch immer die Wahl bleiben, die Hälfte der in Nr. 7. befindlichen Wicken zur Saamenreife gelangen zu lassen.

Dieser 7jährige Wechsel hat:

a) an Getreideaussaat:

Weizen in Nr. 2. und 4.	. .	$4\frac{1}{2}$ Last
Roggen in Nr. 7.	. . .	$1\frac{1}{2}$ —
Raps in Nr. 1.	. . .	$1\frac{1}{2}$ —
	Summa .	$7\frac{1}{2}$ Last

zieht sich nur auf die Frühjahrsbestellung, so wie es auch mit dem übrigen Sommergetreide der Fall ist.

	Transport	$7\frac{1}{2}$ Last
Gerste in Nr. 2. und 5.	. .	3 —
Hafer in Nr. 6. . .	. .	$1\frac{1}{2}$ —
Erbsen in Nr. 5. und 6.	. .	3 —
	Summa .	15 Last.
b) zur Stallfutterung		
Klee Nr. 3 . 3 Last		
grüne Wicken Nr. 7. $1\frac{1}{2}$ —	.	$4\frac{1}{2}$ Last
c) zur besseren Winterfutterung		
behackte Früchte in Nr. 1.	. .	$1\frac{1}{2}$ —
	Summa .	21 Last.
d) Abzudüngen sind jährlich 2 Schläge		
Nr. 1. und 7. jeder zur Hälfte in starker, und		
Nr. 5. in halber Düngung sind	.	6 Last

Zur Acker- und Saatbestellung kommen im Sommer und Herbst

Nr. 1. zur Hälfte mit Raps, zweifahrig	3	Last
Nr. 2. zur Hälfte mit Weizen, zweifahrig	3	—
Nr. 3. ganz mit Weizen, einfahrig	3	—
Nr. 7. zur Hälfte mit Roggen, zweifahrig	3	—
Summa .	12	Last.

Davon

im Monat Juli und August .	6	Last
im Monat Sept. und bis 8. Okt. .	6	—

An Streeckfahre

vom 8. Oktobr. bis 12. November.

Nr. 1.	zur Hälfte . . .	$1\frac{1}{2}$	Last
Nr. 2	zur Hälfte . . .	$1\frac{1}{2}$	—
Nr. 4	ganz	3	—
Nr 5.	ganz	3	—
Nr. 6.	zur Hälfte . . .	$1\frac{1}{2}$	—
	Summa .	$10\frac{1}{2}$	Last.

Frühjahrsbestellung. Im Monat April und Mai.

Nr 1.	zur Hälfte mit beh. Früchten, zweifahrig	3	Last
Nr. 2.	zur Hälfte mit Gerste, zweifahrig .	3	—
Nr. 5.	zur Hälfte mit Gerste, einfahrig .	3	—
Nr. 5.	zur Hälfte mit Erbsen, einfahrig .	$1\frac{1}{2}$	—
Nr. 6.	mit Erbsen und Hafer, einfahrig .	3	—
Nr. 7.	$\frac{1}{2}$ mit Wicken zu Grünfutter, zweifahr.	$1\frac{1}{2}$	—
	Summa .	15	Last.

Für Güter von geringerer Größe und weniger Heuwerbung wäre bei ganzer Stallfutterung folgender Fruchtwechsel zu empfehlen.

Nr. 1. Wicken zu Heu in starker Düngung

Nr. 2. Raps.

Nr. 3. Weizen und Roggen.

Nr. 4. Erbsen und Wicken zur Reife.

Nr. 5. beh. Früchte in starker Düngung.

Nr. 6. Gerste und Hafer mit Klee

Nr. 7. Klee zum Mähen.

Uebergang zur

	Nr. 1.	2.	3.	4.
1810	Brache	Winterkorn	Sommerkorn	Sommer mit Kl
1811	Winterkorn	½ beh. Früchte ½ Erbsen	Sommerkorn mit Klee	Klee
1812	½ beh. Früchte ½ Erbsen	½ Gerste ½ Roggen mit Klee	Klee	Weide
1813	½ Gerste ½ Roggen mit Klee	Klee	Weide	½ Brac ½ Wicken Grünfu
1814	Klee	Weide	½ Brache ½ Wicken zu Grünfutter	½ Weiz ½ Rap
1815	Weide	½ Brache ½ Wicken zu Grünfutter	½ Weizen ½ Raps	½ Erbs ½ Weiz
1816	½ Brache ½ Wicken zu Grünfutter	½ Weizen ½ Raps	½ Erbsen ½ Weizen	½ beh. Fr ½ Erbs
1817	½ Weizen ½ Raps	½ Erbsen ½ Weizen	½ beh. Früchte ½ Erbsen	½ Gers ½ Rogg mi. K

tfolge sub Lit. C.

5.	6.	7.	Anmerkungen.
eide	Weide	Weide	Koppelwirthschaft
eide	½ Brache ½ Wicken zu Grünfutter	Wicken zu Heu und Erbsen zur Reife	gedüngt werden Nr. 2. und 6.
Brache icken zu nfutter	½ Weizen ½ Raps	Winterkorn	gedüngt werden Nr. 1. und 5.
Weizen Raps	½ Erbsen ½ Weizen	beh. Früchte ½ Erbsen	
Erbsen Weizen	½ beh. Früchte ½ Erbsen	½ Gerste Roggen mit Klee	
Früchte Erbsen	½ Gerste ½ Roggen mit Klee	Klee	
Gerste Roggen Klee	Klee	Weide	
Klee	Weide	½ Brache ½ Wicken zu Grünfutter	Ende der 1sten Rotation der Wechselwirthschaft.

Uebergang zur

	Nr. 1.	2.	3.	4.
1818	½ Erbsen ½ Weizen	½ beh. Früchte ½ Erbsen	½ Gerste ½ Roggen mit Klee	Klee
1819	½ beh. Früchte ½ Erbsen	½ Gerste ½ Roggen mit Klee	Klee	Weizen
1820	½ Gerste ½ Roggen mit Klee	Klee	Weizen	½ Gers ½ Erbs
1821	Klee	Weizen	½ Gerste ½ Erbsen	½ Erbs ½ Hafe
1822	Weizen	½ Gerste ½ Erbsen	½ Erbsen ½ Hafer	½ Rogg ½ Wicken Grünfut
1823	½ Gerste ½ Erbsen	½ Erbsen ½ Hafer	½ Roggen ½ Wicken zu Grünfutter	½ beh. Fr ½ Raps
1824	½ Erbsen ½ Hafer	½ Roggen ½ Wicken zu Grünfutter	½ beh. Früchte ½ Raps	½ Gers ½ Weizen Klee

)tfolge sub Lit. D.

5.	6.	7.	Anmerkungen.
Beizen	½ Wicken zu Grünfutter ½ Erbsen	½ Weizen ½ Raps	Anfang der 2ten Rotation; gedüngt werden Nr. 2. und 6.
Gerste Erbsen	½ Roggen ½ Hafer	½ Wicken zu Grünfutter ½ Weizen	gedüngt werden Nr. 1. Nr. 5. zu Gerste und Nr. 7. zu Wicken.
Erbsen Hafer	½ Hafer ½ Wicken zu Grünfutter	½ Raps ½ beh. Früchte	gedüngt werden Nr. 4. ganz Nr. 6. zu Wicken und Nr. 7. zu behackten Früchten.
Roggen Bicken zu ünfutter	½ beh. Früchte ½ Raps	½ Weizen ½ Gerste mit Klee	
h. Früchte Raps	½ Gerste ½ Weizen mit Klee	Klee	
Gerste Beizen mit Klee	Klee	Weizen	
Klee	Weizen	½ Gerste ½ Erbsen	Ende der 2ten Rotation.

Ich übergehe die achtschlägige Eintheilung. Man findet diese in Mecklenburg äußerst selten. Erforderlichen Falls ist eine solche Fruchtfolge nach der siebenschlägigen leicht auszumitteln. Auch sind hiervon die etwanigen Vierfelderwirthschaften — die als solche nie einen regelmäßigen Fruchtwechsel gestatten — zu behandeln. Jeder Schlag zur Hälfte genommen würde einen achtjährigen Wechsel erfordern.

Auch 9 Schläge trifft man meines Wissens bei der Koppelwirthschaft nur höchst selten. Diese Eintheilung hat nur bei der Wechselwirthschaft so große Vorzüge. Herr August Karbe hat darüber mit vorzüglichem Scharfsinn alles gesagt, und seine Schrift ist zu beliebt und geschätzt, als daß sie dem aufgeklärten Landwirth unbekannt seyn sollte. Ich verweise also alle diejenigen darauf, die von einer Dreifelderwirthschaft zur neunschlägigen Eintheilung und Fruchtfolge übergehen wollen. Der Dreifelderwirth, der nur 6 Schläge beabsichtigt, findet schon den Fruchtwechsel sub Lit. A. und B. verzeichnet.

Wir kommen nun zur zehnschlägigen Feldeintheilung. Sie ist die Puppe des Koppelwirths, und in dem Verhältniß, welches wir hier zu berücksichtigen haben, hat sie in der That vor andern viele Vorzüge. Sie existirt häufig und nicht leicht wurde von dieser Eintheilung der Uebergang zu einer andern gewählt. Sie ist nach der neunschlägigen Eintheilung die erste, die in der Regel bei der Koppelwirthschaft zwei reine Brachen hält; die Dreeschbrache wurde indeß seit längerer Zeit größtentheils besaamt; und weil dabei der Winterfrucht oft behackte Früchte voraufgingen, so legte dieß zu mancher irrigen Meinung den Grund.

Folgender Fruchtwechsel, der auch auf alle fünffeldrigen Wirthschaften bei Theilung der Schläge angewendet werden kann, wird den Ertrag, welchen eine Koppelwirthschaft gewährt, bedeutend überwiegen.

E.

Zehnjährige Frucht- und Wechselfolge bei Stallfutterung des Zug- und Weidegang des Nutzviehes.

Schlag Nr. 1. behackte Früchte — in starker Düngung.
Nr. 2. Gerste mit Klee.
Nr. 3. Klee.
Nr. 4. Weide.
Nr. 5. Brache gemergelt und gedüngt.
Nr. 6. Raps.
Nr. 7. Weizen.
Nr. 8. Gerste, $\frac{1}{2}$ Hafer.
Nr. 9. $\frac{1}{2}$ Wicken zu Grünfutter in schwacher Düngung.
$\frac{1}{2}$ Erbsen zu Grünfutter in schwacher Düngung.
Nr. 10. Roggen.

Die reine Brache ist des Mergels halber hier beizubehalten. Sie wird bis zum Juli damit befahren, schwach gedüngt, und im Aug. mit Raps bestellt. Dabei wird vorausgesetzt, daß auch den Winter über 1 Schlag gemergelt wird, wozu Nr. 2. und 9. sehr gute Gelegenheit geben; sonst würde auf jeden Fall die Hälfte des Brachschlages schon im Winter zu mergeln, im Frühjahr zu düngen und mit Wicken zum Grünfutter zu bestellen seyn. Nr. 9. wird sodann ganz mit Erbsen besäet. Uebrigens müssen bei dieser und der folgenden Feldeintheilung in der Regel stets 2 Schläge gemergelt werden.

Ich nehme an, daß jeder Schlag 2 Last Aussaat Rostocker Maaß oder 10000 Quadratruthen enthält, und dann hat vorstehender Wechsel folgende

a) Getreideaussaat:			
Weizen in Nr. 7. .	2 Last.		
Roggen in Nr. 10. .	2 —		
Raps in Nr. 6. .	2 —	Sm. W. S.	6 Last
Gerste in Nr. 2. und 8.	3 —		
Hafer in Nr. 8. .	1 —		
Erbsen in Nr. 9. .	1 —	Sm. S.Saat	5 Last
b) zur grünen Futterung des Zugviehes und zu Heu			
Klee Nr. 3. zum 1. Schnitt.	1 Last		
Wicken Nr. 9. . .	1 —	.	2 Last
c) Weide für das Nutzvieh			
Nr. 3. nach dem 1sten Schnitt	1 Last		
Nr. 4. nach dem 1sten Schnitt	2 —	.	3 Last
d) zur Winterfutterung an beh. Fr.	2 —	.	2 —
e) Brache in Nr. 5. .	.	.	2 —
		Summa .	20 Last

Gedüngt werden jährlich 3 Schläge und zwar Nr. 1. in starker, Nr. 5. und 9. aber in schwacher Düngung.

Bei der Acker- und Saatbestellung fallen, einfahrig gerechnet, auf die Zeit

a) von Johannis bis zum 1sten Sept.

Raps, inclus. der Brachbearbeitung	6 Last	
Weizen nach Raps und Roggen nach Wicken, jedes vorher eine Fahre	4 —	10 Last

b) vom 1sten bis 30sten Sept.

Weizen und Roggenbestellung 2 Schläge Nr. 7. und 10. . .		4 —

c) Streeckfahre vom 1sten bis 31. Okt.

Nr. 1. 7. 8. und 10. .	8 Last	

d) Dreesch vom 1. bis 12. Nov.

Nr. 4. . . .	2 —	10 Last

Sommersaatbestellung

e) vom 24sten März bis 31. Mai

Nr. 1. 2. und 8. zweifahrig	12 Last	
Nr. 9. einfahrig . .	2 —	14 Last.

Sobald sämmtliche Schläge gemergelt sind, kann man zu folgender Fruchtfolge übergehen, ohne daß es nöthig ist, mit der vorstehenden die erste Rotation durchzuhalten.

F.

Zehnjährige Frucht- und Wechselfolge bei ganzer Stallfutterung.

Schlag Nr. 1. Behackte Früchte in starker Düngung
Nr. 2. Gerste mit Klee
Nr. 3. Mäheklee
Nr. 4. Weizen, einfahrig in der Kleestoppel

Nr.

Nr. 5. Wicken zu Grünfutter in starker Düngung.

Nr. 6. Raps.

Nr. 7. Weizen.

Nr. 8. Gerste in halber Düngung, NB. bei der Möglichkeit einer starken Düngung, mit Tobak.

Nr. 9. Erbsen, im letzteren Fall mit Roggen.

Nr. 10. Roggen, im letzteren Fall mit Hafer.

Von dem Anbau der Handelsgewächse, namentlich des Tobaks, ist bei den bisherigen Fruchtfolgen noch nicht die Rede gewesen; sie können aber im Kleinen nach Maaßgabe des Kulturzustandes und vorhandenen Düngers sehr gut darin aufgenommen werden; nur im Großen darf dieß nicht eher geschehen, bis sämmtliche Schläge gemergelt und die Kultur einen solchen Grad erreicht hat, daß der darauf verwendete Dünger in der erforderlichen Quantität von der Düngung der behackten Früchte und der grünen Wicken erübrigt werden kann.

Ohne Rücksicht auf diesen zulässigen Anbau von Handelsgewächsen zu nehmen, hat dieser Fruchtwechsel folgende Aussaat verkäuflicher Produkte:

1) Weizen Nr. 4. und 7.	4 Last		
2) Roggen Nr. 10. .	2 —		
3) Raps Nr. 6. .	2 —	Sm. W.S.	8 Last
4) Gerste Nr. 2. und 8.	4 Last		
5) Erbsen Nr. 9. .	2 —	Sm. S.S.	6 Last
		Summa .	14 Last.

Transport 14 Last

Zur Stallfutterung

6) Klee Nr. 3. . 2 Last
7) grüne Wicken Nr. 5. 2 — Summa . 4 —

Zur Winterfutterung

8) beh. Früchte Nr. 1. 2 Last . 2 —

Summa . 20 Last

Zur Winterbestellung kommen vom 1sten Juli bis 30. Sept.

Weizen in Nr. 4. einfahrig 2 Last
Roggen in Nr. 10. zweifahrig*) 4 —
Raps in Nr. 6. zweifahrig 4 — Summa 10 Last

Streeckfahre vom 1sten Oktob. bis 12. Nov.

Nr. 1. 4. 7. und 8. einfahrig . . 8 Last

Zur Sommersaatbestellung vom 24. März bis 31. Mai.

Gerste Nr. 2. und 8. zweifahrig 8 Last
Erbsen Nr. 9. einfahrig 2 —
Wicken zu Grünfutter Nr. 5. einfahrig 2 —
beh. Früchte Nr. 1. zweifahrig 4 — Sm. 16 Last.

In der vorstehenden Fruchtfolge fehlt der Hafer. Wer an dessen Stelle eben so gut Gerste bauen kann, der muß sich jenen durch Ankauf verschaffen; sonst kann auch der zur Wirthschaft erforderliche Hafer in den Gerstenschlägen Nr. 2. und 8. sehr gut angebauet werden. Auch die zum Grünfutter erforderlichen Wicken sind in dem Schlag Nr. 9. anzubauen.

*) In den mehresten Fällen wird eine Fahre nach Erbsen zur Roggenbestellung hinreichend seyn.

Uebergang zur Fru

	Nr. 1.	2.	3.	4.	5.
1810	Dreesch- brache	Winterkorn	Sommer- korn	Sommer- korn	Mür brac
1811	Raps	Sommer- korn	Roggen	Wicken zu Grünfutter	Weiz
1812	Winterkorn	Sommer- korn	Wicken zu Grünfutter	Roggen	beh. F
1813	Sommer- korn	Wicken zu Grünfutter	Roggen	beh. Früchte	Ger mit K
1814	Wicken zu Grünfutter	Roggen	beh. Früchte	Gerste mit Klee	Kle
1815	Roggen	beh. Früchte	Gerste mit Klee	Klee	Wei
1816	beh. Früchte	Gerste mit Klee	Klee	Weide	Bra
1817	Gerste mit Klee	Klee	Weide	Brache	Ra
1818	Klee	Weide	Brache	Raps	Weiz
1819	Weide	Brache	Raps	Weizen	Gerste Hafe

echsel sub Lit. E.

6.	7.	8.	9.	10.
nterkorn	Sommer-korn mit Klee	Klee	Weide	Weide
Früchte	Klee	Weide	Weide	Brache
:ste mit Klee	Weide	Weide	Brache	Raps
Klee	Weide	Brache	Raps	Weizen
Beide	Brache	Raps	Weizen	Gerste und Hafer
rache	Raps	Weizen	Gerste und Hafer	$\frac{1}{2}$ Erbsen $\frac{1}{2}$ Wicken zu Grünfutter
aps	Weizen	Gerste und Hafer	$\frac{1}{2}$ Erbsen $\frac{1}{2}$ Wicken zu Grünfutter	Roggen
Beizen	Gerste und Hafer	$\frac{1}{2}$ Erbsen $\frac{1}{2}$ Wicken zu Grünfutter	Roggen	beh. Früchte
rste mit afer	$\frac{1}{2}$ Erbsen $\frac{1}{2}$ Wicken zu Grünfutter	Roggen	beh. Früchte	Gerste mit Klee
Erbsen icken zu nfutter	Roggen	beh. Früchte	Gerste mit Klee	Klee

Uebergang zur Fr

	Nr. 1.	2.	3.	4.	5.
1820	Brache	Raps	Weizen	Gerste und Hafer	$\frac{1}{2}$ Erb $\frac{1}{2}$ Wicke Grünfu
1821	Raps	Weizen	Gerste und Hafer	Erbsen	Rogg
1822	Weizen	Gerste und Hafer	Erbsen	Roggen	beh. Fr
1823	Gerste und Hafer	Erbsen	Roggen	beh. Früchte	Gerste Klee
1824	Erbsen	Roggen	beh. Früchte	Gerste mit Klee	Klee
1825	Roggen	beh. Früchte	Gerste mit Klee	Klee	Weiz
1826	beh. Früchte	Gerste mit Klee	Klee	Weizen	Wicken Grünfu
1827	Gerste mit Klee	Klee	Weizen	Wicken zu Grünfutter	Rap
1828	Klee	Weizen	Wicken zu Grünfutter	Raps	Weiz
1829	Weizen	Wicken zu Grünfutter	Raps	Weizen	Gers

Zu S. 258.

olge sub Lit. F.

6.	7.	8.	9.	10.
oggen	beh. Früchte	Gerste mit Klee	Klee	Weizen
Früchte	Gerste mit Klee	Klee	Weizen	Wicken zu Grünfutter
ste mit Klee	Klee	Weizen	Wicken zu Grünfutter	Raps
Klee	Weizen	Wicken zu Grünfutter	Raps	Weizen
eizen	Wicken zu Grünfutter	Raps	Weizen	Gerste
cken zu infutter	Raps	Weizen	Gerste	Erbsen
aps	Weizen	Gerste	Erbsen	Roggen
eizen	Gerste	Erbsen	Roggen	beh. Früchte
erste	Erbsen	Roggen	beh. Früchte	Gerste mit Klee
rbsen	Roggen	beh. Früchte	Gerste mit Klee	Klee.

G.

Eilfjähriger Fruchtwechsel bei Weidegang des Nutzviehes und Stallfutterung des Zugviehes.

Schlag Nr. 1. behackte Früchte in starker Düngung.
Nr. 2. Gerste mit Klee.
Nr. 3. Klee.
Nr. 4. Weide.
Nr. 5. Hafer.
Nr. 6. $\frac{1}{2}$ Brache, $\frac{1}{2}$ Wicken zu Grünfutter, gemergelt und gedüngt.
Nr. 7. Raps.
Nr. 8. Weizen.
Nr. 9. Gerste gemergelt und halber Düngung.
Nr. 10. Erbsen und Wicken zur Reife.
Nr. 11. Roggen.

Wenn hier Weidegang des Nutzviehes beabsichtigt wird, und doch nur ein Eilftel zur Weide bestimmt ist, so versteht es sich, daß dieses Vieh sämmtlich Morgens und Abends mit grünem Futter im Stalle versorgt werden muß. Deßhalb sind $1\frac{1}{2}$ Schläge zu dergleichen Futtergewächsen berechnet. Abtriften, Moore, Brücher &c. dienen zur Weide fürs Dorfvieh und das sonstige gute Vieh, so daß bloß das milchende Vieh auf die eigentliche Weide den Tag über getrieben wird. Mastungen, wo das erforderliche Vieh im Herbst von solchen Gegenden angekauft wird, die beim Ueberfluß an natürlichen Viehweiden hauptsächlich Viehzucht betreiben, müssen hier das Gleichgewicht zwischen den gewonnenen Produkten und der Viehhaltung herstellen, und dahin wirken, daß die große Menge der gewonnenen Gewächse, wenigstens die unedleren Theile derselben, zweckmäßig verarbeitet dem Acker wieder zugeführt werden können.

Derjenige Theil der Brache, wo die Wicken zum Grünfutter hinkommen, muß den Herbst und Winter vorher gemergelt und gedüngt werden. Dieß geschieht auch mit dem Schlag Nr. 9. Es ist möglichst dahin zu sehen, daß die Operation des Mergelns gänzlich beendigt werde, weil es alsdenn nicht nöthig ist, die erste Rotation mit Weidegang durchzuhalten, sondern der Uebergang zur ganzen Stallfutterung sogleich geschehen kann.

An Aussaat hat dieser eilfjährige Wechsel, den Schlag zu 2 Last Rostocker Maaß gerechnet:

1) Weizen in Nr. 8. .	2 Last		
2) Roggen in Nr. 11.	2 —		
3) Raps in Nr. 7. .	2 —	Sm. Winterf.	6 Last
4) Gerste in Nr. 2. und 9.	4 —		
5) Hafer in Nr. 5.	2 —		
6) Erbsen in Nr. 10.	2 —	Sm. Som. Getr.	8 —
7) Klee zu Grünfutter in Nr. 3. . .	2 —		
8) Wicken zu Grünfutter in Nr. 6. .	1 —	Sm. zu Grünf.	3 —
9) beh. Früchte in Nr. 1.	2 —		
10) an Weide in Nr. 4.	2 —		
11) Brache in Nr. 3.	1 —	Sm. .	5 —
		Summa .	22 Last.

Gedüngt werden 3 Schläge, wovon einer in ganze und zwei in halbe Düngung kommen.

Die Art der Bestellung, so wie die Regeln derselben, sind den vorhergehenden gleich. Die zu beschaffenden Fahren sind darnach leicht auszumitteln und das zu haltende Zugvieh zu berechnen. Ich werde mich daher weder hier noch künftig weiter dabei verweilen.

H.

Eilfjähriger Fruchtwechsel bei ganzer Stallfutterung.

Schlag Nr. 1. behackte Früchte in starker Düngung.
Nr. 2. Gerste mit Klee.
Nr. 3. Mäheklee.
Nr. 4. Weizen.
Nr. 5. Erbsen in halber Düngung.
Nr. 6. Roggen.
Nr. 7. Wicken zu Grünfutter in stark. Düngung.
Nr. 8. Raps.
Nr. 9. Weizen.
Nr. 10. Erbsen und Wicken zur Reife.
Nr. 11. Hafer.

Diese Fruchtfolge hat folgende Aussaat:

a) Weizen Nr. 4. und 9.	4 Last		
b) Roggen Nr. 6. .	2 —		
c) Raps Nr. 8. .	2 —	Wintersaat	8 Last
d) Gerste Nr. 2. .	2 —		
e) Hafer Nr. 11. .	2 —		
f) Erbsen Nr. 5. und 10.	3 —		
g) Wicken Nr. 10. .	1 —	Som. Getr.	8 —
h) zu Grünf. Nr. 3. u. 7.	4 —		
i) beh. Früchte Nr. 1.	2 —	. .	6 —
		Summa	22 Last.

Gedüngt werden 3 Schläge, wovon zwei ganze und eine halbe Düngung erhalten.

Wie schon vorhin bemerkt, ist es nicht nothwendig den ersten Turnus ganz durchzuhalten, ehe man zum zweiten mit Lit. H. bezeichneten übergeht. Dieser Uebergang kann sofort geschehen, wenn der Acker die gehörige Kultur erreicht hat, welches größtentheils denn der Fall seyn wird, wenn alle Schläge gemergelt sind.

Wir kommen jetzt zur zwölfschlägigen Eintheilung. Diese findet sich nur auf großen Gütern von gleichmäßigem und sehr gutem Mittelboden. In so fern dieser zu der in Rede stehenden Klasse gehört, wird er auch nach gleichen Grundsätzen behandelt. Der Eigenthümer eines solchen Guts, der aus andern Ursachen Bedenken tragen sollte, mit dem Ganzen sogleich zum Fruchtwechsel überzugehen, kann doch unbedenklich mit der Hälfte den Anfang machen. Es stehet bei ihm, einen sechsjährigen Fruchtwechsel zu wählen, und in der zweiten Hälfte die Koppelwirthschaft beizubehalten.

Im allgemeinen findet dieß jedoch keine Anwendung, um so weniger, da auch ein zwölfjähriger Fruchtwechsel auf solchen Gütern mit so überwiegendem Vortheil anzuwenden ist, und der Anwendung selbst kein unüberwindliches Hinderniß entgegen steht.

I.

Zwölfjähriger Fruchtwechsel bei Stallfutterung des Zugviehes und bei Weidegang des Nutzviehes.

Nr. 1. Behackte Früchte in starker Düngung.

Nr. 2. Gerste mit Klee.

Uebergang zur

	Nr. 1.	2.	3.	4.	5.
1810	Dreesch-Brache	Winterkorn	Sommer-korn	Sommer-korn	Mürb brach
1811	Raps	Sommer-korn	Roggen	½ Brache ½ Wicken zu Grünfutter	Winterk
1812	Weizen	Sommer-korn	Erbsen und Wicken zur Reife	Roggen	beh. Frü
1813	Gerste	Erbsen und Wicken zur Reife	Roggen	beh. Früchte	Gerste Klee
1814	Erbsen und Wicken zur Reife	Roggen	beh. Früchte	Gerste mit Klee	Kle
1815	Roggen	beh. Früchte	Gerste mit Klee	Klee	Weid
1816	beh. Früchte	Gerste mit Klee	Klee	Weide	Hafe
1817	Gerste mit Klee	Klee	Weide	Hafer	½ Bra ½ Wicke Grünfu
1818	Klee	Weide	Hafer	½ Brache ½ Wicken zu Grünfutter	Rap
1819	Weide	Hafer	½ Brache ½ Wicken zu Grünfutter	Raps	Weiz
1820	Hafer	½ Brache ½ Wicken zu Grünfutter	Raps	Weizen	Gers
1821	½ Brache ½ Wicken zu Grünfutter	Raps	Weizen	Gerste	Erbsen Wicken Reif

tfolge sub Lit. G.

6.	7.	8.	9.	10.	11.
erkorn	Sommerkorn mit Klee	Klee	Weide	Weide	Weide
Früchte	Klee	Weide	Weide	Hafer	$\frac{1}{2}$ Brache $\frac{1}{2}$ Wicken zu Grünfutter
e mit lee	Klee	Weide	Hafer	$\frac{1}{2}$ Brache $\frac{1}{2}$ Wicken zu Grünfutter	Raps
lee	Weide	Hafer	$\frac{1}{2}$ Brache $\frac{1}{2}$ Wicken zu Grünfutter	Raps	Weizen
eide	Hafer	$\frac{1}{2}$ Brache $\frac{1}{2}$ Wicken zu Grünfutter	Raps	Weizen	Gerste
afer	$\frac{1}{2}$ Brache $\frac{1}{2}$ Wicken zu Grünfutter	Raps	Weizen	Gerste	Erbsen und Wicken zur Reife
rache cken zu nfutter	Raps	Weizen	Gerste	Erbsen und Wicken zur Reife	Roggen
aps	Weizen	Gerste	Erbsen und Wicken zur Reife	Roggen	beh. Früchte
eizen	Gerste	Erbsen und Wicken zur Reife	Roggen	beh. Früchte	Gerste mit Klee
erste	Erbsen und Wicken zur Reife	Roggen	beh. Früchte	Gerste mit Klee	Klee
en und ken zur Reife	Roggen	beh. Früchte	Gerste mit Klee	Klee	Weide
oggen	beh. Früchte	Gerste mit Klee	Klee	Weide	Wicken zu Heu

Uebergang zum

	Nr. 1.	2.	3.	4.	5
1822	Raps	Weizen	Gerste	Erbsen und Wicken zur Reife.	Rog
1823	Weizen	Hafer	Erbsen und Wicken zur Reife	Roggen	beh. Fr
1824	Hafer	Erbsen und Wicken zur Reife	Roggen	beh. Früchte	Gerste Kle
1825	Erbsen und Wicken zur Reife	Hafer	beh. Früchte	Gerste mit Klee	Kle
1826	Hafer	beh. Früchte	Gerste mit Klee	Klee	Weiz
1827	beh. Früchte	Gerste mit Klee	Klee	Weizen	Erbs
1828	Gerste mit Klee	Klee	Weizen	Erbsen	Rogg
1829	Klee	Weizen	Erbsen	Roggen	Wicken Grünf
1830	Weizen	Erbsen	Roggen	Wicken zu Grünfutter	Ra
1831	Erbsen	Roggen	Wicken zu Grünfutter	Raps	Weiz
1832	Roggen	Wicken zu Grünfutter	Raps	Weizen	Erbsen Wicken Reif

Zu S. 262.

tweſel sub Lit. H.

6.	7.	8.	9.	10.	11.
Früchte	Gerſte mit Klee	Klee	Weizen	Brache	Roggen
ſte mit Klee	Klee	Weizen	Erbſen	Raps	Wicken zu Grünfutter
Klee	Weizen	Erbſen	Roggen	Wicken zu Grünfutter	Raps
eizen	Erbſen	Roggen	Wicken zu Grünfutter	Raps	Weizen
rbſen	Roggen	Wicken zu Grünfutter	Raps	Weizen	Erbſen und Wicken zur Reife
oggen	Wicken zu Grünfutter	Raps	Weizen	Erbſen und Wicken zur Reife	Hafer
cken zu ünfutter	Raps	Weizen	Erbſen und Wicken zur Reiſe	Hafer	beh. Früchte
aps	Weizen	Erbſen und Wicken zur Reife	Hafer	beh. Früchte	Gerſte mit Klee
eizen	Erbſen und Wicken zur Reife	Hafer	beh. Früchte	Gerſte mit Klee	Klee
ſen und ken zur Reife	Hafer	beh. Früchte	Gerſte mit Klee	Klee	Weizen
afer	beh. Früchte Hafer	Gerſte mit Klee	Klee	Weizen	Erbſen

Nr. 3. Klee zum Mähen.
Nr. 4. Weizen.
Nr. 5. Erbsen in halber Düngung.
Nr. 6. Gerste und Hafer, oder Roggen.
Nr. 7. Brache.
Nr. 8. Raps.
Nr. 9. Winterkorn mit Klee und Grassaamen.
Nr. 10. Weide.
Nr. 11. Weide.
Nr. 12. Hafer.

Ein Theil der Brache kann nöthigenfalls mit Wicken zu Grünfutter besäet werden; sie ist auch hier des Mergelns halber im Sommer nur beizubehalten. Im Winter wird entweder Nr. 2. 5. oder 12. dazu genommen, auf jeden Fall sind aber jährlich 2 Schläge damit zu befahren.

Wenn jeder Schlag der bisherigen Voraussetzung zufolge 2 Last oder 10000 Quadratruthen enthält, so hat diese Fruchtfolge folgende Aussaat:

a) Weizen Nr. 4. und 9.	4 Last	
b) Roggen Nr. 6. zur Hälfte	1 —	
c) Raps Nr. 8. .	2 —	Sm. Wint.S. 7 L.
d) Gerste Nr. 2. ganz u. 6 halb	3 Last	
e) Hafer Nr. 12. .	2 —	
f) Erbsen Nr. 5. .	2 —	Sm. Som.S. 7 L.
g) behackte Früchte Nr. 1.	2 —	
h) Klee zu Grünfutter Nr. 3.	2 —	
i) Weide Nr. 10. und 11.	4 —	
k) Brache Nr. 7. .	2 —	Summa 10 Last.

K.

Zwölfjähriger Fruchtwechsel bei ganzer Stallfutterung.

Nr. 1. Behackte Früchte in starker Düngung.
Nr. 2. Gerste mit Klee.
Nr. 3. Mäheklee.
Nr. 4. Weizen.
Nr. 5. Gerste in halber Düngung.
Nr. 6. Erbsen.
Nr. 7. Roggen.
Nr. 8. Wicken zu Grünfutter in starker Düngung.
Nr. 9. Raps.
Nr. 10. Weizen.
Nr. 11. Wicken zur Reife.
Nr. 12. Hafer.

In dieser Fruchtfolge befinden sich:

2 Schläge mit Weizen	.	4 Last	
1 Schlag mit Roggen	.	2 —	
1 Schlag mit Raps	.	2 —	Summa 8 Last
2 Schläge mit Gerste	.	4 —	
1 Schlag mit Hafer	.	2 —	
1 Schlag mit Erbsen	.	2 —	
1 Schlag mit Wicken zur Reife		2 —	Summa 10 —
1 Schlag mit beh. Früchten		2 —	
1 Schlag mit Klee	.	2 —	
1 Schlag mit Wicken zur Futterung	.	2 —	Summa 6 Last

Die zum Grünfutter bestimmten 4 Lasten Aussaat Klee und Wicken werden zu diesem Behuf völlig zurei=

Uebergang zur Fr

	Nr. 1.	2.	3.	4.	5.	
1810	Dreesch-Brache	Winterkorn	Sommerk.	Erbsen	Mürbe-brache	Wi ko
1811	Raps	Sommerk. mit Klee	Erbsen	Roggen gedüngt	Winter-korn	beha Frü
1812	Winterk. mit Klee	Weide	Roggen	Hafer	behackte Früchte	Gerst Kl
1813	Weide	Weide	Hafer	behackte Früchte	Gerste mit Klee	Kl
1814	Weide	Hafer	behackte Früchte	Gerste mit Klee	Klee	Wei
1815	Hafer	behackte Früchte	Gerste mit Klee	Klee	Weizen	Erb
1816	behackte Früchte	Gerste mit Klee	Klee	Weizen	Erbsen	Gerste Rog
1817	Gerste mit Klee	Klee	Weizen	Erbsen	Gerste und Roggen	Bra
1818	Klee	Weizen	Erbsen	Gerste und Roggen	Brache	Ra
1819	Weizen	Erbsen	Gerste und Roggen	Brache	Raps	Win mit
1820	Erbsen	Gerste und Roggen	Brache	Raps	Winterk. mit Klee	We
1821	Gerste und Roggen	Brache	Raps	Winterk. mit Klee	Weide	We
1822	Brache	Raps	Winterk.	Weide	Weide	Ha

olge sub Lit. I.

7.	8.	9.	10.	11.	12.
mmer-orn	Sommerk. mit Klee	Klee	Weide	Weide	Weide
nmerk. Klee	Klee	Weide	Weide	Hafer	Brache
Klee	Weizen	Weide	Hafer	Brache	Raps
eizen	Erbsen	Hafer	Brache	Raps	Winterk. mit Klee
bsen	Gerste und Roggen	Brache	Raps	Winterk. mit Klee	Kleeweide
ste und ggen	Brache	Raps	Winterk. mit Klee	Klee-weide	Weide
rache	Raps	Winterk. mit Klee	Weide	Weide	Hafer
aps	Winterk. mit Klee	Weide	Weide	Hafer	behackte Früchte
nterk. Klee	Weide	Weide	Hafer	behackte Früchte	Gerste mit Klee
Beide	Weide	Hafer	behackte Früchte	Gerste mit Klee	Klee
Beide	Hafer	behackte Früchte	Gerste mit Klee	Klee	Weizen
Hafer	behackte Früchte	Gerste mit Klee	Klee	Weizen	Erbsen
hackte rüchte	Gerste mit Klee	Klee	Weizen	Erbsen	Gerste und Roggen

Uebergang zum Fr

	Nr. 1.	2.	3.	4.	5.	6
1823	Raps	Winter-korn	Wicken zu Grünfutter	Erbsen	Hafer	beha Früc
1824	Winterkorn	Wicken zur Reife	Raps	Roggen	behackte Früchte	Gerste Kl
1825	Wicken zur Reife	Roggen	Winter-korn	behackte Früchte	Gerste mit Klee	Kl
1826	Roggen	Hafer	behackte Früchte	Gerste mit Klee	Klee	Wei
1827	Hafer	behackte Früchte	Gerste mit Klee	Klee	Weizen	Ger
1828	behackte Früchte	Gerste mit Klee	Klee	Weizen	Gerste	Erbs
1829	Gerste mit Klee	Klee	Weizen	Gerste	Erbsen	Rogg
1830	Klee	Weizen	Gerste	Erbsen	Roggen	Wicke Grünf
1831	Weizen	Gerste	Erbsen	Roggen	Wicken zu Grünfutter	Ra
1832	Gerste	Erbsen	Roggen	Wicken zu Grünfutter	Raps	Wei
1833	Erbsen	Roggen	Wicken zu Grünfutter	Raps	Weizen	Wicke Rei
1834	Roggen	Wicken zu Grünfutter	Raps	Weizen	Wicken zur Reife	Haf

echsel sub Lit. K.

7.	8.	9.	10.	11.	12.
te mit Klee	Klee	Weizen	Gerste	Roggen	Hafer
lee	Weizen	Gerste	Erbsen	Hafer	Wicken zu Grünfutter
eizen	Gerste	Erbsen	Roggen	Wicken zu Grünfutter	Raps
erste	Erbsen	Roggen	Wicken zu Grünfutter	Raps	Weizen
bsen	Roggen	Wicken zu Grünfutter	Raps	Weizen	Wicken zur Reife
oggen	Wicken zu Grünfutter	Raps	Weizen	Wicken zur Reife.	Hafer
ken zu nfutter	Raps	Weizen	Wicken zur Reife	Hafer	behackte Früchte
aps	Weizen	Wicken zur Reife	Hafer	behackte Früchte	Gerste mit Klee
eizen	Wicken zur Reife	Hafer	behackte Früchte	Gerste mit Klee	Klee
ken zur Reife	Hafer	behackte Früchte	Gerste mit Klee	Klee	Weizen
afer	behackte Früchte	Gerste mit Klee	Klee	Weizen	Gerste
hackte rüchte	Gerste mit Klee	Klee	Weizen	Gerste	Erbsen

chen. In außerordentlichen Fällen werden die in Nr. 11. zur Reife bestimmten Wicken, zum Theil grün verfuttert, die nöthige Aushülfe geben.

In Ansehung der Stallfutterung ist noch zu bemerken, daß das Zugvieh, namentlich die Ochsen, das ganze Jahr auf dem Stalle, und so viel wie möglich bei trockenem Futter erhalten werden müssen. Und sollten andere Umstände dieß verhindern, so ist die Grünfutterung der Ochsen doch nur auf die zweite Hälfte des Juni und spätstens noch auf den Juli zu beschränken.

Die Pferde werden in solchen Wirthschaften, wie wir bisher vor Augen gehab't haben, schon bei der Koppelwirthschaft das ganze Jahr über auf dem Stalle gefuttert. Das Grünfutter ist für diese vom 16ten Juni bis 1. Sept. und bei denselben die Hälfte des sonst gewöhnlichen Futterkorns zu berechnen.

Für das Nutzvieh dauert die trockene Futterung vom 1sten Sept. bis 8ten Juni. Von hier bis zur 1sten Hälfte des Augustmonats reicht die grüne Futterung im Stall; sodann aber wird die Stoppelweide bis zum Ende des Septembers benutzt. Mithin wird dieses Vieh $8\frac{1}{2}$ Monat, bei trockener, 2 Monat bei grüner Futterung, und $1\frac{1}{2}$ Monat auf der Stoppelweide erhalten.

Zur Weide des Dorfviehes ist bereits allenthalben die nöthige Einrichtung getroffen; es dienen dazu die Neben- oder Außenschläge, Nebenkoppeln, Abtriften, Moore, Brücher rc.; dadurch geht aber jährlich eine sehr beträchtliche Quantität Dung verloren. Diesen zu erhalten, ist auch mit solchem Vieh die Stallfutterung einzuführen. Für jede Kuh wird dabei die erforderliche Quadratruthenzahl vom Kleeschlag abgemessen, und der Eigenthümer derselben hat die Futterung zu beschaffen. Bei hinreichender Streu wird der Dung dadurch sehr vermehrt, und die sonstige Hütung des Viehes durch Melioration zu einer weit größeren und vortheilhafteren Benutzung gebracht werden können.

Nach den bisherigen Ansichten des Uebergangs von der Koppel- zur Wechselwirthschaft ist der Entwurf jedes Mal vor der Ausführung auf Papier zu bringen. Hiernach läßt sich die beliebige Abänderung mit einem Federzug bewirken, und eine Vergleichsberechnung wird darthun, ob die übrigen Verhältnisse mit der getroffenen Wahl übereinstimmen.

In den ersten Jahren wird zuweilen eine Abweichung von der Regel nothwendig. Ist aber die Ordnung der Fruchtfolge erreicht, so geht auch diese ihren ganz ungestörten Gang so lange, bis andere Verhältnisse den Wirth zu einer Veränderung bestimmen. So viel wie möglich ist dahin zu trachten, binnen einigen Jahren ganz in der Ordnung zu seyn.

Die Brache ist wegen des Mergelfahrens im Sommer beizubehalten. Wer sich hiemit anders einzurichten und das Erforderliche zu einer andern Jahreszeit zu leiten vermag, oder bei der Koppelwirthschaft damit schon aufs Reine war, der bedarf keiner Brache, und kann diese in der allgemeinen Ordnung mit Futterkräutern bebauen.

Große Landgüter haben gewöhnlich verschiedene Feldeintheilungen. Man findet kleine und große Bienenschläge, auch Außenschläge. Die ersteren enthalten fast immer den besten Boden, wenn gleich nicht von Natur, doch in Hinsicht des Kulturzustandes. Die Außenschläge liefern zur Aufnahme der erstern seit vielen Jahren einen Beitrag, und nur der geringste Theil ihrer Produktion wird ihnen in einem mageren Dungzustand oder durch den unzulänglichen Hordenschlag wieder zu Theil.

Auf solchen Landgütern ist der Fruchtwechsel auf den am besten kultivirten Feldern zuerst einzuführen, während man die Außenschläge durch eine regelmäßige Koppelwirthschaft und sonstige Meliorationsmittel vorher mehr in Aufnahme zu bringen trachtet.

Von der größten Wichtigkeit ist es, daß der Wirth bei der Abschätzung seines Ackers ganz unparteiisch verfährt, und denselben nicht für besser halte, als er in der That ist. Dergleichen Irrthum würde sehr viel Nachtheil bringen, und es würde weit besser gethan seyn, sich zur zweiten jetzt folgenden Ackerklasse zu bekennen, und nach denjenigen Regeln zu verfahren, die für diese gehören.

Fruchtfolge auf einem Mittelboden, oder Boden der zweiten Klasse.

So wie der beste Mittelboden mit unter die vorige Ackerklasse gestellt wurde, so kann dieß auch hier mit dem besten Boden der dritten Klasse geschehen; dadurch wird diese Bodenart einen beträchtlichen Zuwachs erlangen.

Ueberhaupt aber begreift diese Klasse in sich:

einen zusammenhaltenden, bis auf den vierten Theil mit Lehm und andern bindenden Erdarten geschwängerten Sandboden, einen Boden, der bei zweckmäßiger Bestellung und hinreichendem Dung, Gerste und Erbsen tragen kann.

Das Ziel für Wirthschaften, die solchen Boden besitzen, sey:

Wechselwirthschaft bei Stallfutterung des Zugviehes und Weidegang des Nutzviehes;

denn schwerlich wird sich ohne besondere, hier nicht zu berücksichtigende Nebenverhältnisse, ganze Stallfutterung dabei erreichen lassen.

Die außerordentlichen Meliorationsmittel, zweckmäßig und mit Nachdruck angewendet, werden auch diese Güter bald zu einem bessern Kulturzustand erheben. Ich habe jederzeit die beste Wirkung davon gesehen, und fehlen wird es an dergleichen Mitteln nicht.

Nur so viel sey hier zur Warnung gesagt, daß die Anwendung des Mergels auch sofort mit dem Uebergang zu einem zweckmäßigen Fruchtwechsel und größerer ökonomischen Betriebsamkeit verbunden seyn muß, damit die Felder nicht durch zu starke auf einander folgende Getreidetrachten erschöpft werden. Der Mergel wirkt auf solchem Boden am stärksten, und nur durch die bestmöglichste Verarbeitung und Zurückführung der unedleren Theile der Produkte sind die entzogenen Kräfte wieder zu ersetzen. Ein vermehrter und verbesserter Dunghaufen bleibe stets der vorzüglichsten Aufmerksamkeit solcher Oekonomieen werth.

Den Grundsätzen der Koppelwirthschaft zufolge, findet man größtentheils auf solchem Boden die sieben- und eilfschlägige Eintheilung, und nur auf wenigen Gütern dürften 6, 8, 9 und 12 Schläge angetroffen werden. Wer indeß aus andern Ursachen von den gewöhnlichen Regeln abweicht, oder von einer Dreifelderwirthschaft zu einem sechs- oder neunschlägigen Fruchtwechsel überzugehen gesonnen ist, der bedarf auch der Folgeordnung hiezu. Ich werde deßhalb der vorigen Ordnung gemäß, von 6 bis 12 Schlägen, mit Einschluß von 8 und 9, eine Rotation vorzeichnen.

aa. Fruchtfolge für 6 Schläge bei halber Stallfutterung.

Nr. 1. zur Hälfte mit Wicken zu Grünfutter. Halb beh. Früchte in starker Düngung.

Nr. 2. Weizen, wo Wicken, Gerste und beh. Früchte gestanden mit untergesäetem Klee und Grassaamen.

Nr. 3. Klee zum 1sten Schnitt zu Heu, dann Weide.

Nr. 4. Weide.

Nr. 5. Erbsen und Wicken zur Reife in halber Düngung.

Nr. 6. Roggen.

bb. Fruchtfolge für 7 Schläge bei halber Stallfutterung,

für eine Wirthschaft, die wenig Heuwerbung hat, sehr herunter ist, und erst in Aufnahme gebracht werden soll.

1) Wicken zu Heu und Grünfutter in Düngung.
2) Winterkorn mit Klee und Grassaamen.
3) Weide.
4) Weide.
5) Halb beh. Früchte, halb Erbsen in Dung.
6) Erbsen, Roggen.
7) Roggen, Hafer oder reife Wicken.

Oder bei einer größeren Kultur und stärkeren wilden Heuwerbung:

1) Die Hälfte Wicken zu Grünfutter, halb beh. Fr. in Dung.
2) Weizen und Gerste mit Klee und Grassaamen.
3) Mäheklee zum 1sten Schnitt, dann Weide.
4) Weide.
5) Hafer.
6) Erbsen und reife Wicken in halber Düngung.
7) Roggen.

cc. Achtjährige Fruchtfolge bei halber Stallfutterung.

1) Wicken zu Grünfutter und Heu, in Dung.
2) Winterkorn mit Klee und Grassaamen.
3) Weide.
4) Weide.
5) Hafer.

6) ½ behackte Früchte in starker Düngung, ½ Erbsen.
7) Erbsen, wo beh. Fr., und Roggen, wo Erbsen gewesen.
8) Roggen und Wicken zur Reife.

Oder:

1) Wicken zu Grünfutter und Heu in Dung.
2) Winterkorn mit Klee und Grassaamen.
3) Weide.
4) Weide.
5) Behackte Früchte in starker Düngung.
6) Gerste, größtentheils vierzeilige.
7) Erbsen.
8) Roggen.

dd. Neunjähriger Fruchtwechsel bei halber Stallfutterung.

1) Wicken zu Grünfutter und Heu in Dung.
2) Winterkorn mit Klee und Grassaamen.
3) Weide.
4) Weide.
5) Hafer.
6) Behackte Früchte in starker Düngung.
7) Gerste und Hafer.
8) Erbsen und reife Wicken.
9) Roggen.

Bei erlangtem mehreren Dünger wird es sehr gut seyn, Nr. 8. eine halbe Düngung geben zu können.

ee. Zehnschlägige Wechselwirthschaft bei halber Stallfutterung.

1) Wicken zu Heu und Grünfutter, in Dung.
2) Winterkorn mit Klee und Grassaamen.
3) Weide, nachdem der erste Schnitt zu Heu genommen.
4) Weide.
5) Weide.
6) Hafer.
7) Behackte Früchte in starker Düngung.
8) Gerste.
9) Erbsen.
10) Roggen.

Dieser Fruchtwechsel unterscheidet sich von dem vorhergehenden bloß dadurch, daß er einen Weideschlag mehr hat. Bei sehr vieler wilden Heuwerbung und einer hohen Kultur dürften vielleicht 2 Weideschläge hinreichen und in diesem Fall eine Getreidefrucht in dem Ablauf der jetzt anzugebenden Folge mehr genommen werden können.

ff. Eilfjähriger Fruchtwechsel bei halber Stallfutterung.

1) Wicken zu Grünfutter in Dung.
2) Winterkorn mit Klee und Grassaamen.
3) Weide, nachdem der 1ste Schnitt zu Heu genommen.
4) Weide.
5) Weide.
6) Hafer.

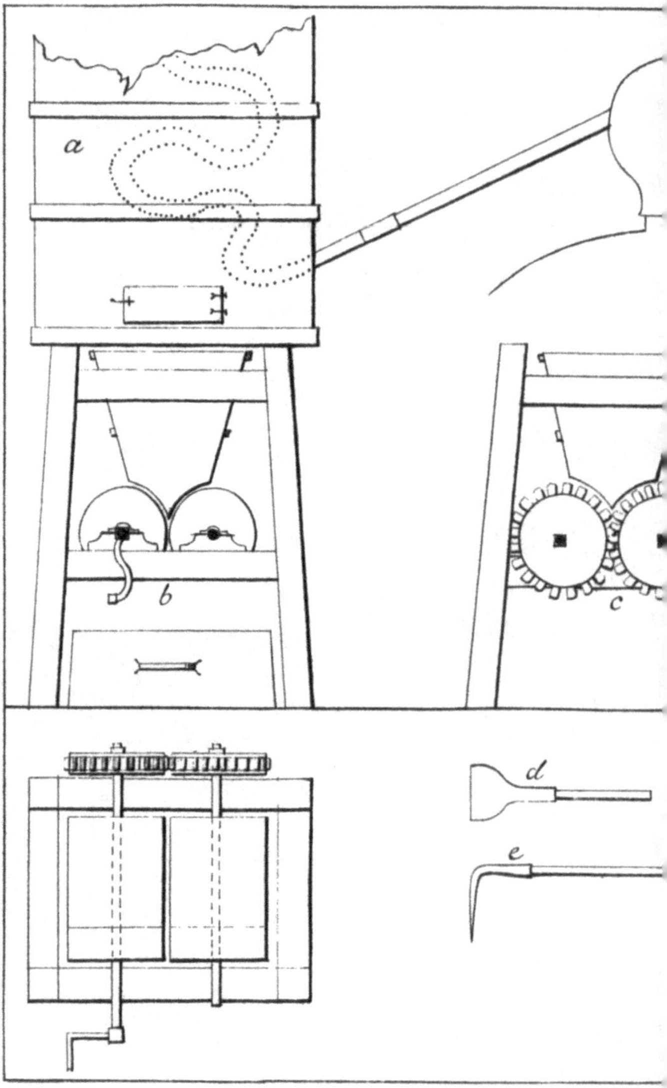
a
b
c
d
e

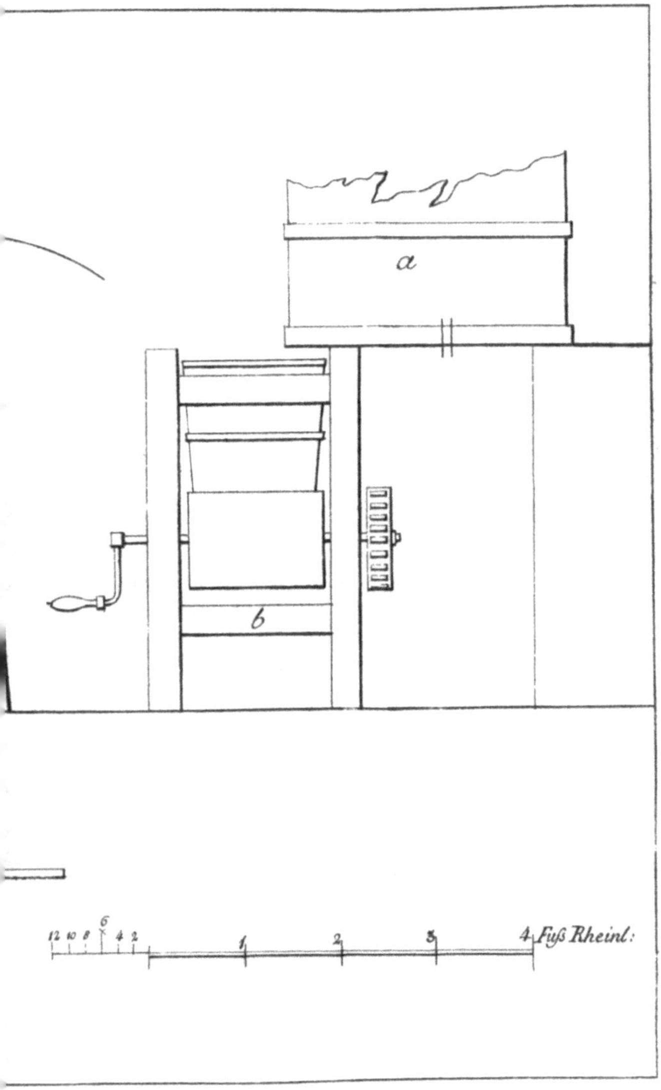
a
b
12 10 8 6 4 2
1
2
3
4 Fuß Rheinl:

7) Behackte Früchte in starker Düngung.
8) Erbsen.
9) Roggen.
10) Wicken zur Reife in halber Düngung.
11) Roggen oder Gerste.

gg. Fruchtfolge bei halber Stallfutterung auf 12 Schläge.

1) Wicken zu Heu oder Grünfutter in Dung.
2) Winterkorn mit Klee und Grassaamen.
3) Klee zum 1sten Schnitt, dann Weide.
4) Weide.
5) Weide.
6) Hafer.
7) Behackte Früchte in starker Düngung.
8) Gerste, auf leichterem Boden die vierzeilige.
9) Erbsen.
10) Roggen.
11) Wicken zur Reife in halber Düngung.
12) Roggen.

Auch Herr Karbe hat diesen Fruchtwechsel aufgestellt. Ich finde ihn sowohl für solche Wirthschaften, wie wir hier vor Augen haben, sehr passend, als auch Gütern aus der ersten Klasse, die wegen schlechter Bewirthschaftung, Unglücksfälle ꝛc. im Kulturzustand zurück gekommen sind, zur Herstellung desselben vorzüglich angemessen. Man wird sicher seinen Zweck dabei erreichen.

Wie der Uebergang zu jedem vorgezeichneten Fruchtwechsel am besten beschaffen ist, bleibt der Einsicht des Wirths anheim gestellt; und solches kann hier nicht so genau wie bei der vorigen Ackerklasse angegeben werden. Der Anfang hat zuweilen mehr Schwierigkeiten als man glauben sollte, zumal wenn eine schlechte Bewirthschaftung vorhergegangen. Es kommen dabei viele Nebenverhältnisse im Betracht, die hier nicht alle berücksichtigt werden können. Jeder Wirth suche also auf die für ihn vortheilhafteste Art den Uebergang zu beschaffen, der auch um so leichter ist, als es dabei nur auf die zweckmäßige Einziehung der Brache zur Fruchtfolge ankommt.

Diese Wirthschaften begünstigen die Anlegung spanischer Zuchtschäfereien, besonders die vortreffliche Klee- und Grasweide auf einem Boden, der schon von Natur gesunde Futterkräuter für diese nützlichen Thiere erzeugt, wird das gute Gedeihen derselben befördern. Der daraus entstehende Vortheil ist groß für den Privateigenthümer, aber auch in vieler Hinsicht mit unmittelbarem Gewinn für den Staat verknüpft. Was man der Wirkung des Schaafdüngers auf die Fruchtbarkeit des Ackers entgegen zu setzen vermag, ist schon früher widerlegt worden, und die Vermischung mit dem Dünger der Zugochsen, Pferde und des Mastviehes, wird ihn für Boden jeder Klasse in den passendsten Zustand versetzen.

Mit Handelsgewächsen ist bei solchen Wirthschaften kein Anbau im Großen zu unternehmen. Versuche im Kleinen angestellt, werden nach Maaßgabe der vorhandenen und anzuwendenden Mittel zum Ersatz der entzogenen

Kräfte den Wirth bestimmen, in wie weit er diesen Anbau betreiben darf. Jede Uebertreibung gewährt für die Folgezeit einen unfehlbaren Nachtheil.

Ueber den Anbau des zum wirthschaftlichen Bedarf erforderlichen Hanfs ist bisher nichts erwähnt, da er so unbeträchtlich fürs Ganze ist, und jedem Wirthe die Bestimmung der Stelle überlassen bleibt, wo er den Anbau dieses nützlichen Gewächses am gerathensten findet.

So viel von den Gütern, worauf die Einführung des Fruchtwechsels zu empfehlen ist, und von den Fruchtfolgen nach Verschiedenheit der Feldeintheilung und des Bodens! Ein unläugbarer auf so vielfältige Erfahrung begründeter Vortheil entsteht aus der reellen nach Grundsätzen geführten Betreibung, wenn im Gegentheil unfehlbarer Nachtheil denjenigen trifft, der aus Mißverstand oder andern Ursachen — da ernten will, wo er nicht gesäet hat.

Siebenter Abschnitt.

Erfahrungen über Wechselwirthschaft im Vergleich anderer Wirthschaftsarten.

Alles bisher Gesagte ist von mir theils aus eigener Erfahrung niedergeschrieben, theils durch die Oekonomieen mehrerer deutschen Landwirthe bewährt und in dieser Hinsicht würde der bisherige Vortrag in der Hauptsache schon genügen, wenn nicht die von dem Herrn Kammerrath Zimmermann herausgegebene Schrift: „Ohnmaßgebliches Bedenken über die Wechselwirthschaft" wider die Vorzüge dieser Wirthschaftsart Bedenklichkeiten und Zweifel aufstellte, die zwar zum Theil schon widerlegt sind, dennoch meines Erachtens hier einer näheren Erörterung wohl bedürfen.

Meine zwanzigjährigen Erfahrungen stimmen nicht mit der Meinung des gedachten, mir zwar nicht persönlich bekannten, dennoch sehr achtungswerthen Herrn Verfassers überein, wenn ich daher zuweilen dieselben gegen einander stellen, und die Verschiedenheit derselben bemerklich machen werde, so bitte ich in diesem Verfahren nur die Absicht zu erkennen, wo möglich dadurch Veranlassung zu einer näheren Prüfung zu geben. Ihm ist es ja nur um Wahrheit zu thun, und auch mich beseelt gleiche Absicht.

Ob der Herr Kammerrath Zimmermann in der richtigsten Ansicht den in Rede stehenden Gegenstand behandelt habe, lasse ich im Allgemeinen dahin gestellt seyn. Seine Aeußerungen sind schwankend. Er stellt die Vortheile, die ein wohl geordneter Fruchtwechsel zu leisten vermag, nicht in Abrede; gesteht, daß daraus ein höherer Ertrag hervorgehen könne, schreibt aber wieder die günstigen Resultate andern Einwirkungen, namentlich einer stärkern Düngung zu. Jede andere Wirthschaftsart soll bei einer Düngung, wie die Wechselwirthschaft sie vorschreibt, das nämliche leisten können u. s. w.

Hier muß ich aber die Frage aufwerfen: warum düngt der Koppel- oder Dreifelderwirth denn nicht eben so stark, und warum hat die alte Wirthschaft seit so vielen tausend Jahren das noch nicht möglich machen können, was die der neuen seit einem so kurzen Zeitraume leistet? — Könnte man diesen Dung ohne stärkere Produktion von Futtergewächsen erhalten, und immerfort Getreide bauen, so möchte freilich nichts rathsamer als dieses seyn, zumal wenn der von Hrn. Zimmermann angenommene Preis von 3 Rthl. für den Scheffel Roggen beständig bliebe.

An einer andern Stelle gibt Herr Zimmermann zu, daß die bloße Abwechselung der Früchte, auch ohne fremden Einfluß, Vortheil gewähren könne. Seite 30 und 31 sagt er:

„Schon vor zweitausend Jahren kannten die alten
„römischen Schriftsteller über den Landbau die
„vortheilhafte Wirkung dieser Abwechselung, und

„wußten es so gut wie wir, daß einige Früchte die „Fruchtbarkeit des Ackers mehr erschöpfen, wie „andere."

und S. 32.:

„Hiernach ist es unbezweifelter Erfahrungssatz, daß „die Abwechselung der Halmfrüchte mit Pohlkorn, „Futtergewächsen und Hackfrüchten den Ertrag der „ersteren, zumal des Weizens und der Gerste ver= „mehre."

Die Wirkung dieser Abwechselung wird ganz isolirt und ohne fremden Einfluß S. 39. folgendermaßen an= geschlagen:

„Wenn man daher dem in Frage stehenden Frucht= „wechsel auch die allergrößte Wirkung einräumen „wollte: so würde man selbige doch, auf einen ge= „wissen Antheil des Ertrags berechnet, nie höher, „als beim Wintergetreide auf 1 und beim Som= „mergetreide auf 2 Körner annehmen können."

Wer sollte hiernach nicht glauben, daß Herr Zim= mermann, von den Vorzügen des Fruchtwechsels so überzeugt, selbst ein Schüler dieser neuen Lehre seyn, und diesen Gegenstand mit unpartéiischer Prüfung der vorhandenen und Anstellung neuer Beobachtungen ver= folgt haben würde? — Aber bald sehen wir ihn eine bloß theoretische Tendenz nehmen, die auf nichts weni= ger als auf Erfahrungsresultate beruht. Schon S. 33. heißt es:

„Hier muß ich offenherzig gestehen, daß ich noch „vieles an der erforderlichen Unerschütterlichkeit

„des Beweises dafür — nämlich der Vortheile,
„die aus der Abwechselung der Früchte entstehen —
„vermisse.“

Und S. 34.:

„Die im §. 6. ausgehobenen Angaben der vorzüg-
„lichsten deutschen Wechselwirthe gewähren lange
„keinen über allen Zweifel erhabenen Beweis der
„behaupteten großen Wirkungen des Fruchtwech-
„sels, obgleich sie die Autorität sehr glaubhafter
„und achtbarer Männer für sich haben ꝛc.“

Der vorhin angenommene aus dem Fruchtwechsel hervorgehende höhere Ertrag von 1 Korn beim Winter- und 2 Körner beim Sommergetreide, verwandelt sich nach S. 78. in einen Verlust

a) beim Weizen zu 1 Korn und
b) beim Roggen zu 2 Körner.

Als Grund dieses angenommenen Verlustes wird unter andern die spätere Herbstbestellung der Wechselwirthschaft angegeben. Nach S. 51. heißt es über diesen Gegenstand:

„Den großen Vorzug der früheren Saat des Win-
„tergetreides, zumal im nassen kalten Boden, vor
„der späteren darf ich meinen Lesern wohl nicht
„erst in Erinnerung bringen, denn ohne Zweifel
„hat der Vorgang der vorletzten 6 oder 8 Jahre
„sich annoch im frischen Andenken bei ihnen erhal-
„ten: denn jedermann denkt gewiß noch mit Be-
„trübniß an die späten Saaten im selbigen. Die
„frühere Saat hat die späte in mehreren dieser

„Jahre um 3 bis 4 Körner übertroffen, und einige Ernten derselben gränzen eben der späten Aussaat wegen sehr nahe an Mißwachs. Wie man „ohne Brache eine frühe Bestellung der Wintersaat, zumal nach Hackfrüchten und in nassen „Sommern und Herbsten, wo sich die Ernte der „vorhergehenden Getreide- und Hackfrucht oft bis „in den Oktober hinein verzieht, insbesondere wenn „erst zur Wintersaat gedüngt werden soll, möglich „machen wolle, darüber werden uns wahrscheinlich die Wechselwirthe eine befriedigende Belehrung schuldig bleiben."

Gerade diese vorletzten 6 oder 8 Jahre sind es aber, die von dem geehrten Herrn Verfasser nach S. 34. als zu günstig für die Wechselwirthe angenommen worden, und deren Resultate er nicht will gelten lassen, wenn er sagt:

„Die vorletzten 6 — 8 mehrentheils nassen Jahre „sind ohnehin zur Abstrahirung einer zuverlässigen „Erfahrung in Ansehung des Wintergetreides nicht „geeignet, indem selbiges aller sonstigen Ordnung „der Natur zuwider, im Stoppel und mit Hackfrüchten bestellten Lande am besten gerieth: wahrscheinlich weil selbiges die zu viele Nässe eher absorbirte. Von den beiden letzten Jahren werden „uns die Herren Wechselwirthe aber wahrscheinlich wenig rühmliches für ihr neues System sagen können."

Meinem unmaßgeblichen Dafürhalten zufolge, kann der unbestrittene auffallende Vortheil, der während 8 Jahren aus dem Betrieb einer Sache hervorging, immer gegen 2 Jahre eines — nicht erwiesenen Nachtheils, in Betracht kommen. Ich stimme auch ganz dem bei, was S. 35. gesagt wird:

„Es ist nirgends so leicht ein fallacium non causae
„ut causae zu begehen, wie bei der Landwirth-
„schaft — man kann auch bei der größten Wahr-
„heitsliebe sehr leicht getäuscht werden" —

und deßhalb glaube ich, wir lassen diese und ähnliche entgegenstehende Sätze dahin gestellt seyn. Denn es ist nichts weniger als richtig, daß eine wohl eingerichtete Wechselwirthschaft eine zu späte Bestellung des Wintergetreides nach sich ziehe.

Ueber die Ruhe des Ackers, ihre unmittelbare Einwirkung auf einen größeren Ertrag.

Unter dieser Ruhe können wir hier keine andere als eine solche verstehen, welche die Schläge erhalten, wenn sie nach dem Turnus der Koppelwirthschaft zur Weide niedergelegt sind. Der Einfluß dieser Ruhe, dieses Nichttragens, ist — ohne Rücksicht auf andre einwirkende Nebenumstände — keineswegs erwiesen, wenn er anders größer seyn soll, als in so fern der Acker nicht ausgesogen wird, wenn er nichts trägt. Die Meinung hierüber besteht nur seit der Zeit, da die Verkoppelung der Felder in Mecklenburg eingeführt ist; weil dabei die Weideschläge unentbehrlich waren, sollte es auch endlich die Ruhe des Ackers für die folgende Fruchtbestellung seyn.

Es würde sehr unrecht und aller Erfahrung entgegen gehandelt seyn, hier ohne Ausnahme alle Vortheile, die zugleich und mit einer solchen Ruhe verbunden für den Acker und selbst für die folgende Frucht hervorgehen, in Abrede stellen zu wollen; vielmehr ist sie für leichtere Felder unentbehrlich, und selbst bei der Wechselwirthschaft so lange nothwendig, bis der erforderliche Kultur- und Düngerstand, aus dem eine höhere Benutzung hervorgehen kann, erreicht ist. So bald dieß aber geschehen und der erforderliche Dung aus der zweckmäßigen Konsumirung der gewonnenen Produkte hervorgeht, kann die höhere Benutzung nach den Grundsätzen der Wechselwirthschaft sogleich erfolgen, ohne daß zu befürchten steht, durch Einziehung der Dreeschfelder den Körnergewinn zu schmälern; weil wir dann der schwachen Düngung, welche der Weidemist und die Fäulniß der Dreeschgarbe giebt, nicht mehr bedürfen.

Herr Zimmermann sagt über diesen Gegenstand S. 41.:

„Will man nicht eine mehr als tausendjährige und „tägliche Erfahrung aller Nationen für ein Hirngespinnst erklären und sie deßhalb abläugnen, weil „man entweder keinen hinreichenden Grund davon „angeben kann, oder weil selbige sich nicht mit „dem rationellen System der neuen Schule gut „verträgt, und will man die auf diese Erfahrung „sich gründenden öffentlichen und Privateinrich-

„tungen ganzer Länder nicht geradezu für Irrthum „und Täuschung erklären: so kann man wohl un„möglich die in Rede stehende Wirkung der Ruhe „in Zweifel ziehen.“

Da der geschätzte Herr Verfasser hier nicht von der Brache, sondern vom Dreesch redet, so bemerke ich nur, daß es nicht ganz erwiesen ist, ob die Koppelwirthschaft schon so alt ist, daß sie eine tausendjährige Erfahrung aufstellen kann. Daß er aber die in Rede stehende Ruhe selbst entbehrlich hält, beweiset seine Vorliebe für die Dreifelderwirthschaft, die so groß ist, daß er nach S. 111. ihr ohne Bedenken den Vorrang vor allen andern Wirthschaftsarten einräumt.

Eine Dreifelderwirthschaft hat nur einen Brachschlag, ein mit Wintergetreide- und ein mit Sommergetreide bestelltes Feld. Wenn Herr Zimmermann gelegentlich (S. 142.) in Vorschlag bringt, ein Drittel der Brache mit Tobak zu bepflanzen, so werden die bei anderen Gelegenheiten so gerühmten Vorzüge der Dreesch- und Brachruhe sehr zweifelhaft, und folgende Stelle S. 54.:

„guter Boden kann bei einer hinreichenden Düngung zwar alle Jahre, dem Anscheine nach gutes, „wenn gleich nicht sehr lohniges Korn, ohne merkliche Verschlechterung tragen: allein der mittelmäßige Acker wird ohne Brache von Jahr zu „Jahr schlechter,“

beweiset, daß er selbst nicht so fest von der großen Wirkung der Ruhe überzeugt ist.

Nach ersteren wird die einjährige Ruhe $1\frac{1}{4}$ Fuder Dung auf 100 Quadratruthen gleich gerechnet. (S. 43. unten.) Das ist mehr als man nach meinen Beobachtungen annehmen kann, und könnte höchstens auf Boden, der sehr grasreich ist, und auf welchem vieles Vieh weidet und Nahrung findet, zutreffend seyn. Hier ist es aber der zwar zum größten Theil verwitternde, zu einem kleineren Theile jedoch zu Nutzen kommende Weidemist, der es thut. Ganz anders verhält sichs der Erfahrung nach auf Aeckern, wo wenig Vieh Nahrung hat. Ein Acker, dem während der Ruhejahre durch Ueberschwemmung oder andere Ursachen keine Fettigkeiten oder vegetabilischer Moder zugeführt wurden, wird wahrlich durch eine zehnjährige Ruhe nicht besser, viel weniger kraftvoller. Ja ich berufe mich auf die Erfahrung eines jeden Oekonomen, ob ihn aus solchem aufgerissenen 5 Jahr alten Dreesch, ohne vorhergegangene Düngung und andere Begünstigung, ein so bedeutender Ertrag hervorging, daß er dem eines mit $7\frac{3}{4}$ Fudern p. 100 Quadratruthen — inclusive des Brachjahrs — gedüngten Feldes gleichgerechnet werden konnte? Ich sahe oft kaum das dritte Korn darnach bauen. Und das wenige halbe war nicht der Ruhe, sondern dem wenigen thierischen Dünger, der darauf gefallen war, zu verdanken.

Einem guten Boden ist also die Ruhe immer entbehrlich, denn den Weidemist können wir durch einen sehr geringen Futterbau und Benutzung auf dem Stalle reichlich ersetzen. Die Koppelwirthschaft könnte ihrer der erforderlichen Weide wegen nicht entbehren, da diese bei anderer außerordentlicher Aushülfe nicht in Betracht gekommen seyn würde. Unsere Koppelwirthschaften stellen hierüber verschiedene Beispiele im Kleinen auf; 7 Schläge werden wie 6, und 11 wie 12 bewirthschaftet, weil 2 und 3 Weideschläge zur Sommerfutterung des Viehes zureichen, anstatt in der Regel 3 und 4 erforderlich sind; die Ruhe kommt dabei nie in Betracht. Was wollen wir auch weiter Zeugnisses: der Dreifelderwirth in Thüringen bauet ja ohne dergleichen Ruhe nach Herrn Zimmermann — vom Roggen und Gerste das 11te, vom Weizen das 17te, und vom Hafer das 8te und 9te Korn. Welcher Koppelwirth kann bei einer vier- bis fünfjährigen Ackerruhe ein gleiches rühmen?

Weniger entbehrlich dürfte indeß die Ruhe für einen Sandboden seyn. Dieser bedarf Festigkeit, die er durch Ruhe bekommt. Zur Vertilgung der Quecken, die gern in solchem Boden wuchern, dient sie vorzüglich, und nothwendig wird sie auf solchem Boden dadurch, weil allerdings ein guter Boden in dem höchsten Kulturzustande erfordert wird, um die Futterkräuter in solche Vegetation zu setzen, daß sie nach wirthschaftlichen Grundsätzen durchgehends gemähet werden können, und darauf mit Sicherheit eine Stallfutterung einzurichten sey.

Unmöglich wäre dieß zwar nicht, wohl aber mit vieler Gefahr bei der Ausführung verknüpft, da öfteres Mißlingen den Wirth leicht in große Verlegenheit setzen dürfte.

Ueber die Haltung der Brache, ihre Nothwendigkeit und Wirkung auf den folgenden Ertrag.

Die Brache ist ein unseliges Ueberbleibsel der grauen Vorzeit. Sie hat ihre Existenz, troz der veränderten Zeiten und der Wirthschaftssysteme auch unter den günstigsten wirthschaftlichen Verhältnissen behauptet.

Bei der Dreifelderwirthschaft war sie, der Acker- und Saatbestellung halber, ein nothwendiges Uebel, obwohl ein sehr bedeutender Theil mit Schotenfrüchten, Kartoffelanbau, Tobak, Lein u. s. w. benutzt wurde. Bei der Koppelwirthschaft möchte sie weniger nothwendig gewesen seyn.

Wenn daher die Wechselwirthschaft die Einziehung der Brachen von korntragenden Feldern zur ersten Bedingung macht, so hat dieß Verfahren in unsern Zeiten sehr viele Gegner gefunden, und es entsteht die Frage: Kann die Brache an und für sich und außer aller fremden Einwirkung der folgenden Frucht wirklich die Vortheile bringen, die man ihr zuschreibt?

Herr von Zimmermann behauptet die vortheilhafte Wirkung der Brache, leitet selbige aber nach S. 49. aus den Hauptzwecken derselben ab. Diese bestehen eines Theils in

1) einer besseren Vorbereitung zu der folgenden Getreideart;
2) in besserer Mengung und Lockerung des Ackers und des ihm mitgetheilten Mistes;
3) in Zerstörung des Unkrauts und der Quecken und

4) in Mittheilung der gehörigen Trockenheit, Wärmniß und Gahre; andern Theils entsteht die Vermehrung dieser Ergiebigkeit — durch die sogenannte Luftdüngung und eine frühere Bestellung des Wintergetreides.

Wenn nun aber auch der Wechselwirth alles dieses zu erlangen im Stande ist, so dürfte der als aus der Brache hervorgehend angenommene Vortheil von 2 Körnern sehr leicht auf die entgegen gesetzte Seite fallen. Die Möglichkeit, die erwähnten Vortheile auch ohne Brachhaltung zu erlangen, kann nur höchstens mit einigen Schwierigkeiten verbunden seyn, und diese, sagt Herr Zimmermann S. 54., geben nie einen Beweis wider die Sache selbst.

In dem vorigen Abschnitte habe ich in Ansehung der Ackerbestellung und wie solche zur rechten Zeit zu beschaffen ist, das Nöthige dargethan; nur höchstens einige leicht zu beseitigende Einwendungen werden dagegen gemacht werden können; die Ausführbarkeit selbst aber wird kein praktischer Wirth bestreiten. An Lockerheit des Ackers wird es dabei nicht fehlen, und dieser bei der Brache so nothwendig scheinende Umstand, ist vom Herrn Zimmermann nach S. 50. zum großen Fehler, und sogar mit einer Stimmenmehrheit von 90 zu 10 auf 1 Korn, das aber aus Billigkeit bis ½ Korn ermäßigt ist, angenommen worden. Was die Zerstörung des Unkrauts und der Quecken durch Brachhaltung anbetrifft, so ist ersteres der Erfahrung aller praktischen Landwirthe zufolge durch Ausrottung der Ursache wohl am besten zu bewirken, und dieß geschieht, wenn der mit dem frischen Dung aufgefahrene Unkrautsaame, nachdem er empor gewachsen, nebst allen im Acker befindlichen Unkrautpflanzen, mit den in der Blüthe abgemäheten Wicken vernichtet und vertilgt wird. Eben so giebt es wohl kein besseres Mittel die Quecken zu vertilgen, als Hackfrüchte; man wird darnach, falls bei der Bearbeitung nichts versäumt wurde, auch keine Spur davon mehr wahrnehmen. Dieß ist aber nicht so ganz bei der reinen Brache der Fall, und die Quecke wird dadurch nicht vertilgt, wie dieß jedem Dreifelderwirth am besten bekannt ist. Unter Luftdüngung kann nichts anders verstanden werden, als eine auf der Oberfläche des Ackers durch das Ansetzen der salpetrigen Lufttheile bewirkte Gährung. In wie fern dieß durch solche Gewächse geschieht, die den Erdboden bedecken und vermöge ihrer Beschattung der eindringenden Wärme nicht wehren, zugleich aber die nachtheiligen Folgen der brennenden Sonnenstrahlen verhindern, und endlich die auskaltenden und die Fruchtbarkeit wegführenden Winde abhalten, darüber ist schon an seinem Orte das Nöthige gesagt, und bedarf es hier um so weniger einer umständlichen Wiederholung, als die tägliche Erfahrung hierüber die untrüglichsten Beweise aufstellt.

Mir sind viele Dreifelder- und Koppelwirthschaften bekannt, und ich selbst habe unter sehr verschiedenen Umständen mehrere bewirthschaftet; kann aber den Einwirkungen der Brache solche Vortheile nicht zugestehen, da ich mich nun schon seit vielen Jahren eines bessern überzeugt habe.

Haupt-

Hauptsächlich scheint mir auch hier jene Meinung nur auf dem Umstand zu beruhen, daß die Nutzung der Brache auf Kartoffeln berechnet sey, und daß diesen Wintergetreide folgen müsse. Dieß ist aber sehr irrig; denn ob die Folgeordnung des Fruchtwechsels sich von der Brache herleitet, und diese mit behackten Früchten anfängt, ist wohl sehr gleichgültig; aber daß Wintergetreide nach diesen Früchten folgen soll, wird wohl kein Wechselwirth empfehlen. Wer machte hierüber nicht schon bei der Dreifelder- und Koppelwirthschaft die nachtheiligsten Erfahrungen? —

Und warum soll es denn auch gerade Wintergetreide seyn, da dieses jedem Wechsel so häufig mit Vortheil und in zweckmäßiger Folge eingeschaltet werden kann? Etwa deßhalb, damit jeder Schlag, der gerade diese Früchte zur Zeit producirt, der Brachschlag seyn möge, und dieser seit 2 bis 3000 Jahren zuerst mit Wintergetreide bestellt wurde? Wir würden dergestalt wider unsere Ueberzeugung, ja wider alle Grundsätze handeln, die es uns zur unerläßlichen Pflicht machen, unsere Ländereien den Umständen und Zeitverhältnissen gemäß, nach anerkannt richtigen Wirthschaftsprincipien zu benutzen.

Wir wissen, daß die Gerste nach Hackfrüchten den möglichst größten Ertrag gewährt. Auch in Ansehung der bezweifelten Güte dieses Produkts, kann ich versichern, daß einer vieljährigen Erfahrung zufolge der Rostocker Scheffel den auf einem Koppelfelde gebaueten um 2 und 3 Pfund am Gewicht übertraf, und stets einen höheren Preis hielt. Was auf solchem Acker endlich in der 3ten Tracht der Klee leistet, ist vorhin schon gesagt; selbst nach der ersten Düngungstracht würde dieser nicht solche Ausbeute geben, und wollte ich einzelne Jahre hier aufstellen, worunter dasjenige gehört, worin aller Klee auf andern Feldern erfroren war, so würde es an Beispielen nicht fehlen, daß von 100 Quadratruthen nach einem dreimaligen Mähen 36 bis 40 Centner Heu gewonnen wurden.

Ein Vergleich der Winterfrucht eines Koppelfeldes nach reiner Brache gegen den Ertrag der Gerste nach Hackfrüchten, namentlich Kartoffeln — wird wahrlich nicht zum Nachtheil der Letzteren ausfallen. Nach einem sechsjährigen Durchschnitt habe ich auf wohl bestellten Koppelfeldern von 60 Quadratruthen gebauet:

a) Weizen $6\frac{1}{2}$ Schfl. Rost. Maaß à 64 Pf. 416 Pf.

b) Roggen $6\frac{1}{8}$ Schfl. Rost. Maaß à 62 — 380 —

und auf einem Wechselfelde nach Hackfrüchten:

c) Gerste $10\frac{3}{4}$ Schfl. Rost. Maaß à 54 Pf. 580 —

ergiebt ein plus der Gerste gegen Weizen von 164 Pfund und gegen Roggen 200 Pfund, woraus zu ersehen, daß die Kartoffeln den Acker nicht so stark, wie angegeben wird, aussaugen, sondern selbigen für die folgende passende Fruchtart in sehr kraftvollem Zustande zurücklassen. Wenn ich nun auch den Durchschnittspreis der Gerste oder ihre Benutzung in der Branntweinbrennerei berechne, so sehe ich gar nicht, was ich dabei verliere, wenn ich in diesem Schlage Gerste statt Winterkorn baue. Dieses kann ich in der Folge denn eben so gut als nach Brache bauen. Ich sage: eben so gut; denn ob wohl da, wo man die Ruhebrache zugleich düngt, ein üppigeres und geileres Getreide, wie nach Klee, Raps, Wicken oder Erbsen, zu wachsen scheint, so giebt es doch oft einen um so schlechteren Körnerertrag, da die Felder schon vor und in der Blüthe mit einem platten Lagerkorn bedeckt sind.

Ueber die Nutzung der Hackfrüchte und ob aus ihrer Futterung im rohen Zustande ein unmittelbarer Vortheil hervorgehen kann.

Ich glaube mich hierüber im dritten Abschnitt hinreichend erklärt und die beträchtlichen Vortheile dargethan zu haben die aus dem Anbau und der zweckmäßigen Anwendung der Hackfrüchte hervorgehen. Hier ist nicht die Rede von einer Benutzung durch Brennereien, die in jeder Hinsicht einen so überwiegenden Vortheil gewährt, daß selbiger auch bei dem besten Willen nicht mehr bestritten werden kann, sondern von einer Benutzung durch Futterung in ihrem rohen Zustande.

Auch hierüber habe ich schon Beispiele im Großen aufgestellt. Die aus einer vieljährigen Betreibung hervorgehenden Resultate leisten die Gewähr für die behauptete Wirksamkeit dieser Gewächse bei einer Rindviehmastung. Ueberzeugender würde dieß aus dem Durchschnitt einer mehrjährigen Mastungsbalance hervorgehen, wenn ich diese hier mittheilen könnte. Ich habe sie aber gesehen, und nach einem dreijährigen Durchschnitt die Nutzung von 27 wie 26 Schill. pro Haupt befunden.

Meine eigene Versuche über diese Art der Mastung hatten nur im Kleinen statt, und waren nur auf den wirthschaftlichen Bedarf gerichtet. Sie sind nicht mit der nöthigen Beobachtung des genauern Details angestellt, und können deßhalb hier nicht angegeben werden. So viel ist aber gewiß, daß ich seit vielen Jahren dergleichen mager aufgestellte Ochsen neben dem gewöhnlichen Heu- und Strohfutter, mit 80 Scheffel Rostocker Maaß Kartoffeln, und 8 Scheffel Gerstenschrot fett gemacht habe, und ich mir stets bei dieser Mastung die Kartoffeln in der Nutzung auf 10 bis 12 Schill. berechnen kann. Ich habe von solchen Ochsen 90 bis 100 Pfund Talg gehabt.

Schweine können bei 25 Scheffel gekochten Kartoffeln und 2 Scheffeln Erbsenschrot in sehr guten Zustand versetzt werden. Ausgewachsene anderthalb bis zweijährige Schweine, wenn sie gleich mager aufgelegt wurden, hatten 12 bis 16 Pfund Flaumenfett. Ueberhaupt habe ich bei dergleichen Mastungen die besondere Eigenschaft der Kartoffeln bemerkt, daß sie sehr viel Fett ansetzen.

Diesem letztern Umstand schreibe ich es vorzüglich zu, daß sich diese nützlichen Gewächse auf die Milchergiebigkeit des Nutzviehes nicht wirksamer zeigen. Ich habe hierüber verschiedene Versuche mit fettem und magerem, frisch- und altmilchendem Vieh angestellt, aber immer ergaben sich in Ansehung der Milchvermehrung nicht die beabsichtigten Resultate, und die Hackfrüchte zeigten immer mehr Einfluß auf den körperlichen Zustand des Viehes, als die Milchvermehrung.

Von zwei Kühen, die den ganzen Winter vom 1. Nov. bis 1sten April mit diesen Gewächsen gefuttert wurden, und täglich $\frac{1}{4}$ Scheffel bei dem sonst gewöhnlichen Futter bekamen, war nur gegen zwei andere, welche die gewöhnliche trockene Futterung erhielten, eine Milchvermehrung von 60 Pott erfolgt; dagegen war die Milch nach Hackfrüchten ungleich fetter, und da sonst 13 bis 14 Pott ($6\frac{1}{2}$ — 7 Kannen) zu 1 Pfund Butter erfordert wurden, waren hier 10 bis $10\frac{1}{2}$ Pott hinreichend. Bedeutender aber war der Unterschied in der Milchvermehrung auf der Weide, denn diese beiden Kühe gaben in den Monaten Mai und Juni bei gleicher Weide an 320 Pott Milch mehr, wie die andern beiden, welches wahrscheinlich eine Folge des kraftvollen körperlichen Zustandes dieses Viehes war.

Weit wirksamer habe ich die Runkelrüben auf die Milchvermehrung befunden. Eine Kuh, die mit Kartoffeln gefuttert war, bekam 3 Wochen nachher, nachdem sie gekalbt hatte, täglich $\frac{1}{4}$ Scheffel Runkelrüben. Sie gab hiernach schon am vierten Tag 2 Pott Milch mehr, ja dieses Quantum stieg bis $3\frac{1}{2}$ Pott in der Folge. Zu 1 Pfund Butter waren aber $14\frac{1}{2}$ Pott von dieser Milch erforderlich.

Die Wirkung der Unterkohlrabi und der gelben Wurzeln (Mohrrüben) habe ich in Ansehung der Milchvermehrung eben so wie die Kartoffeln befunden. Die Butter von der Mohrrübenfutterung ist aber die beste, und diese kann in einer großen Stadt zur Winterszeit um einen beträchtlich höhern Preis als der gewöhnliche verkauft werden.

Zur Durchwinterung der Zugochsen, der Zuzucht vom Rindvieh, des Federviehes ꝛc. leisten die Kartoffeln ganz vortreffliche Dienste. Ueberhaupt läßt sich bei dieser Futterungsart ihr Werth pro Rostocker Scheffel auf 10 Schill. als den niedrigsten Nutzungspreis in Anschlag bringen.

Herr Zimmermann will den Hackfrüchten gar keinen Werth zugestehen. Beim Nutzvieh sollen sie nicht allein ganz unwirksam in Ansehung der Milchvermehrung seyn, sondern auch sogar, nach den S. 84. aufgestellten Erfahrungen aus dem Weilburgschen, die Milch verringern!!! *) — Das fette Vieh ist nach S. 87. nicht gut los zu werden, obgleich ich und mehrere Wirthe, die ebenfalls Mastung treiben, das Gegentheil versichern können.

Ueber den aus dem Verfuttern der Hackfrüchte erlangten Dünger, und über die Wirksamkeit desselben in Vergleich mit Strohdünger.

Daß der aus einer zweckmäßigen Futterung des Rindviehes mit Hackfrüchten erlangte Dung einen entscheidend großen Vorzug vor gewöhnlichem Strohdünger hat, darüber herrscht bei allen aufgeklärten Landwir-

*) Auch diese Meinung scheint mit S. 149. in Widerspruch zu stehen, wo es heißt: „nur alsdenn, wenn man selber Mangel an Milch hat, oder man selbige mit Vortheil roh verkaufen kann, lohnt es der Mühe und Kosten, der bloßen Milchvermehrung wegen Hackfrüchte zu bauen."

then wohl nur Eine Stimme. Die hervorgebrachte Vegetation ist in der That so auffallend, daß schon beim bloßen Anblick der Frucht keine Ungewißheit mehr übrig bleiben kann. Folgende Versuche wurden von mir bloß in der Absicht angestellt, zu erfahren, wie hoch diese so sehr in die Augen fallende Vegetation im Ertrag anzuschlagen sey.

Erster Versuch.

Von 200 Quadratruthen eines guten milden, ganz gleichen Lehmbodens, wurden 100 Quadratruthen mit fünf starken vierspännigen Hoffudern Dünger von den mit Kartoffeln gefutterten Kühen, und 100 Quadratruthen mit eben so viel in dem besten Zustande befindlichen Dung vom gewöhnlichen Dunghaufen gedüngt, und nach einer viermaligen Beackerung den 22sten Sept. bei sehr guter Witterung jedes mit $1\frac{3}{4}$ Scheffel Rostocker Maaß Weizen besäet. Alles wurde in einer Stunde beschafft. Schon den nämlichen Herbst zeichnete sich die grüne Saat nach Kartoffeldung vor der andern aus, bestaudete sich im Frühjahr stärker, und behauptete stets in der Folge einen auffallenden Vorzug.

Hiernach wurden geerntet von 100 Quadratruthen

a) nach Kartoffeldung:

von $1\frac{3}{4}$ Schfl. Aussaat 12 Stiege 8 Garben . 16 Schfl.
thut pro Schfl. Aussaat 9 Schfl. und an Gewicht auf das Ganze 1) an Korn . 1024 Pf.
und 2) an Scheunfutter . . . 2120 Pf.

b) Nach ordinärem Strohdung:

von $1\frac{3}{4}$ Schfl. Aussaat 12 Stiege . 12 Schfl. 2 M.
thut pro Schfl. Aussaat 7 Schfl. An Gewicht
hielt das Ganze: 1) Korn . . 772 Pf.
und 2) Scheunfutter. . . . 1900 Pf.

plus a) Korn 252 Pf. b) Scheunfutter 220 Pfund.

Zweiter Versuch.

Von 200 Quadratruthen eines ganz gleichguten Mittelbodens wurden 100 Quadratruthen mit 6 Fudern Dung von Fettkühen, die mit Kartoffeln gemästet waren, und 100 Quadratruthen mit eben so vielem sehr guten Dünger von den gewöhnlichen Haufen abgedüngt, und den 16ten Sept. jedes mit $1\frac{1}{2}$ Scheffel Roggen, gestrichenes Rostocker Maaß, zu gleicher Stunde und bei sehr schönem Wetter bestellt.

Hiervon wurden geerntet:

a) nach Kartoffeldung:

14 Stiege und gedr. 16 Schfl. 4 M. Gewicht
an Korn . 1032 Pf.
Gewicht an Scheunfutter 1996 Pf.

b) Nach der ordinären Düngung:

14 Stiege, davon gedr. 15 Schfl. Gewicht an
Korn 953 Pf.
Gewicht an Scheunfutter 1900 Pf.

plus a) an Korn 1 Schfl. 4 M. oder . 79 Pf.
und b) an Scheunfutter . . . 96 Pf.

Ich könnte noch mehrere dergleichen Versuche hier anführen, die ich auf verschiedenem Boden und unter verschiedenen Verhältnissen angestellt habe, aber die Resultate waren immer die nämlichen, und stets entscheidend günstig für den verbesserten Dünger. Es kann also unmöglich die größere Wirkung des Kartoffeldungs, insofern er nämlich aus einer Viehfutterung hervorgeht, mehr in Abrede gestellt werden, und wir thun wahrlich nicht zu viel, wenn wir den Ertrag des Getreides nach solchem Dünger um 1 Korn höher in Anschlag bringen.

Auch für die folgende Frucht hinterläßt dieser Dung den Acker in einer größeren Fruchtbarkeit. Ich habe bei der Koppelwirthschaft noch in der dritten Tracht Mäheklee darnach gebauet, der so schön stand, als wenn er sich in der ersten Düngung befände *).

Ueber die vermehrte Produktion einer wohlgeführten Wechselwirthschaft. Höherer Ertrag.

Herr Zimmermann sagt über diesen Gegenstand S. 13.:

„Der Begriff von Vermehrung ist relativ und setzt „eine andere bestimmte Quantität voraus, mit „welcher eine Vergleichung angestellt werden kann; „es ist daher nicht gut möglich, die von den Wech„selwirthen behauptete Vermehrung der Produk-

*) Wahrscheinlich werden aber auch die von diesem fetten Dünger aufgefahrnen Fuder mehr gewogen haben, als die von magerem Strohmiste.

Thaer.

„tion anders gehörig zu würdigen und abzuschätzen, „als wenn man die Ausbeute der Wechselwirthschaft mit dem Ertrag der andern Wirthschaftsarten gegen einander stellt und abwiegt."

Meine bisherigen Erfahrungen zeugen bis jetzt noch zum Vortheil der Wechselwirthschaft. — Ich kenne die regelmäßigst geführten Dreifelder- und Koppelwirthschaften nicht nach einzelnen Ansichten, sondern ich habe mich in verschiedenen Verhältnissen von den Vortheilen und Nachtheilen dieser Wirthschaftsarten zu überzeugen Gelegenheit gehabt; und gebe auch zu, daß vorzüglich günstige Verhältnisse den Betrieb vortheilhaft machen können, aber im Vergleich mit der Wechselwirthschaft werden sie nie die Probe bestehen. Zwar können einzelne Versuche, in verschiedenen Jahren und Verhältnissen angestellt, die Vorzüge des einen Systems vor dem andern nicht zur Genüge erweislich machen, da die Witterung hiebei einen so großen Einfluß hat; wenn aber solche Versuche sich mit auffallendem Vortheil nach einer Seite hinneigen und in ihren Resultaten mit den anderweitig angestellten Versuchen glaubhafter Oekonomen übereinstimmen, so wird durch solche Erfolge jeder Zweifel gehoben werden müssen. Folgende von mir gemachte Erfahrungen, die ich hier im Auszug mittheile, werden einen Beitrag zu der großen Sammlung von Erfahrungsresultaten abgeben, worauf die Ertragsangabe der Wechselwirthe sich gründen.

Der besseren Uebersicht wegen füge ich nachstehende Tabelle bey. Es wurden darnach geerntet:

Getreide-art.	Benennung der Wirthschaften	□Ruthenzahl.	Sind geerntet Stiege	Garbe	Gewicht. ℔
1. Weizen.	Wechselwirthschaft	60	6	—	1600
	Koppelwirthschaft	60	6	8	1500
	Dreifelderwirthschaft	60	5	—	1350
2. Roggen.	Wechselwirthschaft	60	5	8	1280
	Koppelwirthschaft	60	6	—	1200
	Dreifelderwirthschaft	60	5	—	1150
3. Gerste.	Wechselwirthschaft	60	5	10	1296
	Koppelwirthschaft	60	5	—	1150
	Dreifelderwirthschaft	60	5	—	1100
4. Hafer.	Wechselwirthschaft	50	5	—	1200
	Koppelwirthschaft	50	4	8	1025
	Dreifelderwirthschaft	50	4	—	920

…on …roschen	Scheun- futter.		Vergleich zur Wechselwirthschaft				Verhältniß des Getrei- des zum Scheunfut- ter.
			Getreide		Scheun- futter		
	an Stroh	an Kaf rc.	plus	minus	plus	minus	
℔	℔	℔	℔	℔	℔	℔	℔
528	784	288	—	—	—	—	1 zu $2\frac{1}{4}$
397	868	235	—	131	31	—	1 zu $2\frac{3}{4}$
368	782	200	—	160	—	90	1 = $2\frac{1}{2}$
512	704	64	—	—	—	—	1 zu $1\frac{1}{2}$
380	764	56	—	132	52	—	1 = $2\frac{1}{6}$
353	741	56	—	159	29	—	1 = $2\frac{1}{4}$
486	648	162	—	—	—	—	1 zu $1\frac{3}{4}$
351	649	150	—	135	—	11	1 = $2\frac{1}{4}$
324	596	180	—	162	—	34	1 = $2\frac{1}{3}$
399	541	260	—	—	—	—	1 zu $2\frac{1}{4}$
264	581	180	—	135	—	40	1 = $2\frac{3}{4}$
240	580	100	—	159	—	121	1 = $2\frac{3}{4}$

Vorstehende Angaben habe ich aus meinen landwirthschaftlichen Bemerkungen entlehnt, und dabei vorzüglich auf einen gleichmäßigen Boden der ersten Klasse Rücksicht genommen. Da die Resultate auf reiner Erfahrung beruhen, so können wir unbedenklich den Ertrag der Wechselwirthschaft von 60 Quadratruthen auf gutem Boden folgendergestalt bestimmen:

a) Weizen, Roggen und Gerste zum 8ten, und Hafer zum 7ten Korn.

b) Erbsen und Wicken zum 6ten, und

c) Kartoffeln zum 8ten Korn. NB. auf 50 Quadratruthen werden 7 Scheffel Aussaat gerechnet, zum 8ten Korn als den niedrigsten Ertrag, sind 56 Schfl. Der Scheffel Rostocker Maaß Kartoffeln wiegt 72 Pf., mithin geben 50 Quadratruthen 4032 Pf.

Futterkräuter, an Wicken und rothem Klee, werden bei der Wechselwirthschaft erstere in frischem Dung und letztere größtentheils nach Hackfrüchten gebaut. Es kann also nicht an einem hinlänglichen Ertrage fehlen, und nie wird der Wirth ein so gänzliches Mißrathen dieser Gewächse zu befürchten haben, wie bei der Koppelwirthschaft.

An grünen Wicken sind für einen Zugochsen 200 Quadratruthen zwar hinreichend; um aber allen nachtheiligen Zufällen zu begegnen, nehme man lieber den höchsten Satz an, und bestimme für einen Zugochsen 250, und für eine Kuh 200 Quadratruthen grüne Wicken. Ein Pferd erhält bei der Hälfte des gewöhnlichen Futterkorns die Hälfte des grünen Futters, welches ein Ochse bekommt; ohne Futterkorn aber ebenfalls 250 Quadratruthen *). 50 Quadratruthen grüne Wicken geben 1600 Pfund, und an Heu 800 Pfund. Diese sind in der Futterung nach Abzug aller Unkosten auf 4 Rthl. anzuschlagen.

An Klee, der zwei Mal gemähet wird, erhält eine Kuh 150 und ein Ochse 200 Quadratruthen. Ein Pferd bei der Hälfte des gewöhnlichen Futterkorns 100, ohnedieß aber 200 Quadratruthen. An Heu habe ich von 50 Quadratruthen im Durchschnitt 1000 Pfund gewonnen. Ein Centner gut gewonnenes Kleeheu leistet bei der Futterung die Wirkung von 3 Scheffel Kartoffeln oder 1 Scheffel Gerstenschrot, und ist daher zu berechnen auf 24 Schill. — 50 Quadratruthen Mäheklee gewähren demnach in der Nutzung 5 Rthl. Ertrag.

Daß übrigens die Weide einer Wechselwirthschaft, wo die Klee- und Grassämereien in kraftvollem Boden, ja sogar zum Theil nach der ersten Düngung gesäet werden, die einer Koppelwirthschaft an Güte weit übertrifft, wird wohl niemand bezweifeln. Zur Weide einer Kuh werden bei ersterer selten mehr als 200 Quadratruthen erforderlich seyn, da bei letzterer der allgemeinen Erfahrung zufolge kaum 3 bis 400 Quadratruthen hinreichend seyn werden.

Ueber

*) Diese Sätze sind ungemein hoch angenommen und weit über meine und anderer Erfahrungen.

Thaer.

Ueber Düngervermehrung durch Wechselwirthschaft.

Alle hier benannten Vortheile können zwar durch die zweckmäßige Anwendung des Mergels schnell herbeigeführt werden; die gleichmäßige Fortdauer dieser Fruchtbarkeit für die Folge hängt aber von einer vermehrten und verbesserten Düngung ab.

Im Vorhergehenden ist bereits dargethan, daß der verbesserte Dung durch die zweckmäßige Konsumirung der bei der Wechselwirthschaft gebaueten Hackfrüchte erlangt werde, und es ist ausgemacht richtig, daß solchem Dung vor dem gewöhnlichen einer Koppel- oder Dreifelderwirthschaft der Vorzug zustehe. Auch die Vermehrung des Dungs bei dem Betrieb der Wechselwirthschaft kann keinem Zweifel unterliegen; so lange es nämlich nicht mit Gründen widerlegt werden kann, daß bei einem gleichmäßigen Ertrag 100 Quadratruthen mehr Futter geben wie 50.

Je mehr Land einer zweckmäßigen Kultivirung und Besaamung unterworfen wird, um so größer ist die Produktion. Durch die edleren Theile derselben begründet der Wirth seinen Wohlstand, durch die unedleren erhöhet er die Kultur seiner Felder. Dieserhalb zähle ich es unter die entschiedenen Vorzüge der Wechselwirthschaft, daß sie vor allen anderen Wirthschaftsarten auf die vortheilhafteste Art die Vermehrung des Düngers lehrt.

Herr Zimmermann, der jeden Vorzug der Wechselwirthschaft bestreitet, läugnet auch, daß sie die Vermehrung des Düngers begünstige; obgleich er ihr der stärkeren Düngung wegen, wenn gleich nur beim Sommergetreide, einen größeren Ertrag zugesteht. S. 38. sagt er:

„Uebrigens ist es keine Kunst nach Hackfrüchten „gute Gerste zu bauen, wenn man zu selbigen der „Lehre der Wechselwirthschaft gemäß d. h. außer„ordentlich stark gedünget hat."

Und S. 102.:

„Fügt man nun hierzu — nämlich zu dem Mer„gel- und Moderfahren — annoch eine solche au„ßerordentlich starke Düngung, wie die Lehre der „Wechselwirthschaft bei den vorhergehenden Hack„und Futtergewächsen zur unerläßlichen Bedingung „macht, und unterläßt es nie, die Streeckfurche „schon im Herbste zu beschaffen, so ist es wahrlich „keine Kunst gutes Sommergetreide zu bauen, und „ich trage kein Bedenken, denjenigen für einen „schlechten Wirth zu erklären, der nicht unter „gleichen Verhältnissen bei jeder andern Wirth„schaftsart eben so gutes Sommergetreide bauet."

Es wird hiernach zugegeben, daß der Wechselwirth der stärkeren Düngung halber reiche Ernten erziele. Wer aber stark dünget, der muß vielen Dünger haben, und sich zu verschaffen wissen ꝛc. Warum düngt aber der Koppel- oder Dreifelderwirth nicht eben so stark, um gleichen Ertrag sich zu verschaffen? Aus dem natürlichen Grunde, weil er nicht so viel Dung hat.

Wer sollte aber nach der Voraussetzung des Herrn Zimmermanns S. 55.: daß die Ruhe von einem

Jahre pro Scheffel Aussaat $1\frac{1}{4}$ Fuder Dung gleich gesetzt werden könne, mithin jeder dreijährige Dreesch incl. des Brachjahrs, welches er zu $1\frac{1}{2}$ Fuder annimmt, schon eine überflüssige Düngung von 6 Fuder pro Scheffel Aussaat erhält; — ferner bei den gepriesenen Vortheilen der reinen Brache, die einen so hohen Ertrag an Wintergetreide und an Stroh liefern soll; — bei der Gewißheit dieses Ertrags, dessen Fehlschlagen nach S. 56. nur allein dem Wirth zur Last fällt; — bei der angenommenen Gewißheit, daß dem nach reiner Brachhaltung gesäeten Wintergetreide auch eine ergiebigere Sommerkornernte folge, und daß die Wirkung der Brache sich noch weiter auf die folgenden Fruchtarten erstrecke; — kurz bei der Behauptung, daß der Koppel-, ja sogar der Dreifelderwirth mehr Getreide und Stroh producirt, als der Wechselwirth; — wer sollte, sage ich, hiernach nicht glauben, daß jene einen Ueberfluß an Dung haben müßten? — Wird aber, wie es geschieht, der höhere Ertrag der Wechselwirthschaft einer stärkeren Düngung zugeschrieben, so sollte man doch auch billigerweise die besonderen Umstände würdigen, und die Mittel ehren, wodurch diese erlangt wird! —

Daß bei der bisherigen Wirthschaftsführung den weiteren Fortschritten in der Kultur nur der Mangel an Dung entgegenstand, wird niemand bestreiten, wenn aber diesem Mangel der zweckmäßigste Betrieb eines mehr als tausendjährigen Wirthschaftssystems nicht abhelfen konnte, so wird der Vorzug eines andern Systems keinem Zweifel unterliegen, welches ein lang gefühltes

Bedürfniß in dem kurzen Zeitraum einiger Jahre aufs vollständigste befriedigt.

Also — je mehr der Wirth seine Felder dünget, um so größer wird ihr Ertrag seyn; je größer letzterer, um so stärker wird der Düngerhaufen, und mit ihm die Kraft des Bodens sich vermehren; beides steht in ununterbrochener Wechselwirkung. Wer aber eine Dungersparung zu dem ersten Vorzuge eines Wirthschaftssystems zählt, wie Herr Zimmermann S. 55, der bewirkt nimmermehr die so heilsame Dungvermehrung.

Wie wir vorher bemerkt haben, ist der Ausfall an Stroh, welchen die Wechselwirthschaft gegen die Koppelwirthschaft erleidet, auf einem gleichen Flächeninhalt, beim Wintergetreide äußerst unbedeutend, und dieser wird durch das stärkere Sommergetreide hinlänglich ersetzt. Die aus der Besaamung der Brachen, und in Folge einer höheren Kultur selbst aus einem Theil der jetzt erforderlichen Weide hervorgehende Vermehrung der Produktion, ist in jeder Hinsicht reiner Gewinn. Dadurch werden die unbebaueten Flächen der Brache nützlich ohne Nachtheil für ihre künftige Bestimmung; ihr Ertrag ist reiner Ueberschuß, und der zweckmäßige Verbrauch desselben sichert eine erhöhte Kultur.

Stellen wir nun vorstehende Erfahrungsresultate der Wechselwirthschaft zusammen, und im Vergleich zu denen der Koppelwirthschaft, so werden die großen Vorzüge der ersteren nicht länger, wie in der Darstellung des Herrn Zimmermann, zweifelhaft bleiben; sie sind zu auffallend und überwiegend, und der Kenner wird auch durch die gelehrtesten Gründe sich nicht vom Gegentheil überzeugen lassen.

Damit aber nachstehende Berechnung ein möglichst sicheres Produkt liefern möge, soll sie nach ganz gleichen Grundsätzen gemacht, und so der Vergleich gezogen werden. Dem Koppelwirth bleiben dabei immer noch gewisse Vortheile, die hier nicht berücksichtigt werden konnten. So dürfte z. B. sonst wohl in Betracht kommen, daß, wenn die Erfahrung zur Richtschnur dienen soll, einem völlig begründeten Ackersystem, wo mehrjährige Rotationen einen hohen Grad der Kultur herbei geführt haben, und wo dem gleichmäßigen Betrieb nichts entgegensteht, der Vorzug vor einer Wirthschaftsart zustehe, die, erst im Entstehen und mit mancherlei Hindernissen kämpfend, die Vortheile erringen soll, die sie bei dem bestmöglichsten Betriebe für die Folge zu gewähren vermag; wenn aber dieses Vortheils ungeachtet das neuere System sich ergiebiger zeigt, so fällt wahrlich die Entscheidung nicht weiter schwer.

Noch ist die Besaamung unserer korntragenden Felder auf keine sichere Regel gebracht. Man säet auf 50 — 60 — 70 bis 80 Quadratruthen 1 Scheffel Rostocker Maaß Wintergetreide, und diese Verschiedenheit giebt nun zu manchen Irrthümern Veranlassung. Ob die Aussaat sich genau bestimmen lasse, bezweifele ich. Güte des Bodens, des Kulturzustandes, eine frühere oder spätere Saatbestellung, alles hat darauf einen großen Einfluß. Es wäre sehr unrecht, hierauf nicht Rücksicht nehmen zu wollen; aber durchaus fehlerhaft ist es, gar keine Norm zu haben, und dieß wichtige Geschäft der Willkühr eines Menschen zu überlassen, der nach dem gewöhnlichen Sprichwort so säet, wie es Hand und Tritt mit sich bringet.

Da, wo nach Magdeburgischen Morgen gerechnet wird, ist die Aussaat näher bestimmt. Man säet auf gutem Boden, in der zur rechten Zeit zu beschaffenden Saatperiode, gewöhnlich auf den Morgen à 180 Quadratruthen, die Ruthe zu 12 Fuß Berl. Maaß, an Getreide: ebenfalls nach Berliner Maaß

a) Weizen: 1 Schfl. 6 Metzen,
b) Roggen: 1 Schfl. 6 Metzen,
c) Gerste: 1 Schfl. 6 Metzen,
d) Hafer: 1 Schfl. 9 Metzen,
e) Erbsen: 1 Schfl. 4 Metzen,
f) Wicken: 1 Schfl. = Metzen.

Auf gleichem Boden säet der Mecklenburgische Koppelwirth an Rostocker Maaß nach Quadratruthen, die Ruthe zu 16 Fuß Lübeck. Maaß:

a) Weizen oder Roggen	auf	60 Quadratr.	1 Schfl.
b) Gerste — —	auf	55 Quadratr.	1 Schfl.
c) Hafer — —	auf	40 Quadratr.	1 Schfl.
d) Erbsen oder Wicken	auf	65 bis 70 —	1 Schfl.

Der Wechselwirth gebraucht im Durchschnitt zu 1 Schfl. Rostocker Maaß beim

Weizen, Roggen . .	65	Quadratruthen,
Gerste . .	60 bis 65	— —
Hafer . .	40 bis 45	— —
Erbsen oder Wicken	65 bis 70	— —

Die Berücksichtigung solcher Verschiedenheit in Aussaat und Ertrag, so wie die specielle Anführung derselben bei einer Berechnung, würde dieß Geschäft ziemlich schwierig machen. Deßhalb wollen wir der Kürze halber den Ertrag, den die Erfahrung an die Hand giebt, im Durchschnitt auf 100 Quadratruthen berechnen. Der Boden, welcher hier angenommen wird, gehört zur 1sten Klasse, so wie der Ertrag der Wechselwirthschaft als aus der 1sten Rotation hervorgehend, der der Koppelwirthschaft hingegen bei ihrer möglichsten Vollkommenheit, angenommen ist.

Nach dieser Ausmittelung geben 100 Quadratruthen im Durchschnitt an Ertrag:

a) bei der Wechselwirthschaft:

Getreideart.	Ertrag von 100 Quadr. Ruthen. Schfl.	Metz.	Gewicht. ℔	Stroh-Ertrag. ℔	Spreu und Ueberkehr. ℔
Weizen .	14	—	896	1306	480
Roggen .	13	8	840	1174	108
Gerste .	15	—	810	1080	270
Hafer .	14	—	496	1000	400
Erbsen .	10	—	680	Stroh und Spreu ꝛc kann dem der Gerste gleich gerechnet werden.	
Wicken .	10	—	684		

b) Bei der Koppelwirthschaft:

Getreideart.	Schfl.	Metz.	℔	℔	℔
Weizen .	10	8	672	1446	392
Roggen .	10	—	630	1274	92
Gerste .	11	—	594	1080	250
Hafer .	12	—	528	1160	360
Erbsen .	10	—	680	Stroh und Spreu ꝛc. kann dem der Gerste gleich gerechnet werden.	
Wicken .	10		680		

Die Zahl des erforderlichen Zugviehes wird jeder leicht selbst auszumitteln wissen. Es ist jedoch bei der Wechselwirthschaft vorzüglich auf die zu gebenden verschiedenen Furchen bei der Bestellung Rücksicht zu nehmen; und daher dürfte die Ausmittelung weniger leicht wie bei der Koppelwirthschaft fallen, wo für gewöhnlich auf 2 Last Winteraussaat 3 Wechselhaken, jeder zu 4 Ochsen — und 1 Gespann Pferde gerechnet werden. Im allgemeinen ist es aber jedem Wirth anzurathen, in Haltung des Zugviehes nicht zu sparsam zu seyn, und lieber einen Wechselhaken zu viel, als zu wenig anzustellen.

Bei nachstehender Vergleichsberechnung werde ich das Zugvieh nach meiner Ueberzeugung bestimmen und in Anrechnung bringen. Bauerdienste kommen dabei nicht im Betracht, da auch diese selten mehr angetroffen werden.

Da ich keine eigene Wirthschaft habe, die ich hier als Beispiel aufstellen könnte, und über die eines andern mir die Befugniß nicht zustehen dürfte, so erlaube ich es mir, den Vergleich nach einem gewissen Ideal, jedoch nach dem Resultate meiner Erfahrungen, anzustellen, wobei es sich von selbst versteht, daß nur von einem gleichen Boden- und gleichen Lokalverhältnissen die Rede seyn kann.

Ich wähle nun hiezu eine gewöhnliche Mecklenburgische Wirthschaft, wie ich sie im 5ten Abschnitt sub

Litt. C. und D. aufgestellt habe. Sie enthält 21 Last Aussaat Acker, oder die Last zu 6000 Quadratruthen gerechnet, einen kultivirten Flächeninhalt von 126,000 Quadratruthen. Der Boden gehört zur 1sten Klasse. Die Heuwerbung beträgt 60 Fuder à 16 Centner = 960 Centner. Krug und Mühlenpacht, Fischerei, Jagd, Rohrwerbung und sonstige Einkünfte sind mit Stillschweigen übergangen, da sie sowohl der einen als der andern Wirthschaft im gleichen Grade zu Gute kommen.

Aus gleichen Gründen sind auch wirthschaftliche Nebenzweige als Brennerei, Viehmastung und dergl. nicht in Anschlag gebracht. Selbst der Dreifelderwirth kann dazu gelangen, obgleich er den Betrieb nicht mit selbst gebaueten Produkten beschaffen kann. Es wird daher im rohen Zustande jedes Produkt zu gleichen Preisen abgeschätzt, und darnach der Vergleich gezogen werden.

Koppelwirthschaft nach der siebenschlägigen Bewirthschaftung, mit Stallfutterung der Pferde und Weidegang der Ochsen und des Nutzviehes.

Nach dieser Eintheilung enthält jeder Schlag 18000 Quadratruthen. Zur Herbstbestellung fallen 24000 Quadratruthen, da ein Theil des Nachschlages mit Roggen abträgt. Zur Frühjahrsbestellung kommen 30000 Quadratruthen. Die Brache enthält 18000 und zur Weide- und Saamenfutterung des Viehes sind 54000 Quadratruthen. Zur Bestellung der Wirthschaft sind erforderlich 12 Ackerpferde und 22 Zugochsen.

Ertrag:

Weizen 12000 Qu. R. à 100 Qu. R. $10\frac{1}{2}$ Schfl. = 1260 Schfl., hiervon 3 Körner zur Saat u. Wirthschaft = 600 Schfl., bleiben 660 Schfl. à 1 Rthl. 8 ßl.	770 Rtl.
Roggen mit 6000 Qu. Ruthen aus dem abtragenden Schlag 12000 Qu. R. à 100 Qu. R. 10 Schfl. = 1200 Schfl., hiervon 3 Körner zur Saat und Wirthschaft rc. = 600 Schfl., bleiben 600 Schfl. à 40 ßl. . . .	500 Rtl.
Gerste 12000 Qu. R. à 100 Qu. R. 11 Schfl. = 1320 Schfl., hiervon 3 Körner zur Saat und Wirthschaft = 600 Schfl., bleiben 720 Schfl. à 32 ßl.	480 Rtl.
Hafer 12000 Qu. R. à 100 Qu. R. 12 Schfl. = 1440 Schfl., hiervon 4 Körner zur Saat und Wirthschaft = 1200 Schfl., bleiben 240 Schfl. à 24 ßl.	120 Rtl.
Erbsen 6000 Qu. R. à 100 Qu. R. 10 Schfl. = 600 Schfl., hiervon 3 Körner zur Saat und Wirthschaft = 250 Schfl., bleiben 350 Schfl. à 1 Rthl. . . .	350 Rtl.
Brachweide 18000 Qu. R. zu 400 Schaafe, à 100 40 Rtl. . . .	160 Rtl.
Latus .	2380 Rtl.

Zur Sommerfutterung des Zugviehes ist der erste Weideschlag à 18000 Quadr. Ruthen mit Mähe- und Weideklee besäet.

Transport 2380 Rtl.

Davon erhalten:

12 Pferde à 250 Qu. R.

Klee . . 3000 Q. R.

22 Zugochsen, Weide

à 400 Qu. R. 8800 —

Summa 11800 Q. R., bl. z. Heuwerb.

Kleeheu 6200 Qu. R. à 100 Qu. R. 10 Centner

= 620 Centner à 24 ßl. . . 310 Rtl.

Zur Viehweide ist der 2te und 3te Dreeschschlag, von welchem letzteren aber der Schäfer zu Johannis $\frac{1}{4}$ erhält:

36000 Quadratruthen. Hiervon erhalten

12 Wirthschaftskühe

4 Bullen

10 Stück junges Vieh

26 Haupt à 300 Q. R. = 7800 Q. R.

Bleiben zur

Holländerei 28200 Qu. R. à 300 Qu. R. eine Kuh = 90 Kühe à 10 Rtl. Pacht . 900 Rtl.

Summa . 3590 Rtl.

Hiervon gehen noch ab:

	Rtl.
1) Zinsen vom Wirthschaftskapital circa 5500 Rtl. à 5 proC. .	275
2) — von Abnutzung des Zugviehes 12 Pferde à 100 Rtl. zu 10 pC. 120 Rtl. 22 Ochsen à 40 Rtl zu 5 pC. 44 Rtl.	164
3) Zinsen von Abnutzung der Wirthschaftsgeräthe à 10 pC.	150
Latus .	589 Rtl.

	Transport	589 Rtl.	
4) Zinsen von Hagel u. Feuerassekuranz		100	
5) — Landesherrliche, und Amts-ausgaben ꝛc. circa	. .	120	
6) Zinsen für Kleesaamen	.	100	909 Rtl.
		Bleibt reiner Ertrag	2681 Rtl.

Zur Winterfutterung

an Stroh, Spreu und Ueberkehr.

a) Weizen von 12000 Qu.R. à 100 Qu.R. 1838 Pfund . . .	220560 Pf.
b) Roggen von 12000 Qu.R. à 100 Qu.R. 1366 Pfund . . .	163920 Pf.
c) Gerste von 12000 Qu.R. à 100 Qu.R. 1330 Pfund . . .	159600 Pf.
d) Hafer von 12000 Qu.R. à 100 Qu.R. 1520 Pfund . . .	182400 Pf.
e) Erbsen von 6000 Qu. R. à 100 Qu.R. 1330 Pfund . . .	79800 Pf.
Summa .	806280 Pf.
Hiervon ab 2 pC. für Sand und Staub	16200 ꝫ
bleiben .	790080 Pf.

An Heu.

Wiesenheu 960 Ct. à 110 Pf. = 105600 Pf.	
Kleeheu 620 Ct. à 110 Pf. = 68200 Pf.	173800 Pf.
Summa Summarum	963880 Pf.

Winterfutter überhaupt 963880 Pf.

Hiervon erhalten
12 Pferde an Häcksel, Heu und Streustroh auf 265 Tage à Tag 264 Pfund . 69960 Pf.
Dieselben während der grünen Futterung auf 100 Tage à 48 Pfund Streustroh . 4800
22 Zugochsen an Häcksel, Heu, Ueberkehr und Streu auf 250 Tage à 660 Pfund . 165000
116 Kühe, incl. Bullen und Jungvieh imgl. 400 Schaafe à 10 Stück zu 1 Kuh gerechnet $\frac{40}{156}$ Kühe à Kuh pro Tag 24 Pf. Häcksel, Heu, Kaf und Streu betr. à Tag 3744 Pf. und auf 212 Tage . . 793728. 1033488 Pf.

Fehlen 69608 Pf.

die durch eine sparsamere Futterung und an der Streu erspart werden müssen.

An Dung wird erfordert:
zu 1 Schlag von 18000 Qu.R à 100 Qu.R. 8 Fud., das Fud. zu 2000 Pf. = 16000 = 2880000 Pf.

Dazu ist vorhanden
a) Der Dung von den konsumirten 963880 Pf. Scheunfutt. à $2\frac{1}{2}$ 2409700 Pf.
b) Der Hordenschlag von 400 Schaafen à 100 Schaafe 36 Fuder oder 72000 Pf. 288000 Pf.
c) Die grüne Kleefutterung der Pferde von 3000 Qu.R. à 100 Qu.R. 4000 Pfund Dung 120000. 2817700 Pf.

Fehlen . 62300 Pf.

die entweder durch Moderfahren ersetzt oder durch schwächeres Düngen erspart werden müssen.

Wechselwirthschaft mit Stallfutterung des Zug- und Nutzviehes, und Mastung von 50 Ochsen.

Turnus Lit. D.

Anmerk. Der geringen Heuwerbung von 60 Fuder wegen, ist diese Fruchtfolge nach der unten beigefügten dahin abgeändert, daß Nr. 7. ganz mit Wicken zu Heu und Grünfutter zu bestellen ist.

Zu dieser Wirthschaft ist an Zugvieh erforderlich: 14 Baupferde und 28 Zugochsen.

Ertrag:

1) Hackfrüchte.

Nr. 1. zur Hälfte 9000 Qu.R. à 100 Qu.R. 112 Schfl. — 10080 Schfl., hiervon ab die Saat mit 1260 Schfl., bleiben 8820 Schfl. à 10 ßl. .	1837 Rtl. 24 ßl.

2) Raps.

Nr. 1. zur Hälfte 9000 Qu.R. à 100 Qu.R. 10 Schfl. — 900 Schfl. à 1 Rtl. 16 ßl. . . .	1200 Rtl. —

3) Weizen.

Nr. 2. — 9000 Qu. R.	
Nr. 4. — 12000 —	
Summa 21000 Qu R. à 100 Qu.R. 14 Schfl. = 2940 Schfl, hiervon 3 Körner zur Saat und Wirthschaft 1050 Schfl., bleiben 1890 Schfl. à 1 Rtl. 8 ßl. . . .	2205 Rtl. —
Latus .	5242 Rtl. 24 ßl.

Transport 5242 Rtl. 24 ß.

4) Roggen.

Nr. 4. — 6000 Qu.R.
Nr. 6. — 9000 —

Summa 15000 Qu.R. à 100 Qu.R. 13 Schfl. 8 M. = 2025 Schfl., hiervon 3 Körner zur Saat und Wirthschaft 750 Schfl., bleiben 1275 Schfl. à 40 ßl. . . . 1062 Rtl. 24 ß.

5) Gerste.

Nr. 2. — 9000 Qu.R. à 100 Qu.R. 15 Schfl. = 1350 Schfl., hiervon 3 Körner zur Saat und Wirthschaft 450 Schfl., bleiben 900 Schfl. à 32 ß. 600 Rtl. —

6) Hafer.

Nr. 6. — 9000 Qu.R. à 100 Qu.R. 14 Schfl = 1260 Schfl., hiervon 4 Körner zur Saat und Wirthschaft 900 Schfl., bleiben 360 Schfl. à 24 ßl. . . . 180 Rtl. —

7) Erbsen und Wicken.

Nr. 5. — 18000 Qu.R. à 100 Qu.R. 10 Schfl. = 1800 Schfl., hiervon 3 Körner zur Saat und Wirthschaft 771 Schfl., bleiben 1029 Schfl. à 1 Rthl. . . . 1029 Rtl. —

8) Wickenheu.

Nr. 7 zur Hälfte 9000 Qu.R. à 100 Qu.R. 12 Centner = 1080 Centner à 24 ßl. . . . 540 Rtl. —

9) Zur grünen Futterung

sind a) Wicken in Nr. 7. 9000 Q.R.
dito dito b) Klee Nr. 3. 18000 Q.R.

Summa 27000 Q.R.

Latus 8654 Rtl. 48 ß.

Transport 8654 Rtl. 48 ßl.

Davon erhalten

14 Pferde à 200 Qu.R. = 2800 Qu.R.
28 Ochsen à 250 Qu.R. = 7000 Qu.R.
12 Wirthschaftskühe
4 Bullen
10 Stück junges Vieh
60 Holländereikühe

86 Haupt à 200 Qu.R = 17200 Qu.R.

Summa 27000 Qu R.

Pacht von 60 Holländereikühen à 10 Rtl 600 Rtl. —

Summa . 9254 Rtl. 48 ß.

Hiervon gehet noch ab:

Zinsen vom Wirthschaftskapital circa 6000 Rthl. . . . 300 Rtl.

Zur Bestellung und Bearbeitung der Hackfrüchte und Raps in Nr. 1. 450 Rtl.

Ankauf von 300 Schfl. Wicken zu Heu und grüner Futterung in Nr. 7. à Schfl. 1 Rthl. . . 300 Rtl.

Ankauf von Kleesaamen . . 100 Rtl.

Hagel- und Feuerassekuranz . 100 Rtl.

Landesherrliche und Amtsabgaben ꝛc. 120 Rtl.

Abnutzung des Inventariums.

a) Der Pferde à 1400 Rtl. zu 10 pC. 140 Rtl.
b) Der Ochsen à 1120 Rtl. zu 5 pC. 56 Rtl.
c) Der Wirthschaftsgeräthe à 1500 Rtl. zu 10 pC. 150 . 346 Rtl.

Summa 1716 Rtl

Bleibt reiner Ertrag 7538 Rtl. 48 ßl.

Wobei der aus dem Betrieb der Mastung von 50 Ochsen her-

hervorgehende Ertrag nicht mit berechnet ist. Die Ertragssumme würde sich in diesem Fall, wenn der Verdienst pro Stück zu 20 Rthl. angeschlagen würde, um 1000 Rthl. erhöhen.

Winterfutter

1) an Stroh, Kaf, Kurz und Ueberkehr:

a) Raps von 9000 Qu R. à 100 Qu. R. 1000 Pf. Streustroh . .	90000 Pf.
b) Weizen von 21000 Qu. R. à 100 Qu. R. 1700 Pf.	347000 Pf.
c) Roggen von 15000 Qu. R. à 100 Qu. R. 1280 Pfund . . .	192000 Pf.
d) Gerste von 9000 Qu. R. à 100 Qu. R. 1350 Pfund . . .	121500 Pf.
e) Hafer von 9000 Qu. R. à 100 Qu. R. 1400 Pfund . . .	126000 Pf.
f) Erbsen von 18000 Qu. R. à 100 Qu. R. 1350 Pfund . . .	243000 Pf.
Summa	1119500 Pf.
Hiervon ab 2 pC. für Sand und Staub	22390 —
bleiben .	1097110 Pf.

2) an Heu:

Wiesenheu 960 Centner = 105600 Pf.
Wickenheu 1080 Centner = 128800 = 234400 Pf.

Summa Rauhfutter 1331510 Pf.

3) an Hackfrüchten:

Kartoffeln ꝛc. 8820 Schfl. à Schfl. 72 Pf.

Hiervon erhalten:

14 Pferde an Häcksel, Heu und Streustroh auf 265 Tage à Tag 336 Pf. . . . 89040 Pf.

		Summa an Rauhfutter	1331510 Pf.
14 Pferde während der grünen Futterung auf 100 Tage à 56 Pf. Streustroh . .	5600 Pf.		
28 Zugochsen an Häcksel, Heu und Streustroh auf 265 Tage à 952 Pfund . .	252280 —		
Dieselben während der grünen Futterung auf 100 Tage à Tag 280 Pf. Streustroh .	28000 —		
86 Kühe incl. Jungvieh, an Häcksel, Heu und Streustroh auf 265 Tage à Tag 2580 Pf.	683700 —		
Dieselben während der grünen Futterung auf 100 Tage à Tag 688 Pf. Streustroh .	68800 —		
50 Stück Mastochsen, an Häcksel, Heu und Streustroh auf 120 Tage à Tag 1500 Pf.	180000 —		1307420 Pf.
		bleiben übrig .	24090 Pf.

die für Reitpferde, Füllen oder sonst zu verbrauchen bleiben.

An Hackfrüchten erhalten:

28 Zugochsen auf 250 Tage à 7 Schfl.,	1750 Schfl.
76 milchende Kühe, incl. Bullen von Weihnachten bis 10. Juni 160 Tage à Tag 18½ Schfl. .	2960 —
50 Mastochsen auf 120 Tage à Tag 34 Schfl. . . .	4080 —
	8790 Schfl.

Gedüngt werden 2 Schläge, und zwar

18000 Q.R. à 100 Q.R. 9 Fuder	1620 Fud.
18000 Q.R. à 100 Q.R. 4 Fuder	720 —

Summa 2340 F. à 2000 Pf. = 4680000 Pf.

Hierzu ist vorhanden:

sämmtliches Stroh und
Heu 1331510 Pf.
multipl. mit $2\frac{1}{2}$ = 3328776 Pf.

Kartoffeln 635040 Pf.
multipl. mit $\frac{6}{10}$ = 381024 Pf.

grüner Klee von 18000
Qu.R. à 100 Qu.R.
4000 Pf. Dung = 720000 Pf.

grüne Wicken von 9000
Qu.R. à 100 Qu.R.
3000 Pf. Dung = 270000 Pf. 4699800 Pf.

Die Wechselwirthschaft gewährt also im Vergleich zur Koppelwirthschaft nach vorstehender Berechnung einen Ueberschuß von:

1882100 Pf. Dung à 2000 Pf. zu 1 Fuder,
sind . . . . . . 941 Fuder

und

an baarem Gelde . . . . . 4857 Rtl.

Man wird gegen diese Berechnung, die den großen Vortheil, den die Wechselwirthschaft gewährt, ins klarste Licht setzen muß, nichts einwenden können, da sich alles darin Enthaltene auf Erfahrung und Wirklichkeit gründet. Muthmaßungen, unrichtige Meinungen, schiefe Darstellungen, unerwiesene Schlußfolgen können Thatsachen nie widerlegen oder ihren Werth herabwürdigen; wer sich damit befaßt, macht sich vergebene Mühe.

Ich glaube, mir bei der Berechnung in den Ansätzen, wenigstens bei der Wechselwirthschaft, keinen Vorwurf einer Uebertreibung irgend einer Art schuldig gemacht zu haben.

Folgende Bemerkungen mögen hier noch zu näherer Erläuterung dienen.

1) Der Ertrag vom Rapsstroh à 100 Quadratruthen 1000 Pfund, dürfte im Allgemeinen zwar nicht zu hoch seyn; wenn man diesen aber als Streu mit $2\frac{1}{2}$ multiplicirt, dem Dung zu gut rechnet, so könnte dieß leicht den Anschein einer Uebertreibung haben. Ich bemerke aber hierbei, daß bei der Berechnung auf das sämmtliche gewonnene Kraut der Kartoffeln, was den Dunghaufen gewiß beträchtlich vermehrt, so wenig, als auf die größere Getreidekonsumtion der Wechselwirthschaft Rücksicht genommen ist. In dieser Hinsicht habe ich geglaubt, die Multiplikation sowohl von diesem als dem sämmtlichen Streustroh mit $2\frac{1}{2}$ vornehmen zu können. Uebrigens ist das Rapsstroh nur als überflüssige Streu betrachtet, und deßhalb diese so hoch berechnet, nicht allein des großen Vorraths wegen, sondern auch der allgemeinen Erfahrung zufolge, daß bei einer guten Futterung eine hinlängliche Streu den Dunghaufen sowohl vergrößert als verbessert.

2) Die angenommene Dungvermehrung von 4000 Pfund pro 100 Quadratruthen Klee habe ich auch der Koppelwirthschaft zu gute gerechnet. Ohne mich auf die Pfundenzahl der grünen Gewächse, sowohl beim Klee als bei den grünen Wicken und der Reducirung derselben auf Dung, einzulassen, habe ich letzteren nach dem Heu berechnet, was auf solcher Fläche gewonnen wird, und hiernach ergiebt sich obiges Resultat. Daß übrigens die

wirkliche Dungvermehrung größer sey, ist eine bekannte Sache.

3) Auf eine Kuh habe ich eben so viel Futter wie auf einen Ochsen berechnet. Hier ist aber nur von ausgesucht großen Kühen die Rede, deren Futterung und Wartung darauf berechnet ist, sie stets in solchem Zustande zu erhalten, daß der Zweck, weßhalb sie gehalten werden, erreicht werden kann. Warum soll es in Mecklenburg keine Kühe geben, die, wie in andern Ländern geschieht, eine Nutzung von 30 bis 36 Rthl. gewähren? — Nur solche Kühe werden hier verstanden, und wenn diese in der Berechnung zu dem nämlichen Preis in Anschlag stehen, wie die gewöhnlichen Kühe einer Koppelwirthschaft, so wird auch hierdurch die beobachtete Unparteilichkeit unverkennbar.

4) Die Mastung der Ochsen ohne Brennerei kann bloß die Vermehrung des Düngers beabsichtigen. Sollten Umstände oder Lokalität eine solche Mastung nicht gestatten, so bleiben dem Wirth hinreichende Mittel, eine vergrößerte Holländerei zu erhalten. Er hat = 9000 Quadratruthen grüne Wicken zu Heu gemacht. Will er diese grün verfuttern, so wird ihn dieß in Stand setzen seinen Viehstapel um 50 Haupt zu vergrößern, und mit den reichlich gewonnenen Hackfrüchten wird er die Winterfutterung vollkommen bestreiten können. Die Etablirung einer Kartoffelbrennerei wäre übrigens hier am rechten Orte.

5) Die Anwesenheit der Guthsherrschaft, des Pächters — oder Administrators, ist mit Haltung einiger

Reit- und Wagenpferde mehr, als bei der Ackerwirthschaft erforderlich sind, verbunden. Bei der Koppelwirthschaft ist sämmtliches Rauhfutter so genau berechnet, daß die Haltung solcher Pferde den Viehstand um so viel Haupt verringern muß. Dieß ist bei der Wechselwirthschaft nicht der Fall, und könnte dort bei einiger Sparsamkeit noch eine etwanige Zuzucht von jungen Pferden den Winter über zugleich erhalten werden. Lauter Vortheile, die der Wechselwirthschaft zu gute kommen.

Wie übrigens die Vertheilung des Heues, des Kurz, der Spreu und des Ueberkehrs am zweckmäßigsten zu beschaffen ist, bleibt der Einsicht des Wirths ganz überlassen. Er muß nur vor allen Dingen sich von dem, was er gewonnen hat, eine genaue Uebersicht verschaffen, eine gehörige Eintheilung machen, und sodann darauf sehen, daß diese aufs pünktlichste befolgt werde. Eine solche Berechnung hier beizufügen, möchte zu weitläuftig werden, auch bin ich dessen um so mehr überhoben, da mehrere bewährte Schriftsteller diesen Gegenstand genau behandelt haben.

Schluß.

Der ungünstige Einfluß der neuesten Zeitverhältnisse besonders für Mecklenburg ist zwar einem Jeden fühlbar, aber doppelt empfindlich für den Landmann, dessen Erzeugnisse größtentheils zur Befriedigung der Bedürfnisse anderer Nationen dienten, und dem es bei dem sonstigen merkantilischen Verkehr ein Leichtes war, diese in den Häfen der Ostsee gegen klingende Münze umzusetzen. Die Erzielung der ersten Lebensbedürfnisse, durch die natürliche Beschaffenheit des Landes und andere Umstände begünstiget, war bisher ein Hauptgegenstand für die Thätigkeit des Landmanns, und indem diese sein Interesse am meisten beförderten, wurden manche andere ländliche Erwerbmittel zurückgesetzt — blieben manche Erwerbzweige unbenutzt, worauf der Landmann in anderen Staaten öfter seine ganze Wohlfahrt begründete.

Diese glücklichen Zeitverhältnisse, die mit unserer Wirthschaftsweise so verträglich und für das Ganze so wohlthuend waren, sind nicht mehr; ob und wann sie wiederkehren werden, wissen wir nicht, und deßhalb ist es des Landmanns erste Pflicht, auch die bisherige Bahn zu verlassen, und solche Quellen aufzusuchen, die den Zeitverhältnissen angemessener sind, und ihm seine Existenz sichern. Er darf bei dem vortrefflichen Zustande der mehrsten Oekonomieen, bei den vorhandenen Verbesserungsmitteln, bei den mannichfaltigen Bedürfnissen des In- und Auslandes, die er vermittelst seiner Oekonomie zu befriedigen vermag, und bei den erprobten Erfahrungen der berühmtesten Landwirthe Deutschlands — bei der vorzunehmenden Wirthschaftsveränderung, nicht zu langwierigen Versuchen oder zu Aufopferungen seine Zuflucht nehmen, sondern zur Begründung seines Wohlstandes nur diejenigen Mittel ergreifen, die bereits geprüft sind, und zuverlässigen Erfolg gewähren.

Und wenn die Anwendung dieser Mittel auch zugleich das allgemeine Interesse für die Zukunft zu begründen vermag, um wieviel mehr hat der Landmann da Ursache zu eilen, sich ihrer zu bedienen? —

Dieß zu bewirken, war die Veranlassung der gegenwärtigen Schrift. Ob mein Vortrag der Sache selbst und dem allgemeinen Interesse angemessen ist, getraue ich mir nicht zu entscheiden. Aber auch denn, wenn meine mitgetheilten Erfahrungen, wodurch ich eine zweckmäßigere, höhere und den Zeitumständen angemessenere Benutzung der Landgüter beabsichtige, vor einsichtsvolleren Männern, die einer längeren und größeren Erfahrung sich zu erfreuen gehabt haben, die Prüfung nicht bestehen sollte, so wird mir selbst das ungünstigste Urtheil solcher doch allemal willkommen und angenehm seyn, weil durch solche Prüfung die Wahrheit gewinnt, und reinere Resultate erlangt werden.

Tafel I.

PLAN zur Wäsfer

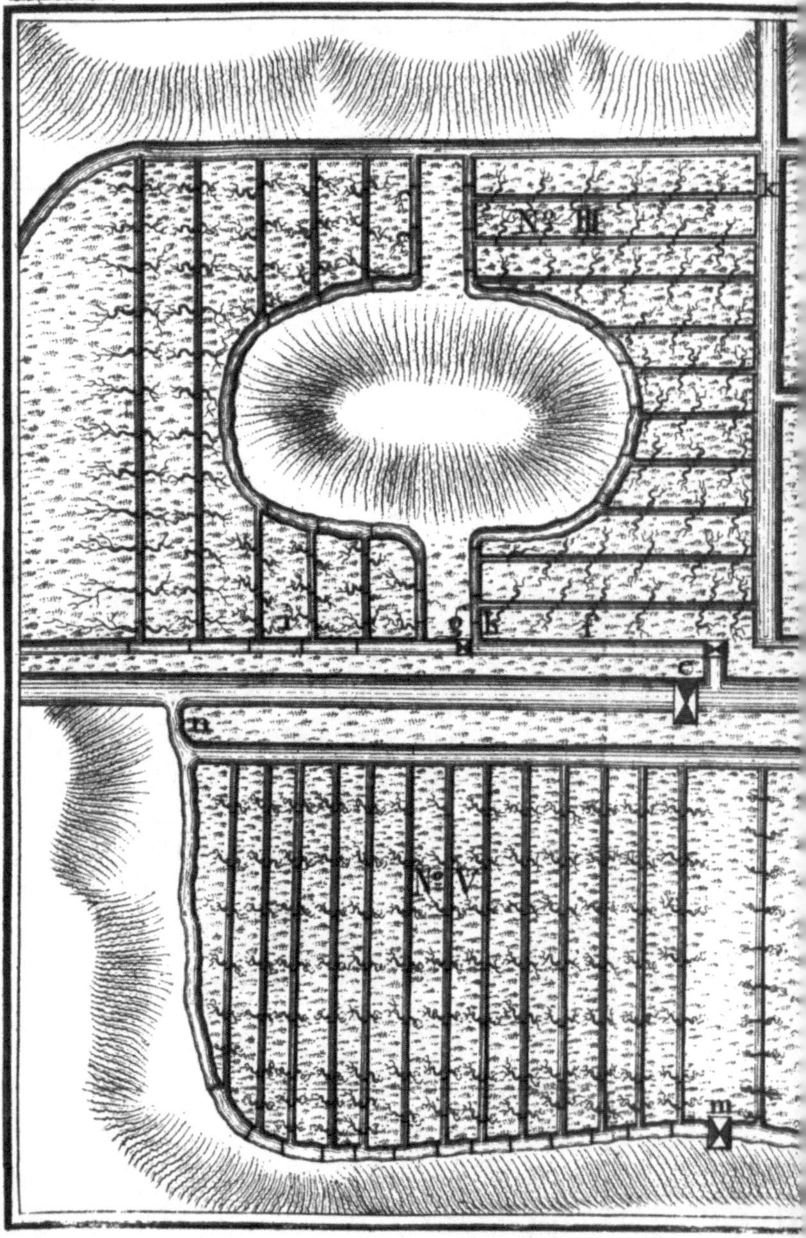

...s einer WIESE.

vide Abschnitt II

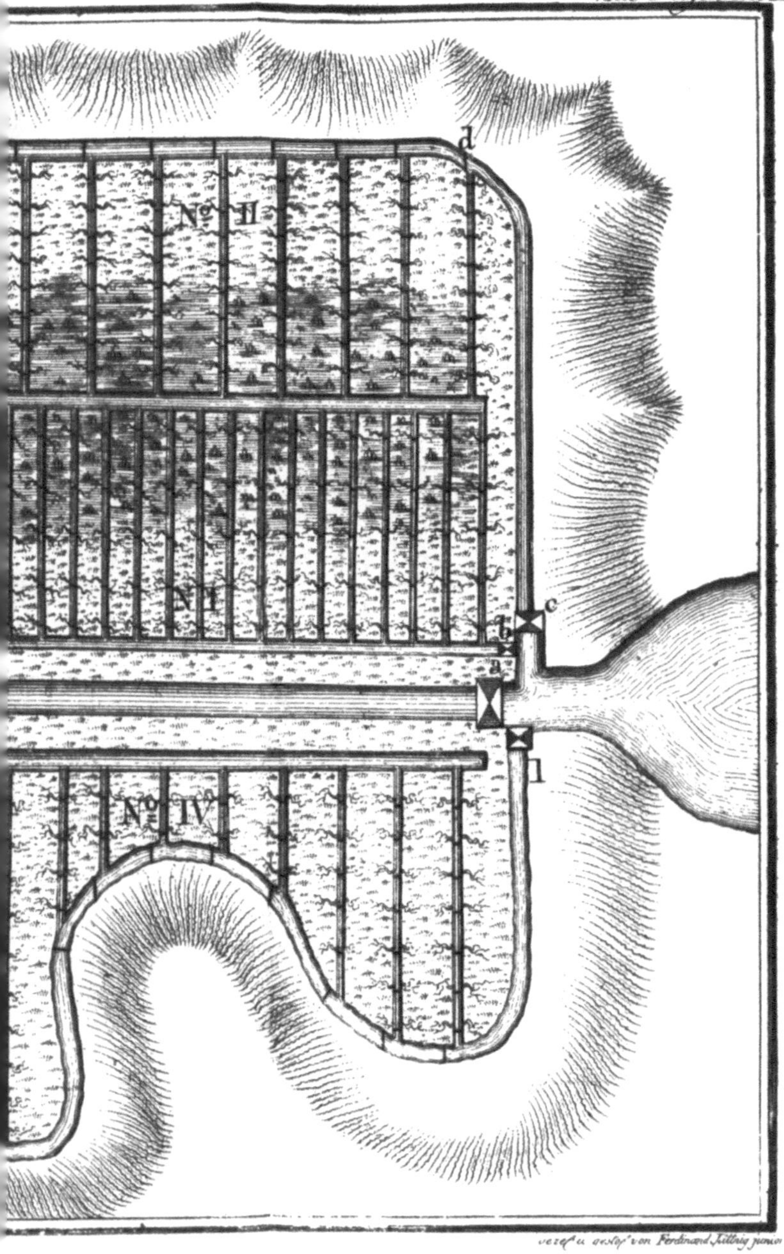

gez. u. gestoch. von Ferdinand Jüttnig junior

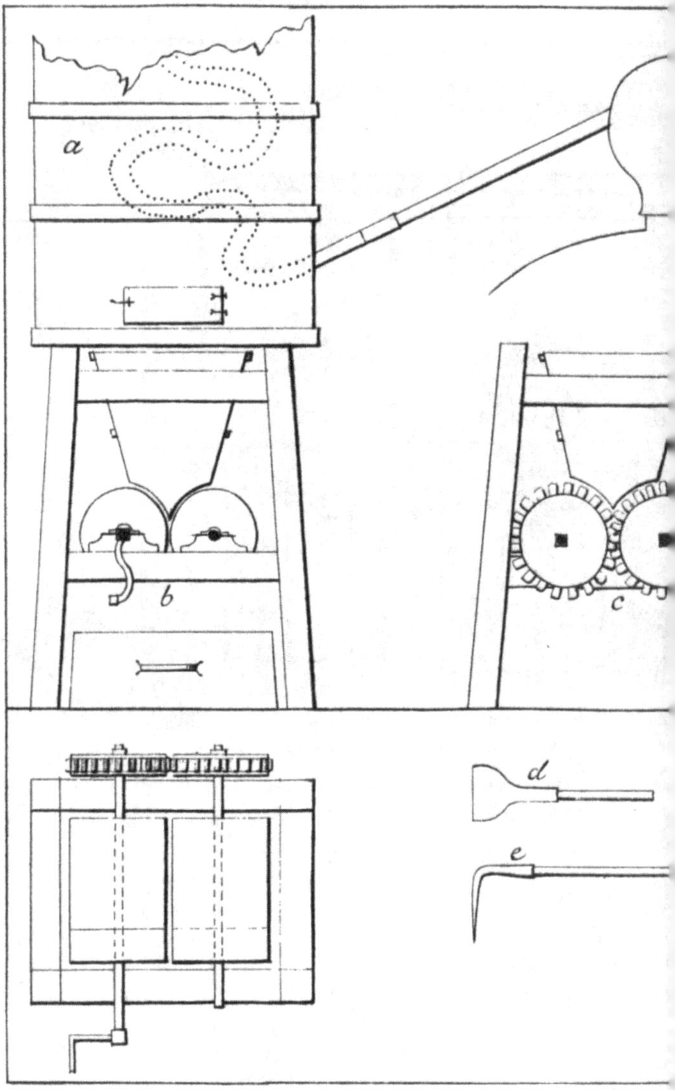
a
b
c
d
e

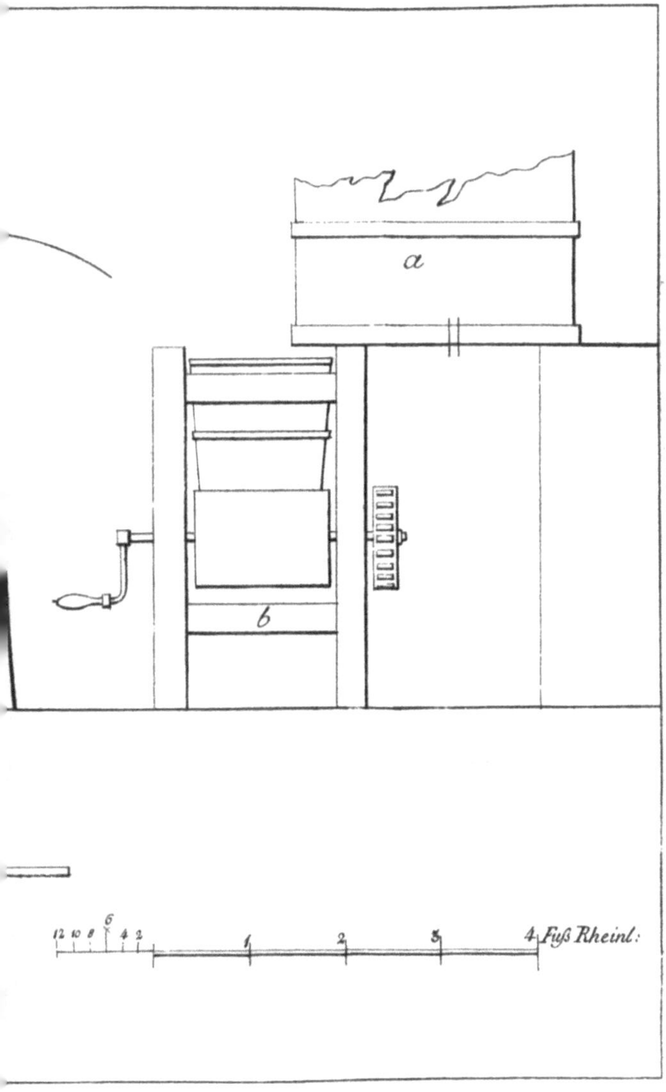
a
b
12 10 8 6 4 2
1
2
3
4 Fuß Rheinl:

FSC
www.fsc.org
MIX
Papier | Fördert gute Waldnutzung
FSC® C083411

Kolibri 360 GmbH
Ferdinand-Jühlke-Straße 7
99095 Erfurt, Deutschland
produktsicherheit@kolibri360.de